U0629290

转变经济发展方式对土地集约利用影响机理研究

陈　浮　陈海燕　著

科学出版社

北　京

内 容 简 介

　　我国经济社会发展近年来取得了巨大成就，但发展中不平衡、不可持续问题依然突出，转变经济发展方式已刻不容缓。经济发展方式的转变要求资源利用方式转变；经济发展方式要求又好又快，土地利用方式需要集约利用。所有这些都要求我们深入研究转变经济发展方式对土地集约利用的影响。本书以转变经济发展方式及土地集约利用的形势与政策为基础，结合我国经济发展和土地集约利用的现状，阐述转变经济发展方式与土地集约利用之间的内涵及相互关系，发现不同经济发展阶段土地利用方式变化的规律，分析土地集约利用的驱动因素和制约因素，并从低碳经济和循环经济两个角度研究新型经济发展方式对土地集约利用的影响机理，并给出相应的政策建议，为促进经济发展方式转变和经济社会又好又快发展作出应有的贡献。

　　本书可为土地资源管理学、经济学等相关领域的教师、学生、科研人员、政府部门的决策人员等提供参考，也可作为相关专业师生的参考用书。

图书在版编目（CIP）数据

转变经济发展方式对土地集约利用影响机理研究/陈浮，陈海燕著.
—北京：科学出版社，2017.3
　ISBN 978-7-03-052057-9

　Ⅰ．①转… Ⅱ．①陈… ②陈… Ⅲ．①土地利用-研究-中国
Ⅳ．①F321.1

中国版本图书馆 CIP 数据核字（2017）第 047668 号

责任编辑：惠　雪　王　希/责任校对：何艳萍
责任印制：徐晓晨/封面设计：许　瑞

科 学 出 版 社 出版
北京东黄城根北街 16 号
邮政编码：100717
http://www.sciencep.com

北京建宏印刷有限公司 印刷
科学出版社发行　各地新华书店经销

*

2017 年 3 月第 一 版　　开本：720×1000　1/16
2018 年 1 月第二次印刷　　印张：16 3/4
字数：338 000

定价：99.00 元
（如有印装质量问题，我社负责调换）

序　言

　　近三十多年来，中国经济社会发展取得了巨大成就，但发展中不平衡、不协调、不可持续问题仍然十分突出。从当前国内外经济发展形势来看，转变经济发展方式已刻不容缓。伴随着工业化、城镇化的快速发展，土地资源与社会经济发展的矛盾日益加剧，如何能够既满足城市化、工业化对用地的合理需求，又尽量少占耕地，实现社会经济又好又快发展，是现阶段土地利用亟须解决的重要问题。

　　经济发展方式的转变对资源利用方式的转变提出了新的要求，经济发展方式要求又好又快，土地就需要更加集约利用。土地节约集约利用已成为破解"保障发展、保护资源"两难问题、实践科学发展观的重要举措，因此具有重要的战略意义。所有这些都要求我们将转变经济发展方式和土地节约集约利用联系起来，深入研究转变经济发展方式对土地节约集约利用的影响。

　　《转变经济发展方式对土地集约利用影响机理研究》一书正是基于上述背景而著。该书共十章，结构严谨、条理清楚，系统、深入地论述了转变经济发展方式对土地集约利用的影响机理，书中既有理论分析，又有很多案例佐证。第一部分针对转变经济发展方式、土地集约利用和耦合关系三个内容开展了国内外研究进展的阐述和分析，重点介绍经济发展与土地集约利用的内涵及相关理论基础，分析了经济发展和土地利用的关系，总结了不同经济发展阶段土地利用方式的变化规律。第二部分分析了转变经济发展方式背景下土地集约利用的影响因素，并分别对土地集约利用的驱动因素和制约因素进行分析，多角度、多因素地阐述土地集约利用的驱动力和制约作用，研究了产业结构调整对土地集约作用的影响机理，重点分析了产业集聚和产业结构对土地集约利用的影响机理。第三部分从实证分析的角度分析了新型经济转型期对工业土地集约利用的影响机理，探索了经济转型的大背景下工业化进程、产业结构升级和转变经济增长方式对工业土地集约利用的影响，研究了循环经济发展方式和低碳经济发展方式对土地集约利用的影响机理，详细分析了两种新型的经济发展方式对土地集约利用的影响方式和影响深度。最后对全书内容进行了总结，针对我国的土地集约利用现状给出了相关的政策建议。

　　该书是作者及其研究团队在广泛收集国内外土地利用领域相关研究的基础上，对多年来研究成果的总结。该书分析了我国经济发展的特点，阐述转变经济发展方式与土地集约利用之间的内涵及相互关系，试图去揭示不同经济发展阶段土地利用方式变化的规律，并阐述转变经济发展方式与土地集约利用的内在联系，在理论上分析了经济发展方式转变与土地利用方式转变的联系，并着重从产业集聚和产业结构优化升级两个方面分析产业结构调整对土地集约利用的影响机理，特别突出分析了对工业土地集约利用的影响机理；并进一步从低碳经济和循环经济两个角度研究新型经济发展方式对土地集约利用的影响机理，最后对转变经济发展方式背景下土地集约利用进行制度设计。

该书在很大程度上丰富了经济发展方式转变与土地集约利用研究的理论和实践研究，而且对于保护耕地、优化配置土地资源、推进区域产业结构布局调整和优化升级等方面的政策制定具有重要的实践参考价值。在此，我非常乐意把该书推荐给从事土地管理学相关领域的教师、学生、科研人员、政府人员等理论研究和管理工作者，希望该书能在上述方面提供参考借鉴，并在我国保障国家粮食安全、实施土地可持续利用、促进国民经济又好又快发展的改革实践中提供政策借鉴。

曲福田

2016 年 9 月

前　言

　　当前和今后一段时期，我国经济社会发展处于可以大有作为的重要战略机遇期，既面临难得的历史机遇，也面对诸多可以预见和难以预见的风险挑战。国际金融危机影响深远，世界经济增长速度减缓，全球需求结构出现明显变化，围绕市场、资源、人才、技术、标准等的竞争更加激烈，气候变化以及能源资源安全、粮食安全等全球性问题更加突出，各种形式的保护主义抬头，我国发展的外部环境更趋复杂。国际金融危机使我国转变经济发展方式问题更加突显出来。国际金融危机对我国经济的冲击表面上是对经济增长速度的冲击，实质上是对经济发展方式的冲击。我国经济社会发展近年来取得了巨大成就，但发展中不平衡、不协调、不可持续问题依然突出，主要表现在经济增长的资源环境约束强化、产业结构不合理、科技创新能力不强等方面。综合判断国际国内经济形势，转变经济发展方式已刻不容缓。我国正处于城市化、工业化加速发展时期，经济社会发展对土地资源的需求持续上升，如何能够既满足城市化、工业化对用地的合理需求，又尽量少占耕地，实现社会经济持续、健康发展的战略目标，是现阶段土地利用亟须解决的重要课题。土地集约利用已成为破解"保障发展、保护资源"两难问题、实践科学发展观的重要举措，具有重要的战略意义。经济发展方式的转变要求资源利用方式转变；经济发展方式要求又好又快，土地利用方式就需要集约利用。所有这些都要求我们将转变经济发展方式和土地集约利用联系起来，深入研究转变经济发展方式对土地集约利用的影响。

　　作为理论推导的前提和逻辑演绎的起点，本书首先分析了经济发展方式与土地利用方式之间的关系。在不同的经济发展阶段，随着经济发展方式的转变、工业化和城市化水平的提高以及产业结构的演进，资本和土地等要素的相对价格不断变化，土地利用集约度呈现出一定的规律。本书对经济发展和要素投入关系进行了理论阐述，并分析了在经济发展的不同阶段，土地在经济发展中的作用及起主导作用的土地功能。在对经济发展阶段进行划分的基础上，论述了我国在初级经济阶段、工业化初期阶段、工业化中期阶段和工业化后期阶段土地利用方式的演变历程，并运用生产函数模型定量测算了不同经济发展阶段土地对经济增长的贡献率，总结了不同经济发展阶段土地利用方式变化的规律：在初级经济阶段，由于资本短缺及技术水平低下，市场发育欠缺，主要通过大量投入土地、廉价劳动力等要素资源来实现经济的起步，土地资源配置以非市场方式为主，土地利用呈现粗放的态势；进入工业化初期阶段后，经济数量上的增长是经济发展的主要目标，虽然资本短缺现象有所缓解，但是资金短缺依然是很多地区面临的难题，很多地方政府选择了低地价招商引资的策略，在土地资源配置中，市场和非市场两种方式并存，土地集约利用水平有所提高，但总体上还处于较为粗放状态；进入工业化中期阶段后，随着资本短缺问题的缓解，土地利用方式已开始从粗放型向集约型转变，土地集约利用水平比前面两个阶段大大提升；进入工业化后期阶段后，资本已经相当充裕，而土地资源却显得日益稀缺，政府和土地使用者倾向于以资本和技术替代土地，土地被高度集约利用。本书还分析了我国当前土地利用方式与经济发展转型之间的矛盾，得出的结论是：随着经济发展方式的转变，土地利用方式必须由粗放利用转向集约利用。

土地集约利用的影响因素分析是转变经济发展方式对土地集约利用影响机理分析的基础，有助于解释土地集约利用内涵和建立合理的土地集约利用机制。因此，本书对土地集约利用的影响因素进行了分析，影响因素包括驱动因素和制约因素两大类。分析结果表明：我国日益紧张的人地关系、严格的耕地保护、经济增长和快速发展的工业化和城市化、科学发展观的贯彻落实、严峻的国际竞争压力、土地取得成本的上升、集约用地优惠政策的出台等因素对土地集约利用发挥了积极的作用，促使政府和土地使用者提高土地集约利用水平；与此同时，土地利用规划管制、土地利用的知识和技术、体制因素（主要是"分灶吃饭"的财政体制是政绩考核体制）、资金财力、中央政府与地方政府之间的博弈、土地投机、多占少用等因素对土地集约利用产生了制约作用。在土地集约利用过程中，应当积极创造有利机制条件，让驱动因素发挥正面影响，同时要限制或消除制约因素对土地集约利用的不利影响。

加快产业结构调整是推动经济发展方式转变的重要抓手和核心内容，是应对国际金融危机的重要途径。产业结构反映了一个国家或地区经济增长的基本态势和基本途径。产业的发展最终必须落实到具体的空间上，产业的空间结构在一定意义上即是土地利用结构。极为有限的土地是产业赖以生存和发展的基本载体，土地资源也是产业发展在空间上的约束条件，产业发展对土地需求的增长与土地资源的稀缺性之间的矛盾成为区域土地利用的核心问题。所以，研究产业结构调整对土地集约利用的影响机理具有重要的理论意义和实践价值。本书对产业结构和土地利用结构的关系进行了研究，分析认为，产业结构调整必然对土地资源的配置提出新的要求，合理的土地利用方式就是要与产业结构的不同发展阶段相适应。产业结构演进与土地利用变化具有内在的联系：在不同的经济发展阶段，土地的不同利用结构支撑着产业结构的演进；土地利用结构的不断调整为产业结构的调整提供了条件和物质基础；产业发展演进，使产业结构不断调整、优化、升级，土地资源在不同产业部门间重新分配，土地利用结构发生变化；不同的产业发展对区位的选址要求不同，不同的产业结构决定了不同的土地利用结构；产业结构演进，不仅引起土地利用数量结构变化，还引起土地利用空间布局变化。本书从产业集聚和产业结构优化两个方面分析了产业结构对土地集约利用的影响，并以昆山为例进行了实证分析。分析结果表明：产业集聚促进了各种功能用地结构的调整和优化，极大地提高了土地集约利用水平，企业内部规模经济、产业内部规模经济与区域内部规模经济构成了产业集聚的集聚经济效应，是区域土地集约利用的内在经济动力；产业结构优化对土地利用强度和投入水平、土地产出综合效益、土地利用结构和布局、土地利用主体行为与意识等方面产生了积极影响，促进了土地集约利用水平的提升。

本书基于理论基础和方法体系，从人口变化、经济发展、技术进步及制度变迁四个方面入手，对转型时期引起土地利用强度、投入水平与结构、外部环境变化的具体因素进行分析，通过江苏省 1995～2009 年 15 年间 64 个市、县的时间序列与截面混合数据，运用计量经济软件与线性固定效应模型，分别对转型时期江苏省及省内苏南、苏中、苏北三大区域工业用地集约利用水平的各影响因素的影响方向及影响程度进行了实证分析，得到以下结论：①人口、经济、技术因素对工业土地集约利用的驱动影响是客观存在的；②工业化进程、产业结构调整升级、转变经济增长方式促使工业土地利用方式由粗放转向集约；③资本、劳动力仍然是经济转型时期工业土地集约利用的主要影响因素，科学技术进步对工业土地集约利用水平已有影响，但当前看来还相对薄弱；④从区域上看，处于不同经济发展阶段的各区域，工业土地集约利用的主要影响因素是不同的。

循环经济和低碳经济是符合可持续发展理念的经济增长模式，抓住了当前我国资源相对短缺而又大量消耗的症结，对解决我国资源对经济发展的瓶颈制约具有迫切的现实意义，也是转变经济发展方式的必然要求。本书就循环经济和低碳经济对土地集约利用的影响机理展开分析。

在循环经济部分，首先对循环经济的概念、内涵、基本原则以及主要特征进行理论分析，然后分别从循环经济的基本原则和主要特征两个角度分析了循环经济的发展对土地集约利用的影响。本书以江苏昆山经济技术开发区作为实证区域，分析了该区域的循环经济发展情况及土地集约利用水平，结果表明：循环经济有助于土地集约利用水平的改进。

在低碳经济部分，在对低碳经济的概念、内涵、特征及发展途径进行分析的基础上，从土地利用强度和投入水平、土地产出综合效益、土地利用结构和布局、土地利用主体行为与意识等方面来分析低碳经济对土地集约利用的影响。低碳经济是在保证经济增长的同时减少碳排放的发展模式，节约集约用地能够有效缓解土地供求矛盾。由此可见，低碳经济发展和土地集约利用是我国当前经济发展和土地利用的有效模式，低碳经济发展与土地集约利用的耦合互动关系分析具有重要的理论意义和现实意义。以产业结构为纽带，本书分别研究产业结构与两者的相互作用关系，总结低碳经济发展与土地集约利用的耦合关系。从历史发展演进的过程来看，两系统的耦合关联作用主要体现在以下两方面：一方面，低碳经济发展通过调整产业结构作用于土地利用，胁迫和优化土地利用模式，要求土地利用向"低排放、高效益、高价值"的集约化趋势调整；另一方面，土地集约利用则对低碳经济发展具有反馈作用，通过合理分配资源，充分利用土地功能，约束产业结构，增加高效产业用地，减少高碳产业用地，在促进经济增长的同时减少碳排放或降低碳排放强度，促进低碳经济的发展。本书基于低碳经济发展和土地集约利用定量评价结果，以物理学中的耦合作为研究切入点，将耦合关系应用于低碳经济发展与土地集约利用的研究中，并引入耦合协调度、相对发展度等模型，定量分析低碳经济与土地集约利用的耦合协调度和相对发展度情况，分析地区相对发展情况，并运用 ArcGIS 的空间自相关和热点模块分析地区空间集聚效应。研究表明：我国各省份的低碳经济发展与土地集约利用的耦合协调发展度呈逐年上升的趋势；对东部、中部和西部整体比较可以看出，低碳经济发展与土地集约利用的耦合协调发展度水平为东部地区最高，中部地区次之，西部地区最低；西部地区的低碳经济发展与土地集约利用协调情况具有一定的不稳定性，低碳经济和土地集约利用单方面的波动和变化，会给两者的耦合协调发展度带来影响；相对发展度的上升、波动和下降趋势的省市区没有明显的地域现象，说明了相对发展度的随时间变化情况和该省份所处的地区关系较弱；全国范围内，耦合协调发展度呈现相似属性的集聚状态，而且其相似属性的程度随时间在不断提高；全国各省份相对发展度呈现空间随机状态，不具有集聚特性。

　　基于上述分析，本书最终得出了一些针对性的政策启示，包括：建立供地标准，提高供地门槛；加大处置闲置土地的力度；加大"三旧"改造力度，加强存量土地挖潜；优化土地利用结构与布局，合理拓展用地空间；加大对科技创新的投入，优先保障新兴产业和高新技术产业用地需求；加强土地批后跟踪管理，提高用地者集约用地意识；加大土地利用生态环境的保护；完善土地市场机制，提高土地供应市场化程度；推进相关体制改革；建立土地集约利用激励机制等。此外，还需要加强土地集约利用配套制度建设，包括耕地保护制度、土地征收制度、土地储备制度、产权流转登记制度等，加大土地集约利用的宣传教育，协调产业政策与土地利用政策，促进土地集约利用；加快实施土地集约利用评价进程，建立统一的低碳经济发展考核体系，使低碳经济发展和土地集约利用并行；加强土地利用动态遥感监测，及时动态监测土地利用现状，估算碳增量，为制定土地集约利用和低碳经济发展政策提供决策依据；加强土地集约用地管理，建立激励机制；构建新型产业链，加快产业转型，构建区域发展经济圈；建立碳排放交易市场，建立健全法律制度体系；基于长远利益，研发低碳技术实现节能减排和优化产业结构。

作　者

2016 年 6 月

目　　录

第1章 绪 论

1.1 经济发展及土地利用的形势与政策

土地是民生之本，发展之基，财富之源。人类社会的进步、经济的发展和财富的积累，无不与土地息息相关。中国人多地少的矛盾突出，土地问题始终是现代化发展进程中带有全局性、根本性、战略性的重大问题。资料表明，我国人均土地面积仅为世界人均占有量的1/3，排在世界第126位（马俊峰，2010）。人均耕地少、优质耕地少、耕地后备资源少是我国耕地资源的三大特点。这样匮乏的资源国情决定了我们没有粗放用地、奢侈用地的资本，只能节约、集约用地。

据测算，我国有85%的食物由耕地提供，95%以上的肉、蛋、奶由耕地提供的产品转化而来。另有资料显示，我国每年粮食消费量约占世界粮食消费总量的1/4。目前世界粮食贸易总量约2亿吨，不到我国粮食消费量的2/5。如果我国生产的粮食不能保障供需基本平衡，就可能造成世界性的粮食危机。从2007年起，全球粮价上涨了60%，一些依赖进口粮食的国家不堪重负。有些学者把石油和粮食看作当代的"核武器"，可见粮食问题的重要性。就人口而言，我国已有13亿人，预计每年人口增加1000万人，到2030年我国人口总量将达到16亿的峰值，对粮食的需求也将相应增加（马俊峰，2010）。只有集约用地，守住18亿亩耕地"红线"，我国的粮食安全才有保障。

我国正处于工业化、城市化快速发展的时期。工业化、城市化的发展必然要占用一部分土地和耕地。据统计，2008年我国耕地保有量约12 171.6万hm^2（约18.26亿亩[①]），1999～2008年10年间，我国耕地减少了748万hm^2（1.12亿亩），平均每年减少74.84万hm^2（1123万亩）。按照《全国土地利用总体规划纲要（2006—2020年）》，我国耕地保有量在2020年要保持在12 033万hm^2（18.05亿亩），未来13年最多只能减少138.6万hm^2（2074万亩）。以此推算，平均每年允许减少的耕地量仅为过去10年平均每年减少量的1/5，可见保护耕地的压力巨大。如何能够既满足社会经济发展对用地的合理需求，又尽量少占耕地，牢牢守住子孙后代生存发展、安邦立国的根基，实现社会经济持续、健康发展的战略目标，是现阶段土地利用亟须解决的重要课题。解决发展用地的唯一出路，是破解土地资源瓶颈的约束，转变土地利用方式，走节约、集约用地之路。目前，我国土地利用粗放

---

① 1亩≈666.7m^2

和浪费的问题比较突出，存在较为严重的低效利用现象，存量建设用地内涵挖潜和盘活利用的潜力很大。因此，提高土地利用效率、强化土地集约利用已成为破解"保障发展、保护资源"两难问题、实践科学发展观的重大举措，具有重大的战略意义。

2010 年 10 月，中国共产党第十七届中央委员会第五次全体会议指出，加快转变经济发展方式是我国经济社会领域的一场深刻变革，必须贯穿经济社会发展全过程和各领域，坚持把经济结构战略性调整作为加快转变经济发展方式的主攻方向，坚持把科技进步和创新作为加快转变经济发展方式的重要支撑，坚持把保障和改善民生作为加快转变经济发展方式的根本出发点和落脚点，坚持把建设资源节约型、环境友好型社会作为加快转变经济发展方式的重要着力点，坚持把改革开放作为加快转变经济发展方式的强大动力。会议通过的《中共中央关于制定国民经济和社会发展第十二个五年规划的建议》认为，以加快转变经济发展方式为主线，是推动科学发展的必由之路，符合我国基本国情和发展阶段性新特征。加快转变经济发展方式，提高发展的全面性、协调性、可持续性，坚持在发展中促转变、在转变中谋发展，实现经济社会又好又快发展。

党的十八大以来，习近平同志围绕加快转变经济发展方式提出了许多新思想、新观点、新论断，习近平同志的重要讲话和论述，为我们加快转变经济发展方式、推动经济持续健康发展指明了方向。习近平同志强调，"加快推进经济结构战略性调整是大势所趋，刻不容缓。国际竞争历来就是时间和速度的竞争，谁动作快，谁就能抢占先机，掌控制高点和主动权；谁动作慢，谁就会丢失机会，被别人甩在后边。"这一重要论述充分表明，加快转变经济发展方式意义重大、迫在眉睫，这是应对国际经济形势深刻变化的必然选择。国际金融危机爆发以来，世界经济进入新一轮调整期，全球经济在大调整大变革中出现一些新趋势，对我国经济转型升级形成了巨大压力。一方面，全球经济格局和供求结构发生深刻变化，外部环境的不稳定、不确定因素增多，给我国经济发展模式带来深刻影响；另一方面，国际金融危机大大推动了世界产业变革与结构调整，给我国经济发展方式转变带来重大机遇。我们只有主动适应外部环境变化、加快转变经济发展方式，才能在新一轮国际竞争中赢得优势、赢得主动。

习近平同志指出，"党的十八大强调要推动经济持续健康发展，要求的是尊重经济规律、有质量、有效益、可持续的速度，要求的是在不断转变经济发展方式、不断优化经济结构中实现增长。""要深化产业结构调整，构建现代产业发展新体系。""推动传统产业转型升级，积极培育和发展战略性新兴产业，加快信息产业发展，大力发展节能环保和新能源产业，推动新兴服务业和生活性服务业发展。"这些重要论述表明，加快转变经济发展方式必须以遵循市场规律为前提，以调整优化经济结构为抓手，以调整产业结构为首要任务，以构建现代产业体系为主要内容，加快形成支撑质量型发展的新的经济发展方式。习近平同志强调，"改革开放是决定当代中国命运的关键一招，也是决定实现'两个一百年'奋斗目标、实现中华民族伟大复兴的关键一招"，并向全党发出了全面深化改革的动员令，表明了新一届中央领导集体坚持和推动改革开放的坚定决心。在中央政治局第二次集体学习会议上，习近平同志指出，"要加强宏观思考和顶层设计，更加注重改革的系统性、整体性、协同性，同时也要继续鼓励大胆试验、大胆突破，不断把改革开放引向深入"，表明了深化改革必须统筹谋划、协同推进。这些重要论述表明，深化改革是转变经济发展方式的必由之路；推进经济发展方式转变必须以深化改革为抓手，加快破除制约经济社会科学发展的体制机制障碍。

习近平同志提出"决不以牺牲环境为代价去换取一时的经济增长"的重要论述，强调越过生态红线要终身追究责任，为落后的经济发展方式敲响了警钟。在湖北考察工作时，习近平同志强调，"节约资源、保护环境是我国发展的必然要求，全社会都要提高认识，坚持走可持续发展道路"，并要求我们牢固树立尊重自然、顺应自然、保护自然的生态文明理念，加快形成节约资源和保护环境的空间格局、产业结构、生产方式、生活方式。这些重要论述表明，转变经济发展方式是建设"两型社会"、生态文明的必然要求和必由之路，建设"两型社会"、生态文明是转变经济发展方式的方向和目标，两者密切联系、有机统一。

转变经济发展方式不仅包括经济增长方式从粗放型转向集约型，也包括产业结构优化升级，经济运行质量和效益提高，在经济发展的进程中紧紧围绕以人为本这个核心，统筹城乡发展、区域发展、经济社会发展、人与自然和谐发展、国内发展和对外开放，真正做到全面协调可持续发展，使经济发展朝着有利于人和社会全面发展的目标前进。转变经济发展方式更是发展理念的转变、发展道路的选择、发展模式的创新，实质上是解决如何发展得更好的问题。经济发展方式的转变要求资源利用方式转变；经济发展方式要求又好又快，土地利用方式就需要集约利用。所有这些都要求我们将转变经济发展方式和土地集约利用联系起来，深入研究转变经济发展方式对土地集约利用的影响。

1.2 经济发展与土地利用关系研究的意义

当前，我国总体上已跨越了生存型阶段，进入了以促进人的全面发展为目标的发展型新阶段，转变经济发展方式已刻不容缓。我国人多地少的基本国情与土地供需的尖锐矛盾必然要求土地的集约利用。本书试图通过对经济发展方式与土地利用方式之间的关系进行分析，发现不同经济发展阶段土地利用方式变化的规律，揭示转变经济发展方式与土地集约利用的内在联系；在转变经济发展方式背景下，分析土地集约利用的驱动因素和制约因素，着重从产业集聚和产业结构优化升级两个方面分析产业结构调整对土地集约利用的影响机理，突出分析新型经济转型期对工业土地集约利用的影响机理，并从低碳经济和循环经济两个角度研究新型经济发展方式对土地集约利用的影响机理，最后对转变经济发展方式背景下土地集约利用进行制度设计，并给出相应的政策建议。通过深入研究，探索建立集约用地新机制，推动土地利用方式根本转变，为促进经济发展方式转变和经济社会又好又快发展作出应有的贡献。

本书的理论意义和学术价值主要体现在以下两个方面：一是建立一个转变经济发展方式与土地集约利用之间的理论分析框架，通过分析经济发展方式与土地利用方式之间的关系，找出不同经济发展阶段土地利用方式变化的规律，建立不同经济发展阶段经济发展与土地集约利用之间的理论模型，为转变经济发展方式背景下土地利用由粗放型转向集约型提供理论基础。二是拓展土地集约利用的内涵。本书在前人研究的基础上，结合转变经济发展方式的特征提出了土地集约利用的新内涵，将土地集约利用的内涵扩展到四个方面：①土地利用强度和土地投入水平的提高；②土地产出综合效益的改善；③土地利用结构和布局的优化；④土地利用制度的进步，包括土地利用科技水平的进步、土地利用当事人素质的提高、土地利用管理的创新等。

本书的实践意义主要体现在，通过分析土地集约利用的驱动因素和制约因素，从产业集聚和产业结构优化升级两个方面分析转变产业结构调整对土地集约利用的影响机理，并从低碳经济和循环经济两个角度研究新型经济发展方式对土地集约利用的影响机理，为转变经济发展方式背景下土地集约利用制度设计提供切实可行的政策建议。这对保护耕地和维护我国粮食安全，盘活城市存量土地、走城市用地内涵式挖潜的发展道路，推进土地市场化进程、优化配置土地资源，加强土地参与宏观调控，区域产业结构布局调整和优化升级等具有重要的实践应用价值，有助于贯彻落实科学发展观、促进经济结构调整和经济发展增长方式转变，促进社会经济又好又快发展。

1.3 经济发展与土地利用关系研究的主要内容及方法

1.3.1 经济发展与土地利用关系研究的主要内容

1. 经济发展与土地利用方式之间的关系研究

在不同的经济发展阶段，随着经济发展方式的转变、工业化和城市化水平的提高以及产业结构的演进，资本和土地等要素的相对价格不断变化，土地利用集约度呈现出一定的规律。本书首先对经济发展和要素投入关系进行理论阐述，并研究在经济发展的不同阶段，土地在经济发展中的作用及起主导作用的土地功能。

然后在对经济发展阶段进行划分的基础上，论述我国在初级经济阶段、工业化初期阶段和工业化中期阶段土地利用方式的演变历程，并运用生产函数模型定量测算不同经济发展阶段土地对经济增长的贡献率，总结不同经济发展阶段土地利用方式变化的规律，建立不同经济发展阶段经济发展与土地集约利用之间的理论模型。最后分析我国当前土地利用方式与经济发展转型之间的矛盾，试图得出结论：随着经济发展方式的转变，土地利用方式必须由粗放利用转向集约利用。

2. 转变经济发展方式背景下土地集约利用的影响因素分析

土地集约利用的影响因素分析对解释土地集约利用的内涵和建立土地集约利用机制起着关键作用。因此，本书对土地集约利用的驱动因素和制约因素进行分析，驱动因素着重分析人地关系、耕地保护、经济发展、科学发展观的贯彻落实、国际竞争压力、土地取得成本、集约用地优惠政策等；制约因素着重分析土地利用规划管制、土地利用的知识和技术、体制因素、资金财力、中央政府与地方政府之间的博弈、土地投机、多占少用等。

3. 产业结构调整对土地集约利用的影响机理研究

从长远看，加快产业结构调整是推动经济发展方式转变的重要抓手，产业结构反映了一个国家或地区经济增长的基本态势以及经济增长的基本途径。产业的发展最终必须落实到具体的空间上，产业的空间结构在一定意义上即是土地利用结构。所以，研究产业结构调整对土地集约利用的影响机理具有重要的战略意义。本书首先对产业结构和土地利用结构的关系进行分析，认为：土地利用结构为产业结构提供了物质基础，产业结构演进影响着土地资源的利用方式、结构和空间布局，影响土地资源的配置效率。其次，从产业集聚和产业结构优化两个方面分析产业结构对土地集约利用的影响。产业集聚对土地利用的影响的内在机理在于产业集聚所产生的集聚经济效应，包括企业内部规模经济效应、产业内部规模经济效应与区域内部规模经济效应；产业结构优化对土地集约利用的影响主要体现在土地利用强度和投入水平、土地利用产出综合效益、土地利用结构和布局、土地利用主体行为与意识等方面。

4. 新型经济转型期对工业土地集约利用的影响机理研究

针对新型经济转型期对工业土地集约利用的影响机理研究，本书从转型时期工业化进程阶段、经济增长方式和工业内部产业结构发生的调整与变迁这三个方面入手，对其给工业土地利用方式带来的影响进行了分析。首先，快速的工业化进程是转型时期我国经济发展出现的重要特征，在不同的工业化阶段，工业土地的配置利用方式和利用效益水平是不一样的；其次，经济增长方式转变对工业用地利用方式的影响主要体现在对土地投入水平和投入结构的影响，尤其是科学技术投入水平的影响，投入的变换能够直接引起单位土地产出质量和产出水平的变化；最后，产业结构升级对工业土地利用方式的影响是通过对土地利用结构和布局的优化达到的，工业内部产业结构的优化不仅提高了土地产出，也使得城市规划更加合理。本书分析了江苏省社会经济和工业土地利用的现状特征，利用省内64个市县的数据，选取地均工业增加值为因变量，工业化率、地均资本、劳动力、科技投入等8个指标为自变量，构建面板数据模型，对省内不同区域工业土地集约利用的影响因素进行了比较与分析。

5. 新型经济发展方式对土地集约利用的影响机理研究

循环经济和低碳经济是符合可持续发展理念的经济发展模式，抓住了当前我国资源相对短缺而又大量消耗的症结，对解决我国资源对经济发展的瓶颈制约具有迫切的现实意义，也是转变经济发展方式的必然要求。本书就循环经济和低碳经济对土地集约利用的影响机理展开研究。在循环经济部分，首先对循环经济的概念与内涵、基本原则以及主要特征进行理论分析，然后分别从循环经济的基本原则和循环经济的主要特征两个角度研究循环经济的发展对土地集约利用的影响，以江苏昆山经济技术开发区作为实证区域，分析该区域的循环经济情况及土地集约利用水平。在低碳经济部分，在对低碳经济的概念与内涵、特征及发展途径进行分析的基础上，通过总结并借鉴国内外专家学者相关研究，以产业结构为纽带，分别研究产业结构与两者的相互作用关系，总结低碳经济发展与土地集约利用的耦合关系，理论推导和演绎低碳经济发展与土地集约利用的耦合机理，并建立低碳经济发展指标体系和土地集约利用指标体系，选定 2000～2010 年全国30 个省市区为研究对象，基于指标体系形成的立体数据，选取全局主成分分析方法，利用 SPSS18.0 软件评价低碳经济发展和土地集约利用水平，定量研究分析两者之间耦合强度和地区差异。

1.3.2 经济发展与土地利用关系研究过程中主要研究方法

1. 规范研究和实证分析相结合

本书主要采用规范研究和实证分析相结合的方法，从经济发展方式与土地集约利用一般关系出发，深入探讨经济发展方式转变对土地集约利用的影响机理。本书首先对经济发展方式与土地利用方式之间的关系进行规范研究，试图找出不同经济发展阶段土地利用方式变化的规律。在分析产业结构调整和新型经济发展方式对土地集约利用的影响机理时，也遵循先规范研究再实证分析的思路。

2. 比较分析法

在分析当前我国土地利用方式与经济发展转型之间的矛盾时，通过对我国土地集约利用水平与发达国家及国际平均水平的比较分析，有助于全面了解我国土地集约利用存在的问题和矛盾；在分析昆山产业集聚与土地集约利用水平时，不仅进行了时间序列的纵向比较分析，还将昆山的土地集约利用水平与全国 20 个大中城市进行横向比较研究，增强了土地集约利用研究结论的可信度；在研究经济转型期工业土地集约利用的影响因素时，基于研究区域内经济发展水平也存在差异性，本书在实证部分，把江苏省划分为三大区域，对其转型时期工业土地集约利用影响因素分别进行估计，并利用比较分析的方法，对估计结果加以对比分析，更加深入、全面地理解工业土地集约利用；在研究低碳经济发展与土地集约利用关系的过程中，基于 2000～2010 年全国 30 个地区的立体数据，从时间和空间维度上比较分析低碳经济发展和土地集约利用水平的区域差异，并就两者耦合协调发展程度进行横向和纵向对比分析。

3. 案例分析法

本书以江苏昆山高新技术产业园区典型企业作为案例，对高新技术产业土地集约利用水平进行实证分析。案例分析中，根据昆山高新技术产业园区以电子信息、精密机械和民生用品三大产业为主的产业构成情况，按照每个产业选取 2 家以上具有代表性的企业，总共至少 10 家企业的原则，选取了 15 家高新技术企业，进行高新技术产业企业土地集约利用评价的案例分析。

4. C-D 生产函数模型法

在分析不同经济发展阶段土地对经济增长的贡献时，运用 C-D 生产函数模型法对土地、资本及劳动力投入的弹性系数进行估计。

5. 总结归纳法

总结归纳法就是在理论分析和实证分析的基础上，总结出相关的理论和经验。本书在理论上和实证上分别对转型时期工业土地集约利用的影响因素进行了分析，经过相关的归纳与总结，得到一定的结论，可以为人们更好地在平衡发展经济与节约、集约利用土地资源时提供理论借鉴。

6. 定性分析与定量分析相结合的方法

经济转型期工业用地集约利用影响因素研究中，本书从转型时期工业化进程阶段、经济增长方式和工业内部产业结构发生的调整与变迁这三个方面入手，对其给工业土地利用方式带来的影响进行了定性分析,并利用江苏省64个市县的相关数据构建模型进行分析,通过量化的结果更好地解释江苏省工业土地集约利用的影响因素和前文的理论假设。在研究低碳经济与土地集约利用之间的关系过程中,采用定性研究,从产业结构角度理论推导低碳经济发展与土地集约利用之间的耦合关系,基于理论证明,选定全国30个省市区为研究对象,定量评价2000~2010年低碳经济发展与土地集约利用水平,分析地区影响因素和区域差异,并基于评价结果,应用耦合协调发展度等模型定量分析全国30个地区的低碳经济发展与土地集约利用的耦合协调情况。

本书研究技术路线如图1-1所示。

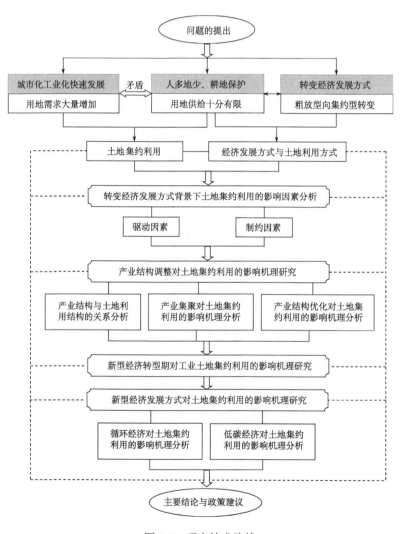

图1-1 研究技术路线

第 2 章　国内外研究动态评述

本书通过对国内外土地集约利用的内涵、理论基础、指标体系、评价方法和具体的实践做了大量的研究，为土地集约利用深入研究奠定了扎实的基础。但是，对土地集约利用的影响机理的深入研究还较为缺乏，尤其是在科学发展观、转变经济发展方式的背景下，开展土地集约利用影响机理的研究还很少见。在西方市场经济国家，经济增长方式的转变被认为是在市场作用下自然发生的演进过程。所以，西方学者很少专门研究经济增长方式的转变，他们关注的主要是如何通过市场和政府不同的手段实现经济增长。在我国，转变经济发展方式提出的时间还较为短暂，国内学者对转变经济发展方式的必要性和紧迫性，内涵、重点和关键，途径与对策进行了一些有价值的研究，但总体上来看还需要更加深入、系统。本书试图将转变经济发展方式和土地集约利用联系起来，从产业集聚和产业结构优化升级、低碳经济和循环经济等新型经济发展方式等角度深入研究转变经济发展方式对土地集约利用的影响，探索建立土地集约利用的新机制，推动经济发展方式加快转变，为经济社会又好又快发展作出贡献。

2.1　关于转变经济发展方式的研究

2.1.1　国外研究进展

在西方经济增长理论的研究中，很少有专门或直接研究经济增长方式及其转变的论著。因为，在西方市场经济国家，经济增长方式的转变是一个在市场制度"诱导和驱动"作用下自然发生的历史演进过程。所以，西方经济学家就很少研究经济增长方式如何转变这样一个在他们看来是由实践自然去解决的问题，他们关注的主要是在市场制度既定条件下，经济如何增长、经济增长源泉、经济增长因素以及经济增长中市场与政府作用的互补性整合等经济增长理论问题。

古典经济增长理论的起源可追溯到英国古典经济学的创建人亚当·斯密（Smith，1776）。亚当·斯密在其划时代著作《国民财富的性质和原因的研究》中指出，劳动分工、资本积累和技术进步是经济发展的动力。他还强调了稳定的法律等制度因素的重要性，认为市场只有在这样的体制下才能发挥作用。另外，他还说明只有在开放的贸易体制下，才能使穷国赶上富国。大卫·李嘉图（Ricardo，1817）在《政治经济学与赋税原理》中提出了认识经济增长的重要概念——报酬递减规律。他同意斯密对资本积累的强调，然而通过论证得出了一个悲观的结论。他指出在土地上增加投资，得到的回报会不断减少。他还分析了自由竞争和国际贸易对经济增长的作用，主张自由放任的政策和贸易自由化。由此可见，作为古典经济学的代表人物亚当·斯密和大卫·李嘉图都认为劳动、技术、资本等是推动经济发展的重要因素。

亚当·斯密和大卫·李嘉图之后，1848 年，英国经济学家约翰·穆勒（Mill，1848）发表《政治经济学原理》，讨论了经济增长过程中人口增长、资本积累和技术进步等问题，并注意到大规模生产可以促进经济增长。1890 年，英国经济学家阿尔弗雷德·马歇尔（Marshall，1890）出版《经济学原理》，在该著作中他强调资本家延迟他们的当前消费进行资本积累，以及在传统的生产三要素之后又加上"组织"，并把企业家的组织管理活动都看成是财富增长的重要源泉。除此而外，在这半个世纪的历史时期中，经济增长理论的研究陷于沉寂状态，经济学家们主要致力于"静态经济学"的研究，而不考察经济增长的动态过程。但到了 1912 年，美籍奥地利经济学家熊彼特（Schumpeter，1912）出版了他的成名作《经济发展理论》一书，对以马歇尔为代表的静态分析方法提出了质疑。他认为，"创新"是一个"内在的因素"，"经济发展"也是"来自内部自身创造性的关于经济生活的一种变动"。

20 世纪 40 年代，在凯恩斯经济理论基础上发展起来的哈罗德-多马增长模型（Harrod-Domar model），是现代经济增长理论的开端标志。该模型表明，经济增长不仅取决于资本增长率、劳动增长率，以及资本和劳动对收入增长的相对作用的权数，而且还取决于技术进步，尤其是从长期增长和人均产量来看，资本增长率和劳动增长率的作用不大，技术进步才是经济增长的关键。美国经济学家罗伯特·索洛（R.M. Solow）按照这个思路作了实证分析工作，测算出 1909～1949 年的 41 年间，美国资本和劳动的投入只能解释 12.5% 左右的产出，另外 87.5% 的产出却得不到模型的解释，不得不把其归为一个外生的、用以解释技术进步的"余值"（residual），被视为"黑匣子"（black box）来处理。

1955 年，美国著名经济学家刘易斯（Lewis，1955）发表了《经济增长理论》，与其他的有关经济增长论著相比形成鲜明特色的是，《经济增长理论》更多地从人的行为选择方面去研究一个国家的经济增长。刘易斯认为，一个国家的经济增长与人的行为有很大的关系，而人的行为又可以分为三个层次，这三个层次分别构成促进经济增长的三个主要因素。第一，厉行节约，即降低任何一种产品的成本；第二，增进知识及其应用；第三，人均资本额和其他资源量的增加。这三个因素对经济增长的作用似乎是很浅显的原理，但是刘易斯在他的著作中以一种比较独特的视角，对三个因素是如何影响经济增长作了十分充分的阐述，并赋予了许多新的内容。刘易斯从人的行为选择出发，研究这种选择对经济增长的影响，拓宽了经济增长理论的视野。他对经济增长中历史因素和制度因素的分析，让人们看到在资本、劳动、储蓄、投资这些影响经济增长的要素背后，还有一些更加固有的因素，如价值观、职业观、消费方式、财产权利、历史传统、长子继承制等，在深深地影响着某个既定国家的经济增长。

美国经济学家丹尼森（Denison, 1962）于 1962 年出版的《美国经济增长因素和我们面临的选择》一书中，对经济增长进行了详尽的因素分析。他从对美国经济增长因素的分析和估计入手，试图从中找出经济增长的因素，并度量它们所起作用的大小，以此作为美国加速经济增长的参考。在美国的教育经济主义思潮的形成和发展过程中，丹尼森的观点起了相当大的推动作用。丹尼森把经济增长因素归为两大类：一是生产要素投入量；二是生产要素生产率。他认为，属于生产要素投入量的有两项，即劳动在数量上的增长和质量上的提高，以及资本在数量上的增加；属于生产要素生产率的有三项，即资源配置的改善、节约的规模和知识的进展及其在生产上的应用。知识进展能使同样的生产要素投入量的产品所需的投入量减少；促进经济增长的新技术的采用，只有在知识有所进展时，才有可能实现。在丹尼森看来，教育因素是促进经济增长的重要因素。不过，他所谓的教育因素是指劳动者所受正规教育年限的多少，并未考虑教育质量的成分。美国经济学家西蒙·库兹涅茨（Kuznets, 1966）运用统计分析方法，通过对国民生产总值及其组成部分的长期估量、分析与研究进行各国经济增长的比较，从各国经济增长的差异中探索经济增长。库兹涅茨对经济发展的因素进行了扩充，提出经济发展的因素主要是知识存量的增加、劳动生产率的提高和结构方面的变化。

20 世纪 60 年代，美国经济学家舒尔茨（Schultz, 1961）提出了人力资本理论，阐发了人力资本对经济增长起决定性作用的观点。舒尔茨把资本分为物质资本和人力资本两种形式。人力资本是体现在劳动者身上的以劳动者的数量和质量表示的资本。劳动者的知识、技术水平、劳动技能的高低不同，决定了人力资本对经济的生产性作用的不同，结果使国民收入增长的程度也不同。

20 世纪 80 年代中后期，以美国经济学家卢卡斯（R. Lucas）等为代表的一批经济学家，在对新古典经济增长模型重新思考的基础上，运用数学化和微观化的新方法并结合世界各国经济增长中出现的新问题，探讨了经济增长的长期性，提出了许多具有外在收益递增和知识外溢效应的内生经济增长模型，由此形成了新增长理论。卢卡斯 1988 年在《论经济发展的机制》中，将舒尔茨的人力资本与索洛的技术进步结合起来，具体转化为专业化的人力资本，并认为只有这种特殊的、专业的人力资本的积累才是产出增长的真正源泉，它克服了劳动和物质资本的边际产出递减的限制，使经济得以持续增长。

近年来，以科斯（R. Coase）、诺斯（D. C. North）等为代表的新制度经济学家把制度因素作为决定和影响经济增长的一个重要内生变量，他们考察了制度与经济增长的相互关系，用交易成本作为分析工具，将交易成本作为解释和比较不同制度或体制效率的重要因素，进而分析对经济增长的影响。新制度经济学家认为，经济增长的根本原因是制度的变迁，一种提供适当个人刺激的有效产权制度体系是促进经济增长的决定性因素。他们认为，经济增长的根本原因是交易费用的降低，而降低交易费用的关键在于制度变迁。现代经济增长中的许多新问题，如公共政策对经济增长的影响、国际贸易对经济增长的影响和经济市场化对经济增长的作用等，都在制度经济学理论中找到了解释。诺斯和托马斯合作的《西方经济的兴起》论述了"有效率的经济组织是经济增长的关键；一个有效率的经济组织在西欧的发展正是西方兴起的原因所在"。新制度经济学家建立了一个包括产权理论、国家理论和意识形态理论在内的制度变迁理论，把产权结构、交易费用、信息不对称以及政府、意识形态等因素作为内生变量纳入了经济增长的分析框架，认为制度是影响经济增长最重要的因素。

2.1.2　国内研究进展

在国内，党的十七大报告首次将"转变经济增长方式"改为"转变经济发展方式"，提出加快转变经济发展方式，推动产业结构优化升级。党的十七大明确了加快转变经济发展方式的战略任务，强调要促进经济增长由主要依靠投资、出口拉动向依靠消费、投资、出口协调拉动转变，由主要依靠第二产业带动向依靠第一、第二、第三产业协同带动转变，由主要依靠增加物质资源消耗向主要依靠科技进步、劳动者素质提高、管理创新转变。此后，理论界、学术界对经济发展方式问题的研究日益增多。从全国范围内来看，关于经济发展方式的研究主要集中在以下六个方面。

1. 转变经济发展方式的必要性和紧迫性

马凯（2007）认为，改革开放以来，我国经济持续快速增长，综合国力明显增强，人民生活水平大幅度提高，社会主义现代化建设取得举世公认的伟大成就。但同时也应看到，我国经济增长方式比较粗放，实现经济快速增长付出的代价过大。自党的十四届五中全会确立实现经济增长方式根本性转变的战略方针以来，我国虽然已在这方面取得不少成效，但从总体上看，经济增长方式尚未实现根本性转变。近年来随着经济增长速度加快，增长方式粗放的问题更加突出，资源环境面临的压力越来越大，不仅影响短期内经济的健康发展，更将严重制约长期的持续发展和全面建成小康社会目标的顺利实现。吴树青（2008）认为，转变经济发展方式是贯彻落实科学发展观的必然要求，是我们党对我国经济发展规律认识进一步深化的一个重要标志。张高旗等（2008）从贯彻落实科学发展观的内在要求、破解我国经济发展中深层次矛盾和我们党对中国经济发展阶段的认识达到了新的境界三方面探讨了"经济增长方式"变为"经济发展方式"的价值意义。严海波（2009）指出，经济发展方式是决定中国经济能否长期健康发展的根本性问题。国际金融危机的发生和发展，使我国转变经济发展方式的任务变得越来越紧迫。长期以来，中国经济发展过分依赖国外市场和国内投资的拉动，过于依赖物资消耗，这使我国过深地卷入国际分工体系，其负面作用日渐显现：我国低端加工业高度依赖出口，投资品和高技术产品创新升级能力不足、严重依赖进口，从而挤占了本国同类产业的市场空间和发展机会，加剧国内经济结构和分配结构失衡。发展方式转变到位与否，不仅影响宏观经济的短期表现，也影响到我国经济在世界范围内的长期发展能力。林兆木（2010）也认为，发展方式转变及相应的结构调整和改革深化，是我国经济正在经历的一次深刻转型。未来应对后危机时代国内外经济环境的新变化新挑战，使我国经济实现均衡、可持续的发展，在很大程度上取决于成功实现这次新的转型。许青云（2010）的看法是：国际金融危机对我国经济的冲击，表面上是对经济增长速度的冲击，实质上是对经济发展方式的冲击。尽管各地所处的发展阶段、发展层次、发展水平有很大差异，经济结构、产业结构、城乡结构有很大不同，但在这次金融危机中都无一例外地受到冲击，反映出在经济发展方式方面存在的问题。不加快经济发展方式转变，资源难以为继、环境难以为继、民生难以为继、发展难以为继。时任国家发展和改革委员会主任张平（2010）指出，加快经济发展方式转变，从当前来看，是中国增强抵御国际市场风险能力，巩固和发展经济回升向好势头的紧迫任务；从长远看，是中国深入贯彻落实科学发展观，坚持走中国特色新型工业化道路，不断提高可持续发展能力，促进社会和谐的必然选择。

2. 转变经济发展方式的内涵

刘世佳（2007）认为，所谓转变经济发展方式，是指从粗放型经济向集约型经济转变，主要是由科技水平比较低，企业管理比较粗，资源消耗比较大，高投入、低产出、低效益，向节约资源、保护环境，提高科技含量，提高产品的高附加值，提高科学的精细的企业管理水平，取得低投入、高产出、高效益方面转变。黄泰岩（2007）认为，转变经济发展方式不仅仅指从粗放增长向集约增长的转变或从外延增长向内涵增长的转变，还应该包括向发展目标多元化转变，向经济增长的质量和效益并举转变，向以人为本这一发展核心转变，向经济结构全面优化转变，向知识经济条件下的发展方式转变，向建设资源节约型、环境友好型社会转变。陈柱兵（2008）指出，经济发展方式转变，就是要在经济发展的进程中紧紧围绕以人为本这个核心，真正做到全面协调可持续发展，统筹城乡发展、区域发展、经济社会发展、人与自然和谐发展、国内发展和对外开放，使经济发展朝着有利于人和社会全面发展的目标前进。杨玉霞等（2008）认为，转变经济发展方式是在注重实现要素生产率的增长率对经济增长率的贡献度达到或超过50%的同时，更注重经济发展质的提升，更加注重不断提高人民群众的物质文化生活水平，让广大人民群众分享改革发展的成果，切实维护和实现最广大人民的根本利益。张蕴萍（2009）认为，转变经济发展方式除了要求经济增长方式从粗放型转向集约型外，还要求从盲目地单纯追求GDP量的扩张转变到更加注重优化经济结构、提高经济效益和经济增长质量上来；从一次性和单一性利用资源转向循环利用和综合利用资源；从牺牲环境发展经济转向力争经济与环保双赢；从见物不见人的陈旧理念转变到以人为本，更加注重不断提高人民群众的物质文化生活水平，让广大人民群众分享改革发展的成果。许青云（2010）从一般意义上分析了经济发展方式转变的内涵，认为经济发展方式转变就是经济发展方法、途径和模式的转变，由传统的、旧的发展方式向现代的、创新的发展方式转变。

3. 转变经济发展方式的重点和关键

刘世佳（2007）认为，转变经济发展方式要抓住的重点包括：数量型向质量型转变；外延型向内涵型转变；速度型向效益型转变；高耗型向节约型转变；线性型向循环型转变；守业型向创新型转变；政府主导型向市场主导型转变。张玉台（2007）强调，转变经济发展方式，就是要依靠科技进步和创新，在优化结构、提高效益和降低能耗、保护环境的基础上，实现速度质量效益相协调、投资消费出口相协调、人口资源环境相协调，真正做到又好又快发展。吕政（2008）认为，转变经济发展方式需要解决一些突出问题，包括：必须认清我国经济发展条件的变化；正确处理速度与效益的关系；调整和优化产业结构；节约资源、保护环境；实现区域协调发展；增强企业创新能力，促进科技成果向现实生产力的转化；推进生产社会化。唐龙（2009）认为，能否有效转变经济发展方式与深化经济体制改革密切相关。他认为转变经济发展方式的体制难点主要集中在政府管理体制、财税体制、价格体制和企业体制四个关键环节。促进经济发展方式转变可从提高自主创新能力、适当放缓经济增速、强调节能减排和提高地方政府执行力等方面选取体制改革的突破口。康有黎等（2009）认为，转变经济发展方式的重点是节能降耗，以"减量化、再使用、可循环"为原则，把大力发展循环经济作为突破口，这有利于达到节能降耗、减少污染，缓解经济增长与资源、环境承载能力的尖锐矛盾，转变传统的经济发展方式。林兆木（2010）从发展战略和宏观经济层面进行了分析，认为应重点解决三个问题：调整国民收入分配结构、加快发展服务业特别是生产性服务业和积极推进人口城镇化。郭振宁（2010）认为，实现经济发展方式转变的中心环节是增强自主创新能力，尽快扭转自主创新能力不强、缺乏核心技术、缺少自主知识产权、缺少世界名牌的现状。许青云（2010）也持类似观点，认为加快转变经济发展方式的核心是强化自主创新能力和科技进步。

北京大学经济学教授刘伟（2010）认为，转变经济发展方式的根本在于技术创新和制度创新。在吴敬琏（2010）看来，转变经济发展方式的核心和基础，是摒弃靠自然资源和资本投入支撑的传统经济发展模式，采用靠效率提高驱动的发展模式。

4. 转变经济发展方式的途径与对策

关于转变经济发展方式的途径和对策，大多数学者从以人为本，节能减排，注重环保，加强完善市场机制、政府规制、法律监管，加大体制改革和产品价格改革等方面进行了探讨。张玉台（2007）强调，转变经济发展方式是一项长期而艰巨的任务，当前应在推进资源和要素价格体系改革、运用好财税等经济手段、改进政府绩效考核体系等方面采取有力措施。周叔莲等（2008）提出了四点建议：第一，完善有利于节约能源资源和保护生态环境的法律和政策，加快形成可持续发展体制机制；第二，加强竞争制度建设，处理好垄断和竞争的关系，优化竞争环境；第三，深化收入分配制度改革，理顺收入分配关系，逐步缩小收入分配差距；第四，倡导健康文明的消费方式。王一鸣（2008）认为，转变经济发展方式要取得实质性进展和重大突破，最根本是要深化改革，完善社会主义市场经济体制，培育和增加市场功能，增强市场机制对技术进步和节能降耗的激励和"倒逼"效应。从体制机制创新上推进经济发展方式转变，当前最迫切的任务主要是：完善资源价格形成机制；深化财税体制改革；加快行政管理体制改革；构建有利于经济发展方式转变的微观基础。张蕴萍（2009）从六个方面提出了转变经济发展方式的现实对策：①推进资源和要素价格体系改革，健全资源和要素高效利用的激励机制；②综合运用财税等经济手段，引导市场主体自觉转变发展方式；③改进政府绩效考核体系，完善监督体系；④大力发展教育和科学技术；⑤大力推进节能减排和环境保护；⑥倡导健康文明的消费方式。杨艳琳（2010）认为，促进经济发展方式有效转变的路径主要是与工业化发展结合起来，在促进工业化、城市化发展的过程中逐步实现经济发展方式的转变；同时，将经济发展方式转变与调整产业结构有机地结合起来，在促进产业结构的调整升级与优化过程中逐步实现经济发展方式的转变。此外，还要将体制创新、机制创新作为促进经济发展方式转变的重要推动力。

5. 关于中国经济转型的研究

经济转型一直伴随着我国经济的发展，国内外学者们普遍认为我国的经济转型采用的是渐进的和增量改革的方式（范德胜，2005），同时我国经济转型肩负着经济发展与制度变迁（体制转型）的双重任务。

在经济发展方面，范德胜（2005）对转型时期我国经济增长和储蓄变化作了研究，提出经济结构转变是经济发展的基本要求；卢锋（2004）在《中国经济转型与经济政策》一书中对国企、社保、财政税收改革、"三农"问题和金融体制改革、开放和经济全球化影响以及宏观经济管理问题提出了大量的经济学分析讨论和相应的政策建议；沈坤荣（2008）从经济体制转型与经济增长，公共支出、金融发展与经济增长，经济增长的收敛性与可持续性三方面出发，研究我国的经济转型，从理论上挖掘经济增长的潜在力量；王建（2007）从储蓄率的急剧上升和资本市场的迅猛发育势头探讨了我国的经济转型，他认为必须认清中国经济空间结构的特点，找出符合中国国情与客观规律的区域经济战略思路是当前工作的重点；刘志彪（2003）则对我国转型时期知识经济、对外开放、信息化、买方市场与经济结构优化升级进行了探讨。

在制度变迁方面，经济转型首先体现为经济体制的整体转换，并意味着经济转型必然是一个大规模、多领域、系统性的经济制度变迁过程（景维民等，2008）；陈钊等（2006）认为，经济的转型本质上是一个重新划分市场和政府边界的过程，转型被放置于一个探讨经济发展阶段与政府功能边界的动态分析框架之中，全面分析转型问题实质就是构建一个具有经济发展与制度变迁互动的发展经济学理论，回答在市场经济的构建终结后如何随着经济发展阶段的变化而继续调整政府职能的问题；谭玲玲（2007）研究了转轨过程中的我国经济制度建设和经济体制的改革，具体包括政府职能的转变、金融体制改革、财政体制改革、产业结构调整以及对外开放等；靳相木（2009）、宋敏等（2008）从土地制度变迁与社会经济的互动关系进行了研究，指出中国土地政策制度是影响社会经济发展的重要杠杆，并逐渐成为继货币政策、财政政策后的第三大宏观调控政策；钱忠好（2005）、曲福田等（2002）、徐建春（2002）、朱丽娜等（2010）分别对土地产权制度、储备制度、出让制度、使用制度的变迁作了专门研究。

另外，还有学者对经济转型时期的政府行为进行了一些研究。孙宁华（2001）提出了在经济增速、制度的创新等方面，中央政府与地方政府都存在博弈。张军（1997）、盛洪（2003）认为，由于中央政府激励约束机制的不对称，导致地方在经济发展过程中存在了比较严重的不正当竞争、重复建设以及地方保护主义。

6. 关于低碳经济研究现状

近几年，低碳经济成为国内学者研究的热点，相关的研究主要集中在低碳经济内涵、经验借鉴、低碳经济评价研究等几方面。

1）低碳经济内涵

英国最早提出低碳经济，却没有具体界定低碳经济的内涵。当前，有关低碳经济内涵的观点主要有两种：一是经济发展方式，二是方法论或形态论。

中国人民大学气候变化与低碳经济研究所（2010）在《低碳经济——中国用行动告诉哥本哈根》中指出，低碳经济是基于全球气候变化背景下提出的一种新型的发展理念，是一种新的经济增长模式；蔡林海（2009）在《低碳经济——绿色革命与全球创新竞争大格局》中指出，低碳经济是相对于现有的"高碳经济"而言的，是指人类在一系列的社会活动过程中，通过开发新能源及温室气体管制排放等措施来减少碳排放量，形成一种可持续发展的经济模式；肖文等（2011）也认为，低碳经济是一种以低能耗、低污染和低排放为基础的经济模式；夏堃堡（2008）认为，低碳经济包括两个部分：一是低碳生产，二是低碳消费。他认为低碳生产是维持现代经济可持续发展的生产方式，是最大限度地减少碳基能源消耗的经济，即以低能耗低污染为基础的经济。

方法论或形态论的学者主要有庄贵阳、潘家华等。庄贵阳（2007）在其《低碳经济：气候变化背景下中国的发展之路》中认为，低碳经济就是为了实现公约的最终目标，在保持经济增长的前提下，减少温室气体的排放；潘家华等（2010）认为，低碳经济是一种经济形态，旨在实现全球的共同愿景，其认为低碳是一种手段，目的是保障人类的可持续发展。庄贵阳等（2011）认为低碳经济转型的过程才是低碳发展的过程。根据其对低碳经济的概念解释，低碳经济包括 4 个要素：发展阶段、低碳技术、消费模式、资源禀赋，其核心特征是低碳排放、高碳生产力、阶段性。

2）低碳经济发展经验借鉴及理论研究

英国是低碳经济的先行者。庄贵阳（2007）认为，英国的激励机制对中国具有很重要的借鉴意义。主要的经济工具有气候变化税、气候变化协议、英国排放贸易机制、碳基金。蔡林海（2009）从理念创新、政策创新、技术创新、产业创新、经营创新五大方面阐述当前主要发达国家（美国、日本、英国等）在低碳经济方面所做的中长期战略及实施的现状，分析了当前的低碳经济的大格局，对我国低碳经济发展具有重要的借鉴和参考价值。通过分析我国产业结构的现状，邢继俊等（2007）分析出其中存在的问题，并以低碳经济为背景，针对我国产业结构提出了相应的产业结构调整的相关政策，他认为要发展低碳经济，就必须实行产业结构调整。

3）低碳经济发展水平评价

付加锋等（2011）运用层次分析法，结合低碳经济的核心要素，从发展能力、低碳产出、低碳消费、低碳资源、低碳环保五大方面选取 19 个指标来分析国内差异和国际差距。李刚等（2011）根据指标频率原则从联合国可持续发展委员会、经济合作发展组织等具有代表性的机构所制定的指标中选取 36 个指标，建立了低碳经济、低碳技术、低碳能耗、低碳污染、低碳社会、低碳生态 6 个评价准则。肖文等（2011）从低碳竞争力、低碳改善、低碳差距指数方面测度我国低碳经济发展水平。庄贵阳等（2011）从低碳经济发展内涵出发，在低碳产出、低碳消费、低碳资源、低碳政策四方面建立低碳经济（城市）综合评价指标体系。张亚欣等

（2011）选用碳产出、碳排放、低碳资源、人民生活四方面指标对吉林省低碳经济发展水平进行评价，并与辽宁省、浙江省及全国低碳经济发展水平进行对比分析。唐笑飞等（2011）最终从社会经济、资源基础、碳排放、碳吸收能力、低碳产业发展五方面选取了23个指标，对中国30个省市区进行低碳经济发展水平现状评价并划分出4个区，分别为：高碳区、相对高碳区、相对低碳区、低碳区。齐培潇等（2011）从能源结构、交通部门支撑、工业发展水平、农业发展水平、技术水平支撑、居民生活方式六大方面建立低碳经济发展水平指标体系，综合考虑了农村及居民生活对低碳经济发展水平的影响。肖翠仙等（2011）借鉴前人的研究成果，从经济发展、能耗和排放、技术发展、低碳产业、社会发展、低碳经济环境发展、低碳科教普及七个方面建立指标体系综合评价广西梧州市的低碳经济发展水平。袁锋等（2011）综合利用情景分析法，结合低碳经济理论，构建了针对矿业城市的低碳经济发展水平评价指标体系，并对矿业城市未来"十二五"及"十三五"进行预测模拟分析。

2.2　关于土地集约利用的研究

2.2.1　国外研究进展

国外土地集约利用的研究最初是从对农业土地集约经营的研究开始的。古典经济学家杜阁（R. J. Turgot）、安特生（J. Anderson）、魏斯特（E. West）和大卫·李嘉图等在研究农业地租问题中，发现并证明了农业土地集约耕作中的报酬递减规律，并认为集约利用是级差地租产生的原因，如安特生描述道："如将农作物种子投入肥美但丝毫未经劳动整备的土壤中，一定是全部损失的；倘施用人力耕锄一次，则可获得一些收获量；倘耕锄两次或三次，其收获量将不止二三倍，可能增至四五倍，其增产的比例大于劳资投放量增加的比例。及至某点，收获量的比例增加为最大；过此点后，如仍继续增多投放量，产品虽可续增，但比例必渐减，直至地力耗竭，再增投放单位，决不至有任何产量增加"（刘书楷等，2004）。李嘉图把他的级差地租学说与土地报酬递减规律联系在一起，他说："如果优良土地的存在量远多于为日益增加的人口生产粮食所需要的量，或者是在旧有土地上可以无限地使用资本，且无报酬递减现象，那么地租便不会上涨，因为地租总是由于追加的劳动量所获得报酬相应减少而产生的"（Ricardo，1817）。这就是说，李嘉图把土地报酬递减规律当作级差地租产生的原因。因而，他依据此规律断言，如果在同一块土地上连续追加投资，总收获量不是递次减少，而总是比例递增的话，那么社会对农产品的全部需求可在优等地上连续追加投资而取得，那就不需要从优等地过渡到耕种劣等地，也就不会产生级差地租了。其实，李嘉图的这些看法是错误的，马克思（K. Marx）在批评其地租论时就曾指出：无论农业耕作是由优等地向劣等地过渡，还是由劣等地向优等地过渡，无论追加投资的生产率是递增还是递减，只要各个投资的生产率存在着差别，就有产生级差地租的条件。马克思在批判和继承古典经济学地租理论的基础上，将级差地租分为级差地租Ⅰ和级差地租Ⅱ，前者是由土地肥沃程度不同和区位优劣所产生的，后者是在同一块土地上连续投入等量资本所产生的生产率差别（超额利润）所形成的，并给集约利用下了明确定义："在经济学上，所谓耕作集约化，无非是指资本集中在同一土地上，而不是分散在若干毗连的土地上"（马克思，1975）。

德国经济学家杜能（J. H. von Thünen）最早提出土地集约利用和空间布局的农业区位理论，他在 1826 年出版的《孤立国同农业和国民经济的关系》一书中认为，农业土地利用的合理集约度按土地区位地租高低即距离市场远近配置，将区位论与土地利用合理集约度研究结合在了一起。1909 年，德国经济学家韦伯（A. Weber）出版《工业区位论》，从运输成本、劳动力成本和集聚因素视角出发，考察了城市建设当中工业的选址及布局问题，其中心内容是区位因子决定生产区位，将产业吸引到生产费用最小的地点，此时工业用地集约程度最高。另一位德国经济学家勒施（A. Losch）1940 年出版的《区位经济学》一书，在韦伯的基础上发展了土地利用的区位理论。企业的目标是追求最大利润，韦伯的成本最低选址理论并不能保证最大利润，因此，勒施将市场区域的概念引入区位分析的框架，把生产区位与市场结合起来，企业选址最优的位置是收益超出成本最大量的地方。

在城市土地利用的空间结构形态方面，1898 年英国社会学家霍华德（2010）提出的"田园城市"规划理论，对城市土地利用规划影响甚大。随后，在城市发展的土地利用方面出现了许多新的理论。如 1906 年，伯吉斯通过对芝加哥城市的研究，将杜能的"城市周围农业用地理论"运用于城市土地使用中的"同心圆理论"（于洪俊等，1983）。该理论认为任何一个城市都是从中心区向外围的同心圆区进行辐射性扩张，土地所处的位置离中心区越远，它的便利性就越差，土地的租金越便宜，密集度也越低。霍伊特考虑交通路线的影响，1939 年提出"扇形理论"，该理论认为土地使用的模式更倾向于扇形，并且每个具有相对同性质的扇形从中心向外扩张，用途一致的土地会毗邻在一起（如仓库、小型制造业和低收入者居住区），用途不一致的土地则会相互排斥（如高收入者居住区和仓库、小型制造业）（于洪俊等，1983）。居住区会按收入和社会地位等标准分开，并且各自在城市的不同位置按不同的方向向外扩张。而海瑞斯和尤曼认为，城市的增长不是从一个中心开始的，而是围绕几个不同的中心展开，从而提出"多中心理论"，最终这些中心都会通过居住的使用方式和城市内部的交通系统而联合成为一个整体的大城区。这些研究城市土地合理利用的理论都有一个共同点，就是加强土地的集约利用（保罗·贝尔琴等，2011）。

20 世纪初，美国著名土地经济学家伊利（R.T.Ely）和莫尔豪斯（E.W. Morehouse）在《土地经济学原理》中，阐明了人口、土地资源的稀缺性、地价等因素对城市土地集约利用的影响，指出"地价昂贵的第一个后果，是使人们不得不高度集约利用土地"（Ely et al.，1924）。雷利·巴洛维（R. Barlowe）从投入产出关系入手，对土地集约利用进行了系统研究。他认为土地利用的集约度是指生产过程中与单位面积土地结合的资本和劳动的相对量。对于不同区域的土地，集约度存在很大差别。城市土地，特别是那些在商业区中心的土地，通常是高度集约用地；农用地通常集约度较低；林地和放牧用地集约度更低。他指出，这样广阔范围的集约度，主要是由于不同土地利用类型和特定用途土地的不同利用能力而产生的投入产出反应的差异性。雷利·巴洛维还从价格、人口压力、生产中的限制因素、家庭和经营者的态度等方面分析了土地集约利用的影响因素（Barlowe，1986）。

"田园城市"理论本质上是一个郊区化的概念，最终这些郊区化的概念导致了城市扩张，产生了很多环境问题，如公开开放空间的私有化、水土流失、农地和水域的破坏与减少等（Rowley，1998；Coupland，1997；Freeman，2001）。城市规划者对这些问题的反应是在城市范围内建设高密度的居住区。但是，直到 20 世纪 60 年代，美国、欧洲城市的这种建设很大程度上依赖于单一的区域规划；由于高额的开发成本，英国的开发商也拒绝混合用途的开发模式（Coupland，1997；Rowley，1998；Zhang，2001）。第二次世界大战后，像芝加哥、洛杉矶、柏林、利物浦、曼彻斯特、巴黎等城市采用低层且不带电梯的公寓为产业工人提供住所，这种单一用途的居住区土地使用密度一般。在 20 世纪 60 年代中期，亚洲的一些城市如孟买、卡拉奇、科伦坡、曼谷、汉城（今首尔）等也采取了类似的土地开发模式。但是，这种低层且不带电梯公寓的开发模式并没有取得真正的成功，很大程度上是因为规划单一且缺乏公共交通（Jones，2000）。规划单一不利于多样化公共设施和就业机会的供给，从而会导致更多的青少年犯罪（Zhang，2000）。相比较而言，中国香港、新加坡这样的地区在 20 世纪后期成功地采用了高层、高密度及高集约度的土地利用模式（Zhang，2000）。Lau 等（2005）以中国香港为案例，对这种高集约度的土地利用模式进行了研究。

20 世纪中叶以后，随着全球人口、资源、环境问题的日益严重，人们对传统发展模式进行了反思，逐渐孕育、产生了可持续发展的思想。传统发展道路之所以是不可持续的发展道路，其根本原因就在于，这种发展模式下的经济增长，是以对自然资源（包括土地资源）的挥霍浪费为前提的。在经济活动中，人们关注的只是经济效益，却不关心资源利用率，即只关心获取更多的经济价值，却不关心被消耗掉的自然资源的价值。可持续发展就是建立在社会、经济、人口、资源、环境相互协调和共同发展的基础上的一种发展，其宗旨是既能相对满足当代人的需求，又不对后代人的发展构成危害。可持续发展理论为人口、财富、技术及资源利用变化导致的土地利用结构变化提供了很好的指导。土地资源的可持续利用必然要求经济增长模式由粗放型向集约型转变，走科技含量高、资源消耗低、环境污染少的集约型工业化道路，从而提高土地集约利用水平和土地利用效率。

2.2.2　国内研究进展

改革开放以来，我国开始步入经济快速增长期，经济结构变化带来了土地利用结构的变化，也遇到了发达国家发展进程中曾面临的资源环境问题：耕地数量锐减、农地非农化趋势加快、土地利用中的生态环境恶化等。由于我国经济发展的人地关系、资源约束背景与西方发达国家不同，资源利用价值的判断、社会结构、区域结构和资源利用管理制度选择与安排等问题深深地困扰并制约着我国经济的持续发展。针对上述问题，国内学者在 20 世纪 80 年代初，开始围绕土地集约利用开展了土地集约利用内涵、城市土地集约利用、开发区土地集约利用、农村居民点土地集约利用等方面的研究。

1. 关于土地集约利用内涵的研究

关于土地集约利用的内涵，我国不同学者有不同的观点。一种观点认为：土地集约利用就是增加在土地上的投入，以获得更多产出的土地开发经营方式。马克伟（1991）主编的《土地大词典》中认为，"土地集约经营是土地粗放经营的对称，是指在科学技术进步的基础上，在单位面积土地上集中投放物化劳动和活劳动，以提高土地面积产品产量和负荷能力的经营方式"。著名土地经济学家周诚（2003）的观点与之相近。宋春华等（1993）主编的《房地产大辞典》对"土地集约程度"的解释为"单位面积土地投入的人力、财力、物力的状况"。毕宝德（2005）指出，土地集约利用就是在单位土地面积上合理增加物质与劳动投入，以提高土地收益的经营方式。周生路（2006）认为，土地集约利用是在单位土地面积使用高比率的变量投入（劳动力、资本）。

另一种观点则认为不能片面地强调投入-产出强度的提高，而应该注意到土地利用的经济、社会和生态综合属性。陶志红（2000）认为，城市土地集约利用应当以合理布局、优化用地结构和可持续发展为前提，通过增加存量土地投入、改善经营管理等途径，不断提高土地的使用效率和经济效益。许树辉（2001）认为，城镇土地资源集约利用是通过不断增加资金、技术和劳动力等投入，从而达到既促使城镇土地资源利用结构合理化、最优化，又能最大程度提高城镇土地使用效率、经济效益和土地可持续发展。龚义等（2002）认为，土地集约利用是在特定时段、特定区域内的一个动态的、相对的概念。它是指现有条件下，在满足城市发展适度规模、使城市获得最大规模效益和集聚效益的基础上，以城市合理布局、优化用地结构和可持续发展为前提，通过增加存量土地投入、改善经营管理等途径，来不断提高城市土地的使用效率，并取得良好的经济、社会和生态环境效益。查志强（2002）、郑新奇（2004）、谢敏等（2006）、杨大兵等（2009）也持有相似观点。何芳（2003）认为，城市土地集约利用的本质内涵是充分挖掘城市土地资源供给潜力、用途转换的土地经济供给潜力和空间经济供给潜力；甄江红等（2004）认为，城市土地集约利用是指在布局合理、结构优化和可持续发展的前提下，通过增加存量土地投入，改善经营管理等途径，使整个城市土地的社会效益、经济效益和生态效益得到提高。林坚等（2004）强调，城市土地集约利用应符合城市规划、土地利用总体规划及相关法规。吴次芳等（2009）认为，城市土地集约利用应建立在现期条件下，能够满足城市发展适度规模，使城市获得最大规模效益和集聚效益。

根据学者们对土地集约利用的理解，可以将其内涵总结为以下几点：①土地集约利用以合理的用地结构与布局、符合相关规划及法规为前提；②土地集约利用可以开发利用土地的多维空间；③土地集约利用是一个动态的、相对的过程；④土地集约利用注重增加土地上的投入，以获得更多的产出，注重投入要素之间的合理比例关系；⑤土地集约利用要实现社会、经济和生态效益的统一。

2. 关于城市土地集约利用的研究

20 世纪 90 年代以后，我国城市规模扩大、数量增加，城市土地利用问题开始凸显，国内学者进行了大量的理论分析和实证研究，并借鉴国外城市土地利用的经验，对我国的城市土地集约利用进行了多方面的研究。

1）城市土地集约利用驱动力

土地集约利用驱动力的研究对解释土地集约利用内涵和建立土地集约利用机制起着关键作用。城市土地集约利用的驱动力是推动城市土地集约利用水平、方向和速度变化的各项因素，很多研究将其归纳为自然因素、社会因素、经济因素和环境因素等方面（贾雪芹，2005；黄继辉等，2007；韦东等，2007）。还有一些研究从内外两方面来阐述城市土地集约利用的驱动力。周江等（2008）认为，城市土地集约利用的内部驱动包括经济发展、人口增长、土地资源禀赋约束和城市存量建设用地，外部驱动因素包括技术进步、土地制度与政策、城市规划等方面。王家庭等（2008）认为，内在动力机制主要由集聚效应机制和要素替代机制两方面组成，外生动力主要包括市场驱动机制、政府导向与激励机制、技术创新机制等方面。城市土地就是在上述五种动力机制的共同作用下，逐步从一种在时间上、空间上的无序状态转变为有序状态，不断摒弃不合理的因素，达到城市用地结构的优化、空间结构布局的合理，进而实现经济社会的可持续发展。吴郁玲（2007）的研究表明：经济发展和土地市场化发育程度是影响土地集约利用化水平的重要因素；政府对农地的保护制度在一定程度上激励用地者集约利用土地；而对生态环境的保护是控制土地集约利用程度的限制性因素；从整体上看，市场化发育水平是影响我国城市土地集约利用程度的关键性和根本性原因。

2）城市土地集约利用评价

城市土地集约利用评价研究是国内研究的热点，许多城市已开展了土地集约利用评价工作（张前进等，2009）。研究的内容主要集中在评价方法、评价指标体系和评价技术等方面。

在评价方法方面，章牧（2003）将土地利用层次划分为宏观（全市域范围）、中观（城市不同用途规划小区范围）及微观（城市不同用地类型宗地）三个层次，通过不同层次的评价方法，综合评价福州市城市土地集约利用水平。何芳（2003）采用模糊综合评价法对东营市城市土地集约利用水平进行了评价。罗雄飞等（2007）运用德尔斐法和层次分析法对武汉市土地集约利用进行了综合评价。尹君等（2007）构建了基于遥感和人工神经网络（ANN）的城市土地集约利用评价方法体系，并运用该方法对石家庄市土地集约利用水平进行了评价。魏亮等（2007）根据县级土地利用总体规划要求采用信息论中的熵值法建立了评价模型，并以廊坊市文安县为实例，应用熵值法完成了土地集约利用评价工作。冯科等（2007）、杨东朗等（2007）、齐梅等（2009）、彭浩等（2009）在构建评价指标体系的基础上，运用主成分分析法对不同研究区域的城镇土地集约利用情况进行了测度和评价。卞兴云等（2009）以山东省地级城市的土地利用数据为基础，采用主成分分析法、聚类分析法对省内城市土地集约利用水平进行综合评价，分析其时间和区域变化情况，为宏观指导城市土地资源集约利用、转变土地利用方式提供参考。宋戈等（2009）运用综合评价法对铜陵市 2002～2006 年土地集约利用水平进行定量分析和评价，结果得出 2002～2006 年铜陵市的土地利用程度处于由极不集约向集约转变的发展过程。

在评价指标体系方面，有的学者建立了城市土地总量集约、水平结构集约、垂直空间集约和动态集约四个方面的指标体系（许伟，2004）；有的学者将评价指标体系分为"投入-产出"指标体系、"经济-社会-生态"指标体系、"集约-高效-协调"指标体系等（祝小迁等，2007）；也有的学者基于"压力-状态-响应（pressure-state-response，PSR）"框架建立了评价指标体系（冯科等，2007）。有学者从不同空间层次出发建立了宏观、中观和微观层次的城市土地集约利用评价指标体系。宏观评价是以整个城市为评价对象，评价指标主要包括城市空间格局合理性、土地利用强度、土地产出效率和土地可持续利用等指标；中观层次的评价对象是不同功能的城市分区，根据功能不同分别设计了工业区、商业区和居住区等各自评价指标体系；而微观层次则是以地块为评价对象，评价指标主要包括容积率、经济产出和环境指数等微观指标等（章牧，2003；成舜等，2003；甄江红等，2004；骆志军，2005；许君燕，2007）。还有一些学者则从整体角度出发，构建了城市土地集约利用指标体系，完成了城市土地集约利用的测度工作（刘卫东等，1999；徐银良等，2004）。曹蕾等（2008）从自组织特征映射网络（self-organizing map，SOM）角度构建了评价指标，研究了重庆市渝北区土地集约利用水平。尽管不同学者提出的评价指标存在着一定差异，但是从总体上来看，城市土地集约利用评价指标体系是趋于一致的，主要涉及土地投入产出强度、土地市场运行情况、土地利用强度、土地利用发展及土地集约利用约束等几个方面。

在城市土地集约利用评价技术方面，遥感（RS）、地理信息系统（GIS）、数据库及计算机技术的快速发展为城市土地集约利用评价提供了新的手段，使城市土地集约利用评价研究有了更加广泛和深入的发展。张波（2002）运用 GIS 技术在济南市土地集约利用评价结果图上划分出扇形单元和环形单元，生成统计频率图，对评价结果中的土地集约利用分布、土地利用结构合理性、土地集约利用规律进行了研究。乔伟峰等（2004）使用了数据库编程能力强大的 Delphi 6.0 开发工具，通过 ADO 技术连接数据库，然后利用 OLE 对象链接和嵌入技术，对苏州市主城区土地集约利用潜力进行了评价。乔伟峰等（2007）、杨大兵等（2009）基于 GIS 组件技术和空间数据库等技术，建立了 C/S（client/server）结构的城市土地集约利用评价信息系统，并应用于南京、苏州、长春、唐山等城市。常青等（2007）采用人工神经网络（ANN）模型对深圳市土地集约利用进行评价，探索适合城市土地集约利用综合评价的非线性定量方法。吕宜平等（2007）设计了基于 RS 和 GIS 的城市建设用地集约利用研究的技术路线，通过遥感资料的解译建立土地利用现状数据库，构建了一套城镇建设用地土地集约利用综合评定的评价指标体系，并对曲阜市城区与农村居民点建设用地集约程度做了定量研究。

　　3）城市土地集约利用途径

　　一些学者借鉴国外成功经验，结合我国城市化实践，认为城市规模越大，其集聚效应越明显，有利于集约用地，提出应该积极促进大中城市建设，谨慎发展小城镇（张华等，1999；何伟等，2000；徐银良等，2004）。一些学者认为，城市土地集约利用与城市发展阶段密切相关，应根据城市所处的发展水平和阶段确定相关政策，合理确定城市发展战略（张华等，1999；刘伯恩，2003）。一些学者围绕市场机制提出了多种措施，其核心就是通过市场机制促进土地流转和优化使用，实现土地资源合理配置，从而达到土地集约利用目标（王筱明等，2001；刘咏梅等，2002；孙本良，2003；李元，2003；罗鸿铭，2004）。由于完全依靠市场机制配置土地资源存在一定局限性，不少学者从政府宏观调控角度提出促进城市土地集约利用的措施（潘琦等，1996；张京祥，1998；赵鹏军等，2001；陆克菲，2001；刘定惠等，2003；吴斌，2004）。另外，基于公众参与机制的相关途径探讨也日益引起人们的重视。公众参与机制是市场机制与政府调控机制的有益补充。要实现土地管理决策科学合理，使土地利用真正体现广大市民的利益，需要公众的广泛参与，为城市科学规划与土地有效利用提供支持与监督。公众参与通过对政府宏观调控进行监督，实现对市场运转机制的反馈和修正，并与市场机制和政府调控机制一起构成一个完整、高效的土地资源配置系统。但该方面的相关措施相对较少，仅有个别学者做过初步研究（毛蒋兴等，2005）。王慎刚等（2006）认为，尽管我国的土地管理制度与西方不同，但城市化进程中所面临的问题有一定相似性，控制城市蔓延，走集约化发展的道路可以学习借鉴他国的经验。通过总结中外学术理论和各国实践探索，他们将集约化利用土地的方法和途径概括归纳为规划控制、市场配置、经济制约、政府审批管制 4 种方式。

3. 关于开发区土地集约利用的研究

开发区是指经国家或省级政府科学规划论证和严格审批，为吸引外资、发展高新技术、促进地区经济快速发展而设立的经济区域。我国自 1984 年创建经济技术开发区以来，开发区事业蓬勃发展，在基础设施建设、利用外资、发展经济、扩大出口、培养人才、改革试点、服务母城等方面取得了明显成果。在对外发挥窗口作用，对内发挥辐射作用等方面也收到了良好的效果。但是，随着开发区的数目和规模逐渐扩大，开发区建设开始失控，低价竞争、滥占耕地、土地闲置等问题严重。开发区建设在盲目攀比影响下，存在着土地闲置、利用率低下等问题。因此，对开发区土地集约利用进行研究很有必要。

开发区土地集约利用评价理论体系是以城镇土地集约利用评价理论为基础，结合开发区用地特性发展得来，所以开发区土地集约利用评价内容、评价指标体系以及评价方法、技术路线都借鉴城镇土地集约利用评价已有成果。早期研究集中于对经济相对发达省市区国家级开发区的评价研究，侧重于评价意义及政策研究，全局性、共性的研究成果较多（尕让卓玛，2010）。唐东华（2006）以国家级开发区土地利用总体情况为依据，总结了国家级开发区土地高效利用的做法和经验，提出进一步推进国家级开发区土地集约利用的政策建议。吴郁玲（2007）以我国经济较为发达的东部省区江苏省开发区为例，构建计量经济模型实证研究土地市场发育对土地集约利用的作用机制和作用效率，运用结构方程建模，探讨土地市场发育与土地集约利用的相关性关系；采用因子分析法、计量经济统计模型和多因素分析模型，探讨不同土地市场发育阶段，土地集约利用的主导驱动因素和土地利用集约度的动态演化规律，并重点对土地市场化程度对土地集约利用的影响力进行了定量分析。李双异等（2008）在工业开发区土地集约利用的研究中，对省级及省级以上的工业开发区进行评价，并提出工业开发区土地管理的依据。张莹（2009）对长春高新技术产业开发区进行了土地集约利用程度分析和潜力测算，探讨影响开发区土地集约利用的因素，评价开发区土地的利用效率、经济效益和管理水平，寻求开发区土地最有效利用模式。随着中西部地区开发区的兴起与发展，学者对中西部地区经济开发区土地集约利用评价也做了很多实证研究，如陕西、湖北、山西、甘肃、新疆、重庆等（何瑞东，2007；杨东朗等，2007；王志成等，2008；张莉敏等，2009；左欣艳，2009；房鹏飞，2009；梁启学等，2010）。

4. 关于农村居民点土地集约利用的研究

长期以来，由于农村集体土地产权主体不明确、农村宅基地审批管理不严格、村镇建设缺乏科学合理规划等原因，农村居民点土地利用在总体上比较粗放，用地结构不合理，利用效益低下，集约化程度低。在我国城市化进程加速发展时期，农村人口大规模地向城镇集中，"空心村"现象日益严重。不论是从土地的数量上还是从土地的可持续发展及生态环境保护上，农村居民点土地集约利用都具有十分重要的意义。

佟香宁（2007）分析了农村居民点土地集约利用评价的相关理论，建立了农村居民点土地集约利用的总体评价和村级评价两级评价指标体系，以及相应的评价模型，并以枣阳市熊集镇为例进行了实证研究。李昕等（2007）构建了农村居民点土地集约利用评价指标体系，以河南长葛市为例采用层次分析法进行了实证分析，建议对于经济较为发达的地区，把提高土地集约利用水平的重点放在对农村居民点的整理上；而对于经济相对不发达的地区，应把集约利用土地的重点放在对土地的投入力度和产出上。马佳（2008）从规划、资源禀赋、社会经济、人本和制度五个方面选取指标构建农村居民点用地集约利用评价指标体系，并以湖北省孝感市孝南区和武汉市江夏区为例进行了实证分析。陈亮（2008）提出了基于 Google Earth 的农村居民点集约用地调查方法，并以北京市昌平区等四区为例，进行了实证研究及成果评价。肖波等（2009）以安徽省凤阳县 15 个镇域范围内的农村居民点作为评价单元，将凤阳县农村居民点用地分为高集约度利用型、中集约度利用型和低集约度利用型 3 种集约利用类型，并测算了农村居民点用地集约潜力。孟令娜（2009）建立了基于 GIS 辅助的农村居民点土地集约利用评价的技术支持方法，对济南市乡镇级农村居民点土地集约利用评价进行了实证研究，验证了评价指标、方法等的正确性，提出了农村居民点土地集约利用挖潜的模式。张红梅（2009）探讨了农村居民点集约利用指标体系的构建原则、构建方法，建立农村居民点土地集约利用的评价指标体系以及相应的评价模型，以重庆市黔江区为例进行了实证研究，并结合黔江区土地利用总体规划对黔江区各乡镇的农村居民点集约利用潜力进行了计算。张卫华（2009）对湖南省株洲市农村居民点集约利用进行了实证研究，得出株洲市农村居民点集约利用的驱动因子主要包括乡镇企业的发展和农村城镇化水平的提高，集约利用潜力较大的分别是醴陵、天元及株洲三地。任家强等（2010）通过对辽宁省农村居民点（试点区）锦州市巧鸟街道农村居民点土地集约利用评价及潜力测算得出的结论是：土地利用水平以粗放利用为主，基本集约与较为集约占 50%比重。陈美球等（2009）对江西省 5 市 8 个县区 20 个自然村的农村居民点用地集约利用进行了专题调研，研究发现：农民文化程度、常年居住在家人口数量、人均年收入、与邻院的最近距离、人均宅基地面积和离县城的距离六个因素对农户集约利用农村居民点用地的意愿有着显著的影响。

2.3　关于耦合的相关研究

2.3.1　国外研究进展

耦合的相关国外研究（Cools et al.，2011；Wang，2011）主要体现在城市化、经济发展（Drechsler et al.，2007）、生态环境（Torres et al.，2009）、农业生态经济系统（Zhang et al.，2011a）等方面的研究。与低碳经济和土地集约利用的相关的耦合研究主要体现在经济发展与产业结构（Chen et al.，2001；Easterling et al.，2000）、土地集约利用（Koster et al.，2004）与产业结构（Zhang et al.，2011b；Knack et al.，1995；Grossman et al.，1995；Boni et al.，2005）的研究。

2.3.2　国内研究进展

乔标等（2006）通过分析城市化、生态环境与经济发展之间的函数关系，最后推导出城市化与生态环境的交互耦合函数，并以干旱区为例验证城市化与生态环境交互耦合的规律。杨俊（2009）在分析城市化与生态安全关系时，分别对城市化和城市生态安全进行定量分析评价，然后采用耦合协调度模型，并通过时空耦合模拟分析城市化与生态安全之间的协调发展状况。

张青峰等（2011）通过建立生态-经济系统协调发展模型，对黄土高原各县域的生态经济协调发展情况进行了研究。张建军等（2011）通过分析农业生态-经济系统的互动演进关系，建立耦合度模型分析黄土高原沟壑区农业生态经济系统的耦合关系。任志远等（2011）在分析农业生态-经济系统时，则是基于耦合度和协调度建立综合协调指数综合评价农业生态环境经济系统的耦合协调性。海江波（2009）通过压力指数、承载指数、反馈指数建立耦合指数，以此来反映农业生态经济系统内的生态流与价值流的耦合机制。

黄木易等（2012）认为，协调发展城市化和经济发展是影响可持续发展的重要问题之一，其利用 SPSS 和 GIS 来研究经济发展与城市化之间的空间差异和规律。帕夏古·阿不来提等（2012）通过功效函数、耦合度函数、耦合协调度函数建立城镇化与经济发展之间的关系。刘浩等（2011）建立耦合协调度、相对发展度等模型，并运用 ArcGIS 来研究城市土地集约利用与区域城市化的时空耦合协调发展。吴玉鸣等（2008）建立协调发展指标和耦合度模型，基于协调发展理论研究中国经济增长与环境之间的耦合协调发展。朱艳硕等（2012）选取济南市为研究对象，引入 I_u、N_u 标准法测度城镇化与工业化之间的耦合关系。孙爱军等（2008）、戴永安等（2011）均运用了随机前沿生产函数，分别研究用水技术效率、建筑业技术效率与经济发展的耦合协调度和空间差异。胡静等（2009）运用耦合原理构建土地利用"增长-控制"系统，并在湖北省进行实证研究。孟祥旭等（2010）建立土地开发利用与保护的耦合关系，并对基本区划单元进行耦合关系评价，以此来确定土地利用功能分区。宋学锋等（2005）所建立的耦合度模型包括耦合度计算模型和耦合度预测模型，计算模型包括功效函数、耦合度函数，预测模型则通过神经网络模型进行训练并预测。

经济发展与产业结构的相关研究主要集中于产业发展与经济的互动分析及产业结构优化等方面，主要的方法有 SWOT 分析法、创新演化分析、迪氏对数指标分解法、投入产出法、计量经济学方法（灰色模型、协调度测算模型、Logistic模型、耦合度模型等）。黄瑞芬（2009）通过对环渤海经济圈环境资源开发进行现状分析，并运用 SWOT 分析法分析海洋产业面临的优势和劣势、机遇和挑战，在此基础上，引入耦合系统概念，建立耦合度计量模型实证研究海洋产业集聚与区域环境资源之间的关系。郭梅君（2011）从演化经济学的角度对"创意产业发展与中国经济转型"这一主题进行研究，尝试分析其经济动态演化过程。陈春桥（2011）将低碳经济理论与产业结构理论相结合，从低碳经济视角出发，运用迪氏对数指标分解法确定产业 CO_2 排放的影响因素，并运用投入-产出分析法分析各产业之间的带动作用。张红（2011）通过定性分析物流产业与经济协调发展作用机理，引入灰色关联模型，通过关联度、耦合度、协调度来定量测定江西省物流产业与经济发展的协调关系。王琦（2008）将产业集群-区域经济空间耦合系统作为一个复杂大系统，通过计量经济学方法建立功效函数等耦合性分析模型，并引入耦合熵研究产业集群与区域经济空间的耦合机理。

土地集约利用与产业结构的相关研究较少，主要运用生产函数模型、比较优势模型、计量经济学模型等，研究重点在于探究产业转型和土地集约利用之间的互动影响关系和内在规律。顾湘（2007）运用生产函数模型研究产业结构调整对土地集约利用影响，并引入比较优势模型测算土地集约利用政策对产业结构的反作用。江激宇（2005）通过对产业集聚和经济增长的现状分析，理论归纳出产业集聚与经济增长的计量经济学模型，并对其进行实证检验。

第 3 章　经济发展与土地集约利用内涵及理论基础

本章重点介绍经济发展与土地集约利用的内涵及相关理论基础，经济发展过程中涉及经济发展、经济转型、转变经济发展方式、产业集聚等概念，在界定这些名词概念的基础上，详细阐述了本书中转变经济发展方式和土地集约利用涉及的理论基础，制定了理论分析框架。

3.1　基本概念界定

3.1.1　土地集约利用

集约是粗放的相对概念，集约经营原指农业土地的一种经营方式，后引申到其他领域，是指依靠科技进步和现代化管理，提高产品质量，降低物质消耗和劳动消耗，实现生产要素的合理配置，讲求经济效益和生产效益的生产经营方式。总结国内外已有的研究，可以将土地集约利用的内涵总结为以下三点：①土地利用强度和投入水平的提高；②土地产出效益的改善（效益可以理解为经济、社会和生态效益等方面，传统的经济发展方式主要强调经济效益）；③土地利用结构和布局的优化。本书认为，在科学发展观和供给侧结构性改革概念的指导下，结合转变经济发展方式的特征，土地集约利用内涵应该有所扩展、更加丰富。

科学发展观是中国共产党在第十六届三中全会中提出的，是坚持以人为本，全面、协调、可持续的发展观。简而言之，即是按照自然规律和客观经济规律协调发展，促进社会经济全面发展的一种整体论的发展观。这一理念是参考 20 世纪 70 年代以后，批判"经济增长论"而先后提出的"增长极限论""综合发展观""新发展观""以人为中心的发展观""可持续发展观"等观念后，经过全面考虑、分析比较，深入研究人类社会的发展如何才能合乎客观真理而提出的。它的内涵包含辩证唯物主义和历史唯物主义的哲学理念，用以建立人与自然的和谐统一，推进人类社会不断持续向前发展。科学发展观的内涵极为丰富，涉及经济、政治、文化、社会发展各个领域。第一，坚持以人为本，是科学发展观的本质和核心。坚持以人为本，就是要以实现人的全面发展为目标，从人民群众的根本利益出发谋发展、促发展，不断满足人民群众日益增长的物质文化需要，切实保障人民群众的经济、政治和文化权益，让发展的成果惠及全体人民。这要求我们以人为价值核心和社会本位，把人的生存和发展作为最高的价值目标，一切为了人，一切服务人，不是为生产而生产、为 GDP 而 GDP。科学发展观的第一要义毫无疑问是发展，但发展的最终目的，是为了实现最广大人民的根本利益。当然，这不仅仅指收入的增加、物质财富的充裕，还意味着共同富裕、社会公正、平等民主、尊重人权，切实保障人民群众的各项正当、合法权益。第二，全面发展，就是要以经济建设为中心，全面推进经济、政治、文化建设，实现经济发展和社会全面进步。讲"全面"，是就社会发展的要素而言的，是相对于片面而言的。社会发展是一个综合系统，不仅包括物质文明、政治文明和精神文明的全面进步，还包括社会纵向的可持续发展，即社会经济与人口、资源、环境之间的可持续发展。第三，协调发展，就是要统筹城乡发展、统筹区域发展、统筹经济社会发展、统筹人与自然和谐发展、统筹国内发展和对外开放，推进生产力和生产关系、经济基础和上层建筑相协调，推进经济、政治、文化建设的各个环节、各个方面相协调。第四，可持续发展，就是要促进人与自然的和谐，实现经济发展和人口、资源、环境相协调，坚持走生产发展、生活富裕、生态良好的文明发展道路，保证世世代代的永续发展。

胡锦涛同志在 2010 年省部级干部落实科学发展观研讨班上讲话中指出，加快经济发展方式转变是深入贯彻落实科学发展观的重要目标和战略举措。转变经济增长方式标志着国民经济发展理念的整体创新和经济发展路径的战略转变，意味着科学发展观实现路径的全面调整。转变经济发展方式，不仅包含经济增长方式，还包括结构优化、环境改善、技术创新、收入提高、资源配置合理等方面的丰富内容。同转变经济增长方式的含义相比，转变经济发展方式的内涵更为深刻、宽泛和全面，不仅包括经济增长方式从粗放型向集约型的转变，强调经济效益的提高，而且更加注重经济结构的调整和优化；不仅重视经济的发展，还要实现人与自然、人与社会、人与环境的和谐发展。转变经济发展方式是经济发展方法、手段与目标的整体转变，意味着由单纯追求速度、盲目扩大数量的增长方式转变为数量和质量、速度和效益统一的发展方式，主要依靠科技进步、劳动者素质提高、管理创新和制度变革带动持续增长，实现经济增长方式的整体转变和全面提升，建立经济持续发展的内在基础；从经济发展严重依赖资源和破坏环境转变为以节约集约利用资源、保护生态环境为前提的可持续发展，实现资源节约型和环境友好型发展。

党的十八大以来，习近平同志围绕加快转变经济发展方式提出了许多新思想、新观点、新论断，习近平同志的重要讲话和论述，为我们加快转变经济发展方式、推动经济持续健康发展指明了方向。习近平同志强调："加快推进经济结构战略性调整是大势所趋，刻不容缓。国际竞争历来就是时间和速度的竞争，谁动作快，谁就能抢占先机，掌控制高点和主动权；谁动作慢，谁就会丢失机会，被别人甩在后边。"这一重要论述充分表明，加快转变经济发展方式意义重大、迫在眉睫。

这是应对国际经济形势深刻变化的必然选择。国际金融危机爆发以来，世界经济进入新一轮调整期，全球经济在大调整大变革中出现一些新趋势，对我国经济转型升级形成了巨大压力。一方面，全球经济格局和供求结构发生深刻变化，外部环境的不稳定、不确定因素增多，给我国经济发展模式带来深刻影响；另一方面，国际金融危机大大推动了世界产业变革与结构调整，给我国经济发展方式转变带来重大机遇。我们只有主动适应外部环境变化、加快转变经济发展方式，才能在新一轮国际竞争中赢得优势、赢得主动。

基于科学发展观和转变经济发展方式的要求，本书将土地集约利用的内涵扩展到四个方面：①土地利用强度和投入水平的提高。土地利用的投入不仅包括经济投入，还应该包括科技投入、创新投入和管理投入等内容。②土地产出综合效益的改善。效益不仅包括经济效益，还包括社会和生态效益等方面；土地集约利用需要注重保护生态环境、节约资源，注重采用低碳经济和循环经济的手段，实现人与自然、人与社会、人与环境的和谐发展。土地集约利用不仅要体现收入的增加、物质财富的充裕，还要体现共同富裕、社会公正、平等民主、尊重人权，切实保障人民群众的各项正当、合法权益；不仅要促进城市的发展，还要促进农村的发展和进步；不仅要保护当代人的利益，还要保护后代人的利益。③土地利用结构和布局的优化。土地利用结构的优化既体现在各个产业之间，也体现在产业内部的结构改善优化和升级（包括落后产业的淘汰，高新技术产业和新兴产业的发展等）；土地利用布局的优化既包括横向的空间布局优化，也包括纵向的期间配置优化。④土地利用制度的进步。土地利用制度的进步不仅体现在正式制度方面，还体现在非正式制度方面。正式制度是指一些成文的规定，包括中央和地方的法律、法规、政策、规章、合同等；非正式制度指人们在长期社会交往过程中逐步形成，并得到社会认可的约定成俗、共同恪守的行为准则，包括价值信念、风俗习惯、文化传统、道德伦理、意识形态等。土地利用不仅要推进生产力的发展，也要推进生产关系的改善。土地利用制度方面的一个典型案例是我国家庭联产承包责任制对农业生产的作用。林毅夫（1992）研究发现，1978～1984 年中国农产品产值以不变价格计算增长了 42.23%，其中 46.89% 归功于家庭联产承包责任制取代集体耕作制度的制度变革。

土地集约利用四个方面的内涵也反映了土地集约利用发展的四个阶段：第一阶段，人们主要将土地集约利用理解为增加单位土地面积上的土地利用投入水平；第二阶段，土地集约利用不仅注重土地利用投入水平，也要注重土地利用的产出水平，产出效益也从单一的经济效益逐步发展到包括经济效益、社会效益和生态效益等内容的综合效益；第三阶段，土地集约利用不仅强调土地利用数量，更加注重土地利用的质量，从土地的数量配置拓展到土地利用结构和布局的优化；第四阶段，人们更加注重土地利用制度对土地集约利用的影响，强调提高土地利用者的素质（包括土地利用知识、技术、管理创新等）和集约利用的意识、保护土地利用者的合法权益、倡导土地的伦理利用等，最终实现人与自然、人与社会、人与环境的和谐发展。土地集约利用的内涵也从生产力的领域扩展到生产关系的范畴。

3.1.2　经济发展

经济发展的概念是从经济增长的概念演化而来。经济增长通常被理解为以国内生产总值或国民收入等总量指标为特征的经济活动水平的变化过程，指源于资本积累、技术进步、人口增长的经济规模扩大。经济发展是指经济由传统形态向现代形态的转变过程，既包含人均收入水平的持续增加，也包括结构变革和制度演化。经济发展要求数量增加、结构改善和质量提高，是经济、政治、社会、文化、自然等条件变化的综合表现，其内涵远比经济增长丰富和深刻。一般来说，经济发展包括三层含义：①经济量的增长，即一个国家或地区产品和劳务的增加，它构成了经济发展的物质基础；②经济结构的改进和优化，即一个国家或地区的技术结构、产业结构、收入分配结构、消费结构以及人口结构等经济结构的变化；③经济质量的改善和提高，即一个国家或地区经济效益的提高、经济稳定程度、卫生健康状况的改善、自然环境和生态平衡以及政治、文化和人的现代化进程。

3.1.3　经济转型

经济转型是指 20 世纪后期，欧洲、亚洲包括中国在内的 30 多个国家开始的由中央计划经济体制向市场经济转变的过程。目前国外学者对其内涵的表述主要分为三大类：生产力转型、经济制度转型和资源配置转型，而被普遍接受的是罗兰对经济转型的定义：转型即一种大规模的制度变迁过程或者说经济体制模式的转换，而经济转型是由一系列政策措施推动的，有目的、受控制的经济及其制度的变迁过程（康继军，2009）。

国内学者根据中国的转型实践，赋予了经济转型三层含义：经济发展形态的改变、资源配置方式的更替以及社会制度的变化（吴光炳等，2008）。本书依据研究的实际内容，主要将经济转型定义为经济发展阶段变化、经济增长方式转变、经济产业结构变更以及制度的变迁。

3.1.4　转变经济发展方式

长期以来，基于经济发展所处的历史阶段及整体技术水平的限制，我国经济增长主要通过增加生产要素的投入和物质消耗的粗放型增长的方式来实现。为提高经济增长的质量和效益，党的十三大提出，经济发展要从粗放经营逐步转变为集约经营。党的十四大提出，努力提高科技进步在经济增长中所占的含量，促进整个经济由粗放经营向集约经营转变。党的十四届五中全会明确提出,实行经济增长方式从粗放型向集约型的根本转变。党的十七大报告明确指出,要加快转变经济发展方式,推动产业结构优化升级。"转变经济发展方式"与过去常讲的"转变经济增长方式"相比,虽然只有一词之变,但是二者的内涵却有很大不同。经济发展方式,不仅取决于国情和发展阶段,还取决于占主导地位的发展观。可以说,有什么样的发展观,就有什么样的发展方式,发展方式是发展观的具体表现。科学发展观,第一要义是发展,核心是以人为本,基本要求是全面协调可持续发展,根本方法是统筹兼顾。全面落实科学发展观,传统的经济增长方式必须进行调整和转变,因此,从现阶段中国经济发展的实际出发,由"经济增长方式"转为"经济发展方式"是一次思想认识的飞跃,反映了当代中国经济社会发展的阶段性特征,反映了现阶段我国经济发展规律的要求。

转变经济发展方式的内涵更深刻更宽泛,它本身不仅包含了经济增长方式从粗放型向集约型的转变,而且还从单纯注重数量的扩张转向既注重数量扩张又注重质量提高;不仅强调经济效益的提高,而且更加注重经济结构的调整和优化;不仅要重视经济的发展,而且要保持人与自然、人与社会、人与环境的和谐发展;不仅要尊重经济发展规律,还要更加自觉地尊重自然规律、社会规律。当前,转变经济发展方式关键体现在促进经济增长三个方面的转变:①由主要依靠投资、出口拉动向依靠消费、投资、出口协调拉动转变;②由主要依靠第二产业带动向依靠第一产业、第二产业、第三产业协同带动转变;③由主要依靠增加物质资源消耗向主要依靠科技进步、劳动者素质提高、管理创新转变。从"经济增长方式"到"经济发展方式",这一新的提法,不仅意味着发展理念的更新、发展内涵的扩张、发展政策的调整,也意味着发展的方法、手段、途径、模式的改变。这就要求我们更深刻、更自觉地把握经济发展规律,下更大的决心、采取更有力的措施提高经济发展质量和效益。

3.1.5　产业集聚

从经济学角度来说,集聚就是指经济活动在地理空间上的群集,是经济活动者为了获得某些优势条件或利益而向特定区域集聚的过程。产业集聚是指同一类型或不同类型的相关产业向一定地域的集中和聚合。产业集聚的最初形成过程,就是分散在周围地区的一些相关产业在外部规模经济的驱动下,逐渐转移到该地区形成集聚。形成产业集聚的趋势以后,随着经济的发展,集聚地区由于市场的自发性,就会吸引更多的企业向该地进行产业转移,形成产业集聚和产业转移互动效应。随着市场经济的激烈竞争,当这种集聚超过一定的合理规模时,规模效益就会呈现递减趋势,不得不将其比较劣势产业向周围有接受能力的经济欠发达地区实行产业转移,同时根据动态比较优势发展新一轮的集聚产业。

3.1.6　产业结构优化

所谓产业结构优化，是指推动产业结构合理化和产业结构高级化发展的过程，是实现产业结构与资源供给结构、技术结构、需求结构相适应的状态。它是指产业与产业之间协调能力的加强和关联水平的提高，主要依据产业技术经济关联的客观比例关系，遵循再生产过程比例性需求，促进国民经济各产业间的协调发展，使各产业发展与整个国民经济发展相适应。它遵循产业结构演化规律，通过技术进步，使产业结构整体素质和效率向更高层次不断演进的趋势和过程，通过政府的有关产业政策调整，影响产业结构变化的供给结构和需求结构，实现资源优化配置，推进产业结构的合理化和高级化发展。

产业结构优化的内涵体现在四个方面：①产业结构优化是一个动态过程，是产业结构逐步趋于合理、不断升级的过程，在一国经济发展的不同阶段，产业结构优化的衡量标准不同；②产业结构优化的原则是产业间协调发展和最高效率原则；③产业结构优化的目标是资源配置最优化和宏观经济效益最大化；④产业结构合理化和产业结构高级化是相互联系，相互影响的。产业结构合理化是产业结构高级化的前提条件，如果产业结构长期处于失衡状态，就不可能有产业结构高级化的发展。同时，产业结构合理化也总是一定高度基础上的合理化，产业结构合理化主要从静态状况或在一定阶段上要求优化产业结构，产业结构高级化主要从动态趋势要求优化产业结构，它是一个渐进的长期发展过程。产业结构高级化是产业结构从一种合理化状态上升到更高层次合理化状态的发展过程，因此，产业结构高级化是产业结构合理化的必然结果。

3.2　理　论　基　础

3.2.1　土地报酬递减规律

土地报酬递减规律描述的是土地收益随着土地投入量的变化而变动的规律，它是优化土地利用投入产出关系与经营方式的基本依据。最早发现这一规律的是17世纪中叶的威廉·配第（W. Petty），他发现一定面积的土地的生产力有一最大限度，超过这一限度后，土地生产物的数量就不可能随着劳动的增加而增加了（黄贤金等，2016）。1815年英国威斯特在其著作《资本用于土地》中，首次正式提出"土地报酬递减规律"。此后，西方经济学家以英国的马歇尔、美国的克拉克、德国的布林克曼等为代表，对这一规律作了进一步的解释和拓展。

从土地利用的全过程来看，土地报酬递减规律在正常情况和一般条件下，应该是随着单位土地面积上劳动和资本的增加，先是递增后趋向于递减。在图3-1

中，横轴是土地上的变量资源投入，纵轴是投入带来的产出，该图说明了总产量（TPP）、平均产量（APP）和边际产量（MPP）三条曲线之间的关系，并区分出总产量曲线所反映的报酬增减变化的三个阶段：在第一阶段，总产量是不断增加的，平均产量不断递增，且与边际产量曲线相交于 D 点，为其最大值，边际产量先递增后递减，在 M 点达到最大值。此阶段，投入的变量资源与土地相比数量不足，生产潜力不能充分发挥出来。在第二阶段，边际报酬小于平均报酬，边际产量不断递减，在 R 点减少到0；平均产量在过 D 点后，处于不断递减阶段。此阶段的特点是边际报酬和平均报酬均递减，但随着土地要素的不断增加，总产量不断上升，达到最高点 T。因此合理利用土地和投入变量资源的适应范围，应在第二阶段。在第三阶段，边际报酬出现负增长，平均报酬不断减少，总产量也趋于下降。此阶段，投入的变量资源过多，超出了土地的受容力，不适宜继续生产。总之，在土地的投入上，需要了解和研究土地报酬规律的作用，合理组织集约经营和规模经营，为土地的合理利用提供科学依据。

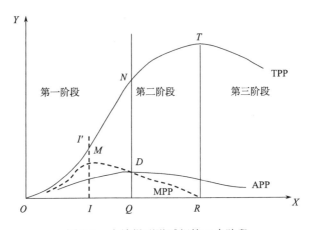

图 3-1　土地报酬递减规律三个阶段

　　土地报酬递减规律揭示出在一定的技术条件下，对土地追加投资，当投入一定量的资源时，产出量会因此而增加，而当投入的资源超过一定量时，因追加投入而产生的产出量会呈现递减的趋势。正确认识和掌握这一经济规律，对土地的集约利用具有重要的现实指导意义。在图 3-1 中，只有在第二阶段才能使土地上的投入实现最大效益。

　　此外，从土地利用的全过程来看，土地报酬是随着单位面积土地上劳动和资本的追加投入，先递增然后递减；此时，如果出现科技与社会制度上的重大变革，使土地利用在生产资源组合上进一步趋于合理，则又会转向递增。而一旦技术与管理水平稳定下来，将会再度趋于递减。由此可见，土地生产力在土地合理利用条件下总的趋势则是递增的，但利用不当也会趋于下降和衰退，关键在于科学技术和管理水平的主导作用。

总之，土地生产力随着科学技术进步的日增，有可能使土地生产率和土地报酬提高到新的更高的水平，但这并不因此否定边际报酬递减的存在。这主要因为，土地报酬递减是在一定的技术条件下由生产要素的组合变动而引起的，而在一定的时期和任何一个生产过程中，技术与管理水平以及一切制约投入产出关系的因素一般是稳定的。在此条件下，土地作为固定资源，它与投入的变量资源的比例和可能接受变量资源的数量都是有限的，超过这个限度，土地资源与其他变量资源的配合不适当，即土地在增产因素中的份额下降，就不能继续支持新增变量资源在增产、增值中的作用。因此，在不断追加投入、集约利用土地的过程中，此规律总是要出现的，这已被实践所证明。因而应该重视和避免报酬递减带来的损失，使之保持在适度的范围，以便为土地的合理集约经营和生产资源的优化组合提供科学依据。

3.2.2　地租地价理论

1. 西方经济学地租、地价理论

地租和地价理论揭示了土地集约利用的内在机制（顾湘，2007）。由于地租日益成为社会生产过程发展中的重要而普遍存在的问题，许多经济学家在早期资本主义时期就对地租问题进行了较为深入系统的研究，其中主要以重商主义派与重农学派的一些奠基人为代表。17 世纪后期，英国重商主义派经济学家威廉·配第对地租理论作出了开拓性的贡献。他的名著《赋税与捐赠论》首次提出，地租是土地上生产农作物所得的剩余收入，并指出由于土壤肥沃程度、耕作技术高低的差异及产地距离市区的远近不同，地租和地价因而也有不同，还阐明了地价可由该土地所获得地租额的资本化而测算出，这为土地经济学中的级差地租理论奠定了初步基础。重农学派的代表杜阁在《关于财富的形成和分配的考察》一书中指出，由于农业中存在一种特殊的天然生产力，所以能使劳动所生产出来的数量，大于为自己生产劳动力所必需的数量，这是自然恩赐的"纯产品"，也是土地对劳动者的赐予。这种"纯产品"是由农业劳动者用自己的劳动向土地取得的财富，但被土地所有者占有，这就是地租。土地所有者拥有法律保护的土地私有权，可不劳动而占有"纯产品"。古典经济学派的主要代表人物亚当·斯密在《国富论》这部名著中，把资本主义社会阶级结构划分为三个基本阶级，即工人、资本家和地主阶级。与此相适应，区分了三种收入：工资、利润、地租。他系统研究了地租，认为地租是土地私有制发生以后出现的范畴，把地租确定为因使用土地而支付给地主阶级的代价，并看到了地租的来源是工人阶级的无偿劳动，地租是"一

种垄断价格"。而另一位古典经济学家大卫·李嘉图则运用劳动时间决定价值量的原理，创立了差额地租学说。他在《政治经济学与赋税原理》中指出，土地的占有产生地租，地租是为使用土地而付给地主的生产品，它同利润一样也是劳动创造的由农业经营者从利润中付给土地所有者剩余所得的一部分。而地主在取得这部分产品时，除了由于占有的土地外，丝毫没有耗费过任何代价。地租存在有两个条件，即土地的有限性及土地在肥沃和位置上具有特殊便利。据此分析，由于土地的特殊性，农产品的价值是由耕种劣质土地的生产条件，即由最大的劳动消耗量决定的，因此优、中等地的产品在价格上，除了补偿生产成本和一般利润外，还有超额利润，而转化为地租归地主所占有。这样李嘉图得出了差额地租量取决于不同等级土地的劳动生产率的差别这一正确的结论。李嘉图还考察了在同一块土地上追加同量劳动和资本，而劳动生产率不同所产生的差额地租，他认为地租总是由于追加的资本和劳动量所获报酬相应的减少而产生的，这实际上是把地租的产生与"土地报酬递减规律"联系在了一起。

2. 马克思的地租地价理论

马克思认为，资本主义地租的本质是剩余价值的分配形式之一，并将地租从形式上分为绝对地租和级差地租两类。绝对地租是土地所有者凭借土地所有权垄断取得的地租。级差地租是指租用较优土地所获取的归土地所有者占有的超额利润。根据形成的基础不同，级差地租又有两种存在形式，即级差地租 I 和级差地租 II。级差地租 I 是指由于土地肥沃程度不同和位置的差异，等量资本投资在相同面积不同地块上产生的超额利润；级差地租 II 是指由于在同一地块上各个连续投资的劳动生产率差别生产的超额利润。地租既是土地所有权在经济上的体现，也与土地级差收益有关。土地级差收益与土地等级相联系。在等量投入的情况下，土地等级不同，土地收益便不同，因此地租额不同。根据在地域上的表现形式，级差收益有宏观级差收益和微观级差收益两种。

土地作为一种自然资源，不是劳动产品，没有生产费用，因而不具有价值，也没有劳动价值论意义上的价格；但土地具有特殊的使用价值，正如马克思所说"土地是财富之母"，利用土地会给人们带来源源不断的收益，土地纯收益由土地使用者手中转移到土地所有者手中即为地租，"资本化的地租表现为土地价格"，"土地价格无非是出租土地的资本化的收入"。现实中的土地基本上已被人类利用，在利用过程中凝结了人类劳动，因而地价具有两个层次的价格因素，一是土地资源价格，即以"虚幻价格"形式出现的真正的地租；二是土地资产价格，它是一种长期形成的不能或无法计算的劳动投入对土地所构成的资金的凝结与沉淀，地价即为二者之和。由于土地受自然、社会、经济等多重因素的影响，因而处于不同地段、位置的土地会表现出不同的利用方式，其集约度与地价的高低和地租量的多少有着密切的关系。通过合理组织土地利用，不断提高土地利用效率，修建交通运输网络体系，改变土地的交通运输条件和经济地理位置，追加土地上物化劳动和活劳动的投入，实行土地集约经营，也会导致土地级差地租和地价形成条件的变化。

3.2.3　区位理论

由于土地空间位置及土地利用的地域性差异，土地集约利用必须考虑因地制宜地进行区位选择。区位是指人类行为活动的空间，经济区位是指某些地区（地块）具有运输费用和运输时间节省、生产效率较高和生产成本较低的明显区位优势。土地区位选择的经济意义，是由于土地资源分布广泛，其单位空间和位置常分散于远近、距离各异的不同地区，因此土地经济区位的选择，是决定土地利用价值的一个基本因素。

区位理论产生的标志是 1826 年德国农业经济学家杜能发表的著作《孤立国同农业和国民经济的关系》（通常简称《孤立国》）（第一卷）。根据区位经济分析和区位地租理论，杜能在其《孤立国》一书中提出六种耕作制度，每种耕作制度构成一个区域，而每个区域都以城市为中心，围绕城市呈同心圆状分布，这就是著名的"杜能圈"。第一圈为自由农作区，是距市场最近的一圈，主要生产易腐难运的农产品；第二圈为林业区，主要生产木材，以解决城市居民所需薪材以及提供建筑和家具所需的木材；第三圈是谷物轮作区，主要生产粮食；第四圈是草田轮作区，提供的商品主要为谷物与畜产品；第五圈为三圃农作制区，即本圈内 1/3 土地用来种黑麦，1/3 种燕麦，其余 1/3 休闲；第六圈为放牧区，或叫畜牧业区。杜能认为，农业土地的利用类型和农业土地经营集约化程度，不仅取决于土地的自然特性，更重要的是依赖于其经济状况，其中特别取决于它到农产品消费地（市场）的距离。根据农业区位论，从一定程度上讲，区位决定土地利用，土地利用又影响地租、地价；反过来讲，地租、地价也制约着土地用途及其利用方式。土地区位条件影响到土地利用与改造的方便程度，对土地生产率的高低产生重要影响作用。

继杜能之后，德国经济学家韦伯系统地研究了经济区位理论，并于 1909 年发表了《工业区位论》，对制造业选择土地利用区位，提供了许多具有科学价值的基本理论原则。韦伯认为，与制造业选择区位有密切关系的主要是运输费用和劳动成本，运输费用包括所需原材料和燃料的运入和所生产的产品与副产品的运出，劳动成本即对工资的支付。这是两项巨大的生产成本，决定着工厂选择厂地的决定性因素。韦伯还将影响工业区位的因素分为集聚因素和分散因素，集聚因素是指促使工业向一定地区集中的因素，分为一般集聚因素和特殊集聚因素，通过纯集聚和社会集聚两种方式影响工业企业区位；分散因素是指不利于工业集中到一定区位的因素，一些企业宁愿离开集聚区而搬到工厂较少的地区，这取决于集中与分散比较利益的大小。他分析的结论是：一个企业如果因集聚所节省的费用大于因离开运费最小或劳动力费用最小的位置需追加的费用，则其区位由集聚因素决定。韦伯的工业区位论为城市土地利用的微观产业布局提供了有益的参考。

20 世纪 30 年代，德国地理学家克里斯塔勒发表的《中心地理论》着眼于区域城市分布和城市间的关系，对市场、城市的综合布局与土地利用模式进行了阐述。克里斯塔勒认为，中心地的规模与其影响区域的大小、人口规模，是通过对产品和服务的需求这个环节建立起相互关系的。交通是城市经济发展中独立的因素，它起着"中间介质"的作用，使得物质的空间交换得以进行。由于运输必须克服一定的距离，付出高低不等的代价，因此在很大程度上影响到中心货物到达的范围，进而影响到城市的规模、居民点之间的距离及空间分布等。另外，行政管理因素也是影响甚至决定城市分布的重要因素，行政职能位于某一城市或居民点，依靠处理行政事务及颁布法令等管理它的管辖区。之后，德国经济学家勒施（2010）发展了克里斯塔勒的理论，并基于此提出了自己的市场区位论。勒施的主要贡献是用利润原则来说明区位选择，他认为大多数工业区位是选择在能够获取最大利润的市场地域，他提出区位的最终目标是寻取最大利润地点。

区位理论在很大程度上影响着各种用地的安排，揭示了土地在一定用途条件下的空间分布规律，为深入认识土地集约利用空间结构的形成机制提供了理论依据。对于农业土地利用而言，区位理论是指导和调整农业生产和布局的理论基础，也是制定农业发展政策的重要依据；对于城市土地利用来说，区位更是起着决定性的作用，不仅影响城市用地功能的配置，而且直接影响用地企业的经济效益，同时也会对城市土地的开发程度，经济活动的集聚和互补、互赖性产生决定性的作用。因此，应该正确地利用区位理论，保证土地利用的高效而不至于造成过度或者粗放利用。

3.2.4　产业集聚理论

产业集聚是指在产业的发展过程中，处在一个特定领域内相关的企业或机构，由于相互之间的共性和互补性等特征而紧密联系在一起，形成一组在地理上集中的相互联系、相互支撑的产业群的现象。这些产业基本上处在同一条产业链上，彼此之间是一种既竞争又合作的关系，呈现横向扩展或纵向延伸的专业化分工格局，通过相互之间的溢出效应，使得技术、信息、人才、政策以及相关产业要素等资源得到充分共享，集聚于该区域的企业因此而获得规模经济效益，进而大大提高整个产业群的竞争力。集聚效应是社会经济活动的空间集中所形成的集聚经济与集聚不经济综合作用的结果。其中，集聚经济一般是指因社会经济活动及相关要素的空间集中而引起的资源利用效率的提高，及由此而产生的成本节约、收入或效用增加。这一概念最初是由韦伯明确提出的，其侧重点在于说明企业的空间集聚所带来的经济效果，这种集聚经济本质上是由于厂商或工业集中而造成的规模经济。与集聚经济相对应，集聚不经济是指社会经济活动及其相关要素空间集中所引起的费用增加或收入、效用损失。如果说集聚经济为社会经济活动的空间集中提供了吸引力和推动力，那么，集聚不经济的存在显然削弱了集聚经济的效果，妨碍、甚至破坏合理的集聚，构成空间集聚的排斥力和约束力。当集聚经济大于集聚不经济时，社会经济活动表现为经济效果的增加或费用的减少；反之，当集聚不经济大于集聚经济时，经济活动的空间集中则表现为经济效果的减少或费用的增加。

由于集聚经济利益的存在，厂商、居民的不同集聚组合，在同样的技术和收入约束下，可以获得更高的产出，从而单位产品的成本也就相应降低，利润随之提高，消费者可以获得更多的效用。结果，以追求最大利润为目标的厂商和追求最高效用的居民，为了获得分工与专业化利益、规模经济和外部经济利益而集聚到不同的位置，形成不同的集聚体，反之，空间集聚在为居民、企业乃至整个城市经济带来集聚经济利益的同时，也会产生各种各样的额外费用，即集聚成本。集聚经济形成了向城市空间集聚的吸引力，而集聚不经济则产生排斥力，二者促使城市土地利用结构的分化。

20 世纪 90 年代初期，保罗·克鲁格曼（P. Krugman）等的研究使产业集聚理论获得了重要进展。克鲁格曼以规模报酬递增、不完全竞争的市场结构为假设前提，在 Dixit-Stiglitz 垄断竞争模型的基础上，认为产业集聚是由企业的规模报酬递增、运输成本和生产要素移动通过市场传导的相互作用而产生的。克鲁格曼以制造业为例，通过严密的数学论证，证实了集聚带来的中心—外围的区域经济增长格局的客观存在，强调了产业集聚引起的经济联系（前向联系与后向联系）效应，形成吸引产业与要素进一步集聚的向心力；在强调规模收益递增的同时还强调了运输成本的存在，因而还存在一种抵御产业集聚的离心力。由此，克鲁格曼从深层次上揭示了产业集聚与区域经济增长之间的相互关系及其内在机理（陈柳钦，2009）。

在土地利用过程中，规模集聚值较高，前向、后向联系较大的行业的集聚可以发挥规模经济效益的作用，由此形成以大型企业为主、均质度高、专业化极强的集聚区。多种多样工厂的集聚，区位上的比邻可以节约运输成本，并为大规模生产服务设施的建立提供了条件，特别是当具有互补性的经济活动趋于集中时，多样化的经济活动之间所存在的互补性可能会产生一种"大数定律"的经济性，减弱社会经济活动波动的损失，这是综合性工业区形成的重要原因。相同收入的居民需求的相似，使得居民的分类集聚可以获得较高的专业化利益，有利于共享各种公共福利设施；商业的多样化集聚为消费者节省了选择商品的时间，提高了效用水平，由此形成综合商业区；同类商业的集聚为消费者节省了交易费用，增加了消费者同一地选择同类商品的机会，这就形成了城市中通常所见到的各种专业街（区）（江曼琦，2001）。

从空间角度看，产业的区域空间集聚实质上是资本、劳动等生产要素在一定面积的区域土地上的集聚，合理适度的土地集聚就是区域土地集约利用。土地集约利用是区域经济增长与发展对土地利用的必然要求，是土地供给稀缺性和区域产业集聚的集聚经济效应共同作用的必然结果。因此，集聚效应的形成、演化和作用过程与土地利用状况及其变动紧密联系在一起，集聚效应的空间分布与演化同土地利用的布局与演变相辅相成，集聚经济显著的地方，自然是土地利用集约度高、经济增长快的地方。

3.2.5　产业结构理论

产业结构作为以往经济增长的结果和未来经济增长的基础，是经济发展的根本因素。产业结构演进表现为不断地由低级向高级变动，向产业结构的高度化、合理化发展。产业结构的演进具有一定的规律性，学者们对此进行了广泛研究。

英国经济学家科林·克拉克（Colin G. Clark）在 1940 年发表的《经济进步的条件》一书中，最先提出的三次产业分类，研究了人均国民收入增长与劳动力在三次产业间转移趋向的内在关联。它使用单一劳动力指标和有限国家样本，粗线条地描述了产业结构的宏观变动趋向。

美国经济学家西蒙·库兹涅茨（Kuznets，1966）在克拉克研究成果的基础上，收集了几十个国家的统计资料，从国民收入和劳动力在产业间的分布两个方面，对产业结构的演进深入到三次产业所实现的国民收入的比例关系及其变化上来。库兹涅茨通过对产业结构变动的实证分析，得出发达国家在进入现代经济增长阶段以后，产业结构会出现新的变化。他发现的这种变动规律，即产业结构的变动受到人均国民收入变动的影响，被称为库兹涅茨人均收入影响论。

德国经济学家霍夫曼（W. G. Hoffmann）1931 年对产业结构中工业结构的演变规律和发展的阶段性做了开拓性研究，提出了消费资料工业净产值与资本资料工业净产值之比在工业化进程中是持续下降的所谓"霍夫曼定理"。他指出了工业结构的重工业化现象，在工业化的四个阶段中，资本品的生产逐渐超过消费品的生产占主导地位。霍夫曼比例是符合产业发展规律的，特别是符合工业化的前期发展趋势。但由于"双部门模型"的局限，忽略了工业化进程中各国相同产业间存在的生产率巨大差异等而受到质疑（李姚矿，2006）。

威廉·阿瑟·刘易斯（Lewis，1955）提出二元结构模型，通过三个基本假定和把发展中国家经济划分为两大部门，研究了二元结构转变为一元结构的进程和途径。三个基本假定是：传统部门的边际劳动生产率为零或接近零；从传统部门转移出来的劳动力的工资水平由传统部门的人均产出水平决定；现代部门中利润的储蓄倾向高于传统部门收入中的储蓄倾向。由于传统部门边际劳动生产率为零，传统部门剩余劳动力对现代部门的供给价格低，且现代部门的边际劳动生产率远远高于传统部门剩余劳动力的工资，现代部门发展就可以从传统部门中获得无限供给的廉价劳动力，在劳动力供给价格与边际劳动生产率差额中获得巨额利润。又由于现代部门利润中的储蓄倾向较高，使得现代部门发展对传统部门剩余劳动力的吸纳能力进一步得到提高，由此产生一种累积性效应。其结果是，传统部门劳动力的边际生产率逐步提高，现代部门劳动力的边际生产率下降，以至达到现代与传统部门劳动边际生产率相等。这时，二元经济结构就转变为一元经济结构。

钱纳里等（Chenery et al.，1986）采用投入-产出分析方法、一般均衡分析方法和经济计量模型，将分析样本进一步拓展到低收入发展中国家，形成了用途较为广泛的结构转变分析方法，提出了标准产业结构和制造业内部结构变动规律，同时强调一个国家的产业结构变化的速度将受制于该国的社会制度、资源禀赋和发展战略的影响。

美国发展经济学家赫尔希曼是著名的"不平稳增长理论"的创建者，否定当时流行的观点，即发展中国家必须按照一个平衡增长路线发展。他认为，由于发展中国家的资源稀缺，全面投资和发展一切社会部门几乎是不可能的，只能把有限的资源有选择地投入某些行业，使有限的资源最大限度地发挥其促进经济增长的作用。（李雯，2006）根据对直接生产投资和社会投资的顺序可以将不平稳发展战略分为"短缺的发展"和"过剩的发展"。经济区域的不平衡发展是经济发展的前提条件，增长极通过"极化效应"和"涓滴效应"带动区域间发展。

我国在经济发展方式转变过程中，需要加快推进产业结构调整，适应需求结构变化趋势，完善现代产业体系，加快推进传统产业技术改造，加快发展战略性新兴产业，加快发展服务业，促进三次产业在更高水平上协同发展，全面提升产业技术水平和国际竞争力。传统产业发展主要依赖自然资源、劳动力、交通运输、区位条件等，而决定现代产业发展的要素主要是技术、组织、信息、文化等。现代产业体系是由若干相互关联、相互促进、相互支撑的现代产业组成的产业群或产业系统。它是顺应经济全球化、知识化、循环化的趋势和产业演变规律，以高新技术为依托，以创新为主要发展动力，致力于实现农业现代化、工业信息化、服务业主体化，强调资源消耗低、环境污染少，是转变经济发展方式、建设资源节约型与环境友好型社会的产业载体。这种产业结构调整最终都会落实到土地上，必然会对土地利用结构、布局和效益带来重要的变化，从而对土地集约利用产生深远的影响。

3.2.6　制度变迁理论

对于经济增长,制度是重要的(North,1990)。诺斯认为,从历史的长河中看,制度总是在不断发展演进的。并且,他还认为,在一般情况下,制度变迁是一个渐进性的连续的演变过程,是通过制度在边际上的不断调整而实现的。诺斯对制度变迁的解释是"制度创立、变更及随时间变化而被打破的方式"。制度变迁也可以理解为一种效益更高的制度对原有制度的替代过程。在这个过程中,实际制度需求的约束条件是制度的替代成本。制度变迁过程,既可以理解为一种更有效制度的生产,也可以理解为规则的改变或重新界定权利的初始边界。

制度变迁,最初总是源于需求的发生,即按照现有的制度安排,无法获得更多的利益,而改变现有的安排,就能获得在原有制度下不可能得到的利益。引发制度需求的原因早期多归结于人口对稀缺资源禀赋所带来的压力不断增加所致,晚期则更多地归结于经济发展过程中人的经济价值上升、人口变化和技术变迁引发的相对产品和要素价格变化以及市场规模和宪法程序等。当某种制度安排导致要素生产效率长期低于生产可能性边界以及与之相关联的人们的实际利益长期低于其潜在效益时,就会构成制度需求的持久压力。

有关制度变迁的需求理论研究以"经济人"假设为前提,在交易费用概念和科斯定理的基础上,通过对外部性等潜藏着隐性收益的事件的分析,建立了一个关于市场主体捕捉变化着的社会经济条件(如人口增长、技术进步、相对价格变化等)下通过制度改进可能增进的收益,从而推动制度变迁的理论需求。这种理论的特点是强调制度变迁的诱致性特征,其明显的缺陷在于忽略了"搭便车"等事件对集体行动的瓦解作用和对制度变迁供给方面的分析。由于人类的经济活动不只是在一个存在交易费用的市场中进行,而且是在一个不能摆脱国家干预的社会中进行,在诺斯将国家理论引入制度变迁分析后,才从根本上完善了制度变迁的供给理论。

制度供给,来源于有了新的制度安排,就能得到现有制度安排下不能得到的利益的认识。影响制度供给的因素包括制度设计的成本、现有知识的累积、实施新制度的预期成本、宪法程序、规范性行为道德准则、公众态度和居于支配地位的上层强有力决策集团的预期利益等重要变量。由于各变量稳定性存在差异,制度供给更主要的决定于现有制度安排、实施新制度的预期成本和上层决策者的预期净收益。换句话说,制度供给的主导力量取决于在现有宪法程序和行为道德准则下,决策者的创新意愿和能力。

再就是制度变迁的路径依赖问题。路径依赖的概念最早是从技术变迁分析中产生的,由戴维(P. A. David)在 20 世纪 80 年代提出,路径依赖是指技术选择的不可预见、难以改变（被锁住）和缺乏效率的情况，并认为由于技术不是根据效率选择，而是由递增报酬和偶然事件决定的，因此缺乏效率的技术可能流行（傅沂，2006）。他认为一种技术的市场份额不是依赖偏好和技术的可能性，而是由于递增报酬导致"锁住（lock-in）"的历史小事件（historical small events）。所谓"历史小事件"，是指"那些在观察者的事前知识之外的事件或条件"，它们决定几种可互相替代的方案中哪一种可能产生，并说明了结果的不可预期性。历史小事件和递增报酬作用的结合导致劣等技术占支配地位和锁住的发生。在此基础上，诺斯后来逐步远离了技术性路径依赖概念，发展了制度专用的路径依赖概念。诺斯总体分析框架以经济史为背景，他试图解释世界不同地区之间发展程度的差别或绩效差距（performance gap）。他认为经济史中的路径依赖与发展差距有关：由于所有国家不是平等发展的，一般来说，那些欠发达国家赶不上发达国家，因而历史是路径依赖的；针对后社会主义国家，他提出路径依赖就是制度框架使各种选择"定型（shaping）"并约束可能被锁定的制度路径的事实。

土地集约利用的内涵包括土地利用制度的进步，转变经济发展方式不仅意味着经济发展理念的更新，经济发展方法、手段、途径、模式的改变，也意味着经济发展制度与政策的调整。因此，转变经济发展方式必然对土地集约利用产生深刻的影响，这就要求我们更深刻、更自觉地把握经济发展中制度变迁的规律，深入研究制度变迁对土地集约利用的影响。

3.2.7　可持续发展理论

可持续发展是 20 世纪中后期才被学者们提出来的新概念，它源于生态学并逐渐渗透到全球社会经济环境的各个领域。这一思想的形成与流行并非偶然现象，而是人类社会发展的现实需要与必经过程。从人与自然的关系上来说，人类已经经历过崇拜自然、顺从自然的阶段，正处于利用自然、改造自然的阶段，且方式是粗放、不可持续的，长久下去必然对大自然形成巨大压力，造成不可估量的后果。所以，人们逐步认识到，节约、集约的发展，实现人与自然和谐相处才是长远之计。同理，土地作为最基础的自然资源，是人类生产、生活的载体，在社会与经济发展中起着不可替代的作用，人们在对其进行开发利用时，也必须奉行集约理念，实现土地的可持续利用。

土地可持续利用的思想于 1990 年在首届国际土地持续利用系统研讨会上被正式提出。1993 年，联合国粮食及农业组织（FAO）发表《持续土地管理评价大纲》，对土地可持续管理的定义是"将技术、政策和旨在同时关心社会经济原理与环境的活动结合起来，以便同时实现保持或提高生产与服务、降低生产风险、保护自然资源潜力及防止土壤退化、经济上可行和社会可接受"，这一定义从生产性、安全性、保持性、可行性和可接受性五方面对土地可持续利用进行细化，内涵宽泛，在国际上被普遍接受。国内对土地可持续利用的相关研究始于 20 世纪 90 年代中期，开始时多集中于研究农业土地的保护与可持续利用，后逐渐扩展到各类用地的集约利用研究。在中国可持续发展战略研究中，土地可持续利用被赋予了四方面的内涵与要求：合理的代际分配、产业配置、空间布局及最优的综合效益。

合理的土地利用方式、良好的利用状态与管理机制会对区域发展产生巨大的推动作用。土地可持续利用理论为土地的合理利用提出明确目标，指引我们走上人地和谐、经济发展与资源环境相和谐的道路。我国正处在社会经济转型时期，加强对土地的集约利用，避免转型过程中的土地浪费和粗放利用，对于实现社会经济的可持续发展显得尤为重要。

3.3　分　析　框　架

3.3.1　研究逻辑

本书首先对经济发展方式与土地利用方式之间的关系进行分析，发现不同经济发展阶段土地利用方式变化的一般规律，通过建立经济发展与土地集约利用之间的理论模型，揭示转变经济发展方式与土地集约利用的内在联系；再结合我国当前土地利用方式与经济发展转型之间的矛盾分析，推理出：随着经济发展方式的转变，土地利用方式必须由粗放利用转向集约利用；在此基础上，分析转变经济发展方式背景下土地集约利用的驱动因素和制约因素，为经济发展方式转变对土地集约利用影响机理分析奠定基础；由于产业结构调整是推动经济发展方式转变的重要抓手和核心内容，发展循环经济和低碳经济是转变经济发展方式的必然要求，是符合可持续发展理念的经济增长模式，抓住了当前我国资源相对短缺而又大量消耗的症结，对解决我国资源对经济发展的瓶颈制约具有迫切的现实意义，所以本书着重从产业集聚和产业结构优化升级两个方面分析产业结构调整对土地集约利用的影响机理，针对新型经济转型期探讨工业土地集约利用的影响机理，并从低碳经济和循环经济两个角度研究新型经济发展方式对土地集约利用的影响机理；最后，基于前文的分析，给出转变经济发展方式背景下土地集约利用的政策建议。

3.3.2　分析框架

基于研究逻辑分析，本书得出了如图 3-2 所示的分析框架。

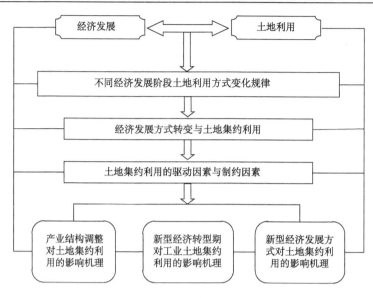

图 3-2　分析框架

第4章　经济发展与土地利用方式的关系研究

在经济发展的不同阶段，土地资源利用呈现出不同的特征，并集中体现在随着资源相对稀缺性的变化，土地与其他生产要素的数量配置关系以及土地利用的效益水平持续发生变化。

长期以来，我国经济发展一直以速度型、外延型、粗放型的增长方式为特征，支柱产业主要为资源消耗型、低技术含量、粗加工型产业，经济进一步增长的资源环境约束加剧，增长的社会成本日益上升，严重制约经济的持续发展和社会的和谐进步。党的十七大提出了加快转变经济发展方式的战略任务。2008年以来的国际金融危机使我国转变经济发展方式问题更加凸显出来，国际金融危机对我国经济的冲击表面上是对经济增长速度的冲击，实质上是对经济发展方式的冲击。综合判断国际国内经济形势，转变经济发展方式已刻不容缓。随着经济发展方式的转变、工业化和城市化水平的提高以及产业结构的演进，土地和资本等要素的相对价格不断变化，土地利用水平由粗放型向集约型转变也是一个客观规律：在初级经济阶段，由于资本短缺及技术水平低下，市场发育欠缺，主要通过大量投入土地、廉价劳动力等要素资源来实现经济的起步，土地利用呈现粗放的态势；进入工业化初期阶段后，经济数量上的增长是经济发展的主要目标，虽然资本短缺现象有所缓解，但是资金短缺依然是很多地区面临的难题，很多地方政府选择了低地价招商引资的策略，土地集约利用水平虽有所提高，但总体上还处于较为粗放状态；进入工业化中期后，随着资本短缺问题的缓解，尽管由于工业的快速发展，建设用地呈快速增长趋势，但土地利用方式已开始从粗放型向集约型转变，土地集约利用水平比前面两个阶段大大提升；进入工业化后期后，资本已经相当充裕，而土地资源却显得日益稀缺，政府和土地使用者倾向于以资本和技术替代土地，土地被高度集约利用。但是，我国当前土地利用与转变经济发展方式之间还存在很多矛盾，包括土地资源浪费、闲置严重，土地单位产出偏低，人均建设用地面积过大、容积率偏小，土地利用科技含量低，能源消耗较高，环境污染严重等，这种土地利用方式与转变经济发展方式的内涵是格格不入的，也不符合土地利用的客观规律，必须要向土地集约利用方式转变。总之，随着经济发展方式的转变，土地利用方式必须由粗放利用转向集约利用，本书将重点就转变经济发展方式对土地集约利用的影响机理进行深入分析和探讨。

4.1　经济发展与土地利用之间的关系分析

4.1.1　经济发展与要素投入关系的理论演绎

经济发展是世界各国所企望的，研究促进经济发展的要素也就成了经济学研究的重点。古典经济学、新古典经济学和新制度经济学对促进经济发展的主导要素有着不同的看法。

1. 古典经济学关于要素投入与经济发展的理论

在经济发展的早期阶段，土地和劳动被认为是财富增长的重要源泉。古典经济学家先驱威廉·配第在《赋税论》中提出"土地是财富之母，而劳动是财富之父和能动要素"。在重农主义看来，只有农业才是生产，才是财富的来源和社会收入的基础，一国的经济增长由其农业收成的多寡来决定。农业生产的基础是投入耕种的土地，因此扩大土地的耕种面积成了财富的源泉。随着经济的增长、人口的扩张，劳动力在经济发展中的作用逐步受到重视。

古典经济学体系建立者亚当·斯密在《国民财富的性质和原因的研究》中从理论和实践上较全面研究了资本主义经济增长问题。他认为劳动是国民财富的源泉，增加劳动数量、提高劳动质量，成为了国民财富增长的原因。当资本主义生产进入机器大工业阶段后，资本对于经济增长的作用开始显现。萨伊在生产三要素（劳动、资本和土地）论中强调了作为资本的机器以及科学对于财富增长的作用，认为正是这两者促使许多自然力为人类服务以增加产品的种类和数量，降低产品的生产费用，使一切消费者有收益，社会财富日益增长。萨伊提出了供给创造需求的定律，为资本积累是经济增长的源泉提供了理论前提。李嘉图也把资本积累看作是国民财富增长的基本源泉，认为资本积累就是利润转化为资本，国民财富的增长取决于利润率。

英国经济学家约翰·穆勒（Mill，1848）对古典经济学进行了综合和集成，提出了生产的增长规律：生产的增长取决于劳动、资本和自然（土地）资源三要素的性质、数量或它们生产力的增加能力，生产规律必然是这三者各自规律的作用结果。这三个规律是：①劳动增长规律，即人口的增长；②资本增长规律，资本是储蓄的结果，资本的增长取决于所能储蓄的数量和储蓄愿望的强度；③利用土地生产的增长规律，在某一阶段和一定的农业技术条件下，随着同一土地上使用的劳动力增加，生产数量的增加有减少的趋势。

从古典经济学关于要素投入和经济增长的理论可以看出，在经济发展的早期，自然（土地）要素在生产中占绝对优势。随着经济的发展，劳动力日益重要。随着生产规模的进一步扩大,资本逐渐占据优势地位,资本的应用导致财富的日益增长。

2. 新古典经济学关于要素投入与经济发展的理论

新古典经济学是 19 世纪 70 年代由"边际革命"开始而形成的一种经济学流派。它在继承古典经济学经济自由主义的同时,以边际效用价值论代替了古典经济学的劳动价值论,以需求为核心的分析代替了古典经济学以供给为核心的分析。新古典经济学认为边际效用递减规律是理解经济现象的一个根本基础,利用这一规律可以解释买主面对一批不同价格时所采取的购买行为、市场参与者对价格的反应、各种资源在不同用途之间的最佳配置等各种经济问题。

马歇尔(2012)是新古典学派的标志性代表人物,他试图重新构建古典经济学,他将生产三要素论发展为劳动、土地、资本和企业组织四要素,他认为资本的增加对于经济增长具有重要的作用。产生于 20 世纪 40 年代的哈罗德-多马模型假定每个经济单位的产出,取决于向该单位投入的资本量,该模型关注的是资本积累在经济增长中的决定性作用,并第一次在增长模型中舍弃了土地的要素。哈罗德-多马经济增长模型基于如下假设:一是资本和劳动的不可替代性,二是资本产出比例的固定性,从而逻辑一致地推出经济增长取决于资本积累能力。该模型的缺陷是忽略了技术进步对经济增长的作用以及资本和劳动之间的可替代性。针对哈罗德-多马模型的缺陷,索洛和丹尼森等人的增长要素模型指出了除资本要素以外的其他要素对经济增长的作用。丹尼森把经济增长的要素分为五类:①劳动力在数量上的增加和质量上的提高;②资本(包括土地)在数量上的增加;③资源配置的改善;④规模经济;⑤知识进展和它在生产上的应用。他们认为投入要素的效率提高在增长率中所起的作用越来越大。经济学家所关注的经济增长的核心要素开始转向各种投入要素的质量和技术进步(洪银兴,2005)。

3. 新制度经济学关于要素投入与经济发展的理论

在新古典经济学中,制度被看作是一个独立于经济发展过程的外生变量,经济发展是通过市场的良好运行得以实现的。事实上,在经济发展过程中,制度的作用无所不在,正如新制度经济学的代表人物之一的诺斯所言:"制度提供了人类相互影响的框架,它们构成了一个社会,或更确切地说一种经济秩序的合作与竞争关系。……实际上,制度是个人与资本存量之间,资本存量与劳务产出及收入分配之间的过滤器。"有效的制度能够保证市场经济有序地运行,从而促进经济更快地发展。

新制度经济学认为,制度在经济发展中的作用包括以下几个方面:第一,制度通过确立明确的规则,增加了资源的可得性,提高了信息的透明度,因而减少了经济活动的不确定性和风险,降低了信息成本和交易成本,从而促进市场更好地运行。第二，制度可以通过明确界定的产权，促使个人的经济努力转化成私人收益率接近于社会收益率的活动，从而为经济发展提供更强的动力。第三，制度通过对财产权利和知识产权的保护，可以促进技术创新和大批企业家的涌现，从而为经济发展打下很好的微观基础。第四，制度是"矫正价格""矫正政策"的核心，只有通过建立起适应市场经济发展需要的制度结构，才能够真正"矫正"由市场或政府所造成的价格扭曲或政策扭曲。第五，作为非正式制度安排的意识形态是一种节约信息费用的工具，因而可以减少其他制度安排的费用，而且成功的意识形态可以克服"搭便车"的问题，有利于维护社会的稳定。第六，制度通过建立社会活动的基本规则，扩大了人类在经济、政治、法律、文化等领域的选择机会，从而进一步丰富了经济发展的内涵。总之，有效的制度能够使一个国家的经济发展进程大大加快。相反，无效的制度则会严重地阻碍经济发展。因此，追求经济发展的政府应该根据本国的具体情况，建立并不断完善符合自身需要的、有利于市场机制良好运行的制度结构。

4.1.2　土地在经济发展中的作用

在经济发展的不同阶段，土地资源利用呈现出不同的特征，并集中体现在随着资源相对稀缺性的变化，土地与其他生产要素的数量配置关系以及土地利用的效益水平持续发生变化。土地在经济发展中的作用是通过土地所具有的特定功能所决定的，不同的经济发展阶段，起主导作用的土地功能也有所差异。

1. 土地的基本功能

土地是一个十分复杂的自然、生态和社会经济的复合体，具有资源、资产双重特性，它的基本功能主要包括生产功能、承载功能、景观生态功能、增值功能。

1）生产功能

土地是基本的生产资料和劳动对象，具有生产功能，其内部和上层附着各种有用矿物和营养成分，在一定的光、温、水等自然条件和技术条件下能生产出各种农作物，为人类提供各种食物。土地是人类赖以生存的农作物吸取营养的主要源泉，是农作物正常生长发育不可缺少的水分、养分、空气和热量的供应者与调节者。土地在农业生产中是不可或缺且无法替代的生产资料，这也是为什么重农学派和古典经济学派认为土地是经济增长主要源泉的原因。

2）承载功能

土地是一切自然物和人类社会存在发展的基地与场所，承载万物于一身，为人类提供一切生活和生产活动的基地、场地、空间、道路和立足地。居民点用地、工矿用地和交通用地是土地承载功能的具体表现。在城市化过程中，土地的承载功能一直处于不断加强的趋势中。由于城市的兴起，人类的生产和生活越来越具有空间集中化的趋势，因此对土地提供的承载功能服务的需求增加，这直接导致了城市数量的增多和城市用地规模的扩大。

3）景观生态功能

土地首先表现为自然物质，是先于人类存在的，是自然界提供的，因而土地就其实质而言首先是最基本的自然生态环境要素。土地的生态环境功能价值表现在防止土壤侵蚀、涵养水源、净化水质、改善气候、净化空气等方面。景观生态意义上的土地是一种环境资源，自然风景旅游地就是景观生态功能得以发挥的土地利用方式。具有景观生态功能的土地价值在于舒适性和美学价值。土地利用的美学价值是一种具有较高收入弹性的产品。随着经济的发展，土地的景观生态功能效用越来越高，西方发达国家对于农业土地非农化的限制在一定程度上是基于土地景观生态功能保护的考虑。在经济的发展过程中，旅游业在国民经济中的重要性日益提高。旅游业是依赖资源、产品和服务三个基本要素构成的具有高度综合性的文化经济产业。它本质上是以优美景观和生态环境为物质基础的、比较特殊的资源产业。构成旅游业的三大要素中，起先决性和基础性作用的是旅游资源，而很多自然旅游资源实际上依赖于土地的景观生态功能。

4）增值功能

土地作为资源，不仅为人类提供巨大的使用价值，而且能作为资产产生出巨大的物质财富和增值经济资产（生产性资本）。从发挥趋势来看，其转化产品的收益和资产的总积存量是不断增长的。这标志着土地在国民经济机制和国家财政收入中的份额和功能在增长。资料表明，中国香港每年土地的直接间接收入约占其财政收入的 1/4；美国的土地不动产的价值约占其财富的 3/4；1987 年日本的地价是当年国民生产总值的 4.8 倍、国民收入的 5.6 倍，土地资产占各类国民资产总值的 1/2 以上（刘书楷等，2004）。而中国内地由于地产、房地产起步较迟，目前尚无精确统一的数据，但从已有历年估计和统计数字看则呈上升趋势。可以认为，随着我国城乡用地和地价机制的改革，土地及其地上附作物的增值将日益成为我国财政收入的巨大来源。

2. 不同经济发展阶段土地主导功能的表现

在传统农业社会，农业经济占主导地位，土地在生产中的作用主要是生产功能，即土地为人类社会和生命系统提供产品所具有的生育和生产能力，包括为人类和一切生物提供各种必需的生物产品、营养品和矿产品、原材料以及动力资源等。土地生产功能与土地肥沃程度息息相关，因为土地肥力的大小决定了一个地区的农业生产水平，从而决定了一个地区的经济增长速度。另外，农业的发展还为手工业或初级阶段工业的发展提供了基础和条件。

当人类社会进入工业化阶段，经济发展的主导力量由农业转变为工业时，土地在生产中的主导功能逐渐由生产功能转向承载功能。此时，由于技术进步，土地与资本之间的替代性逐渐加强，土地在经济发展中的重要性逐渐减弱。舒尔茨对美国农业土地利用的研究表明，随着经济的发展，美国经济更少地依赖于土地的"初始和自然的属性"。伴随工业化进展的深入发展，资本、劳动力素质、管理水平等对经济增长起到强大的推动作用，土地的功能逐步弱化。甚至有经济学家认为，土地在经济增长中的作用是无足轻重的，因此在一些经济学模型中，土地并不作为一个单独的生产要素出现。

当经济发展进入工业化后期或者后工业化阶段，土地的自然属性对经济发展的作用变得微乎其微，但这时土地的资产增值功能和景观生态功能开始凸显。当土地由农用地转为非农用建设用地后，其资本的功能开始显现。土地由农用地转为工业或商业用地后，其价值往往攀升若干倍，而且由于土地供求关系的日趋紧张，土地的价格不断上涨，土地的资本功能不断加强，土地产权人可以通过土地的抵押贷款获得企业发展的资金，这时土地的资产资本属性超越了其自然资源属性。与此同时，随着人们收入水平的提高，人们对生活质量有了更高的要求，土地的景观生态功能逐步显示出强大的吸引力和生命力。

理论的发展是基于对现实观察、总结、提炼的结果。随着经济发展阶段的不断深入，土地在经济增长中的作用似乎逐步在减弱，但从土地利用的主导功能转变可以发现，土地的总体作用并没有减弱，只是以不同的表现形式呈现出来。总体上看，随着经济发展阶段的不断深入，土地不同功能的重要性在不断地发生变化。在经济发展的初期，也就是农业经济时代，土地的生产功能非常重要；但随着经济的发展、技术进步，土地生产养育功能的相对重要性开始逐步下降；而伴随着工业化和城市化的进程，土地承载功能越来越体现出其重要性；在用途的转换过程中，土地的资本增值功能也逐步显现；随着生活水平的提高和生活质量的改善，人们对于自然生态环境的要求也越来越高，因此，土地景观生态功能的重要性就越来越显著。总之，随着经济的发展，人口的增加，工业化、城市化水平的提高，土地利用的主导功能逐渐发生着转变，但土地对经济发展的总体作用并没有减弱，只是以不同的表现形式呈现出来，出现了不同形态利用功能的竞争，土地的稀缺性日趋明显，并出现了要素之间的替代，技术和资本开始替代土地的生产功能和承载功能，土地利用从粗放转向集约。

4.2　不同经济发展阶段土地利用方式变化规律研究

4.2.1　不同经济发展阶段的划分

经济发展阶段的划分包括两类经济指标，一类是以 GDP 为核心的经济数量指标，另一类是以经济结构指标为核心的经济质量指标，包括产业结构、区域结构、就业结构等。本书主要通过产业结构的演进来阐述所处经济发展阶段，而对产业结构演进的分析又可从工业化发展阶段的角度来进行分析。

关于工业化阶段的划分，国内外学者进行了较为深入的研究，形成了不同的理论和标准。其中 H.钱纳里在《工业化与经济增长的比较研究》中，经过对世界许多国家资料的研究，提出按人均国内生产总值把工业化阶段划分为三个阶段（表4-1）。这种方法简洁合理，得到了众多学者的赞同，据陈元江（2006）的研究，这种划分标准对我国也较为合理，并且得出我国 1995 年进入工业化阶段，2005 年进入工业化中期的结论。

表 4-1　工业化进程统计测度指标阶段对照表

人均 GDP/美元	第二产业、第一产业产值比	城市化水平/%	第二产业、第一产业就业比	阶段
580～1150	<2	<20	<0.4	初级经济阶段
1150～2300	2～4	20～30	0.4～0.8	工业化初期阶段
2300～4600	4～6	30～40	0.8～1.2	工业化中期阶段
4600～8600	6～8	40～50	1.2～1.6	工业化后期阶段
8600～13780	8～10	50～60	1.6～2.0	发达经济阶段
>13780	>10	>60	>2.0	

资料来源：文献陈元江（2006）。

4.2.2　不同经济发展阶段土地利用方式的演变

根据前文工业化阶段的划分，本书将新中国成立以来的经济发展阶段分为初级经济阶段（1949～1994 年）、工业化初期阶段（1995～2004 年）和工业化中期阶段（2005 年～）三个阶段，分别分析这三个阶段土地利用方式的演变。

1. 初级经济阶段（1949～1994 年）

新中国成立初期，我国实行的是土地私有制，土地利用主要依靠经济杠杆。由于长期战争的摧残，许多农田荒芜，农业土地集约利用水平低下，耕地粮食亩产只有 115.5 公斤；城市化水平很低，仅为 10.6%，51%的城市和 70%的人口集中在沿海地带，交通运输系统也偏重于沿海地带和东北，西部的开发程度不高。当时的工业基础非常薄弱，且主要集中在沿海和东北地区。到 1952 年，地均国内生产总值仅为 0.71 万元/km^2（邹玉川，1998）。

1953～1957 年，在过渡时期总路线和第一个五年计划的指导下，新中国进行了农业、资本主义工商业和手工业的社会主义改造，同时开始了有计划的、大规模的工业建设，这一生产关系的大变革，引起了土地利用的深刻变化。当时的工业建设主要布局在东北和中西部，工业建设重点发展用地多的冶金、煤炭、电力、石油、化工等基础工业和机械加工业（主要是军事工业），只有 11.2%的工业投资用于占地少的轻纺、食品工业。人口增长、工业发展和城市建设导致建设用地的增长，据估计，1953～1957 年城市用地约增加 20.8 万 hm^2（邹玉川，1998）。在此期间，由于工业建设刚开始起步，城镇、工矿、交通用地占地的比重还不大，但是在工业和城市建设中普遍存在用地规模偏大而且有严重的多征少用、早征迟用甚至征而不用的浪费现象。造成土地浪费的原因，一方面是因为建设单位用地计划不当，或者建筑物布置分散，占地过多，或者盲目多要地，怕征少了影响自己的发展；另一方面是因为征地管理不严，往往迁就建设单位，要多少给多少，要哪里给哪里，征地后又缺乏检查。但是更深层次原因是当时实行的低补偿费的征地制度、无偿使用的土地使用制度和统收统支的财政制度，造成用地单位多占地、占好地的积极性，而缺乏节约集约用地的主动性。1956 年 1 月，国务院发布《关于纠正与防止国家建设征用土地中浪费现象的通知》后，土地浪费情况有所好转。1957 年，地均国内生产总值仅为 1.11 万元/km^2。

从 1958 年开始，一直到改革开放前，我国实行的依然是计划经济体制，土地逐步由私有转变为集体所有，土地资源以行政配置方式为主。"大跃进"时期，因大炼钢铁、大办工业，工矿、城镇用地急剧扩张，占用了大量耕地资源。"大跃进"造成的严重困难迫使中央政府对国民经济进行全面调整，开始实行"调整、巩固、充实、提高"的方针，重点发展农业，压缩基本建设投资，农业生产逐步恢复，到 1965 年粮食总产量基本恢复到 1958 年的水平。"文化大革命"时期，知识青年"上山下乡"，大量劳动力涌向农村，圈占很多农村土地，在"左"倾思想支配下，全国掀起了开荒热潮，一方面挤占了很多林地、草地和水面，造成森林和草场资源严重的破坏，另一方面粗放经营的开荒又造成了大面积的水土流失、沙化和生态环境恶化。从 1970 年开始，农业转为以增加投入、提高单产为主的集约经营道路，粮食亩产由 1965 年的 130.2 公斤提高到 1978 年的 184.4 公斤（邹玉川，1998）。1978 年，地均国内生产总值达到 3.80 万元/km^2。

1978 年，安徽小岗村的土地包产到户揭开了我国改革开放的序幕，家庭联产承包责任制取代了人民公社制度。耕地承包后农民有了经营自主权，生产积极性高涨，在承包土地上增加投入、精耕细作，使粮食单产大幅提高，粮食亩产由 1978 年的 184.4 公斤提高到 1984 年的 245 公斤。1981 年，广东省人大通过《深圳经济特区土地管理暂行规定》，规定在深圳特区开征土地使用费，在全国率先实行国有土地有偿使用。1984 年，党的十二届三中全会通过《中共中央关于经济体制改革的决定》，明确提出了我国社会主义经济是在公有制基础上的有计划的商品经济的论断，第一次把商品经济确定为社会主义经济的内在属性，为经济体制改革奠定了理论基础。1985 年经济过热以后，政府采取了"慢刹车"的紧缩银根政策，停缓建了一批新上项目，导致很多土地闲置。1986～1988 年，占地少的加工工业迅速发展，而占地多的能源、原材料等基础工业发展相对滞后。1992 年，部分地区出现"房地产热""开发区热"，占用了大量的土地。1993 年，中共中央、国务院联合发出《关于当前经济情况和加强宏观调控的意见》，开始整顿金融秩序，以抑制房地产开发的热潮。1994 年，国务院又发出《关于继续加强固定资产投资宏观调控的通知》，经过一年多的努力，取得了明显成效，有效地抑制了土地开发商的投机行为和"泡沫经济"成分。1994 年，地均国内生产总值达到 50.21 万元/km^2，比 1978 年增加了 12.22 倍（邹玉川，1998）。

在经济发展水平不高的初级经济阶段，我国土地利用以行政计划管理划拨为主，市场管理为辅的管理模式。土地利用基本上实行无偿（划拨）、无限期和无流动的"三无"政策，没有体现出土地利用的真正价值。在此阶段，农产品在经济中的比重较高，工业所占的比重较低，但发展速度较快。在初级经济阶段，由于资本的短缺及技术水平低下，主要是通过大量投入土地、廉价劳动力等要素资源的数量扩张方式来实现经济的起步。由此推知，较低的经济技术发展水平，赋予了早期经济发展阶段增长方式粗放的基本特征，与此特征相对应的是，土地资源是以非市场方式进行配置的，带来的结果是土地资源的粗放利用。

2. 工业化初期阶段（1995～2004 年）

1995 年 9 月，中共十四届五中全会明确提出两个具有全局意义的根本性转变：一是经济体制从传统的计划经济体制向社会主义市场经济体制转变，二是经济增长方式从粗放型向集约型转变。随着市场经济体制改革的深入和完善，土地出让的市场化比例逐步提高，土地资产的市场价值逐步得到体现。但在土地出让的初期，出让方式以协议为主，而且各地为了招商引资，往往压低地价，甚至采取零地价。过低的土地价格易造成低水平盲目、重复投资与建设，使得中央政府不得不为地方所谓的经济发展买单，浪费了大量宝贵的土地资源。这些引起中央的高度警觉与重视，国务院于 2001 年下发了《关于加强国有土地资产管理的通知》，明确提出为体现市场经济原则，确保土地使用权交易的公开、公平和公正，各地要大力推行土地使用权招标、拍卖；2002 年，为防治土地批租领域的寻租现象，国土资源部出台了《招标拍卖挂牌出让国有土地使用权规定》，规定商业、旅游、娱乐和商品住宅等各类经营性土地必须以招拍挂的方式提供；2003 年，国务院开始全面清理各类开发区，暂停审批农用地转用半年；2004 年，鉴于严峻的耕地保护形势，国务院出台了《关于深化改革严格土地管理的决定》，明确提出推进土地资源的市场化配置，禁止各地非法压低地价招商，"运用价格机制抑制多占、滥占和浪费土地。除按现行规定必须实行招标、拍卖、挂牌出让的用地外，工业用地也要创造条件逐步实行招标、拍卖、挂牌出让"。

　　与初级经济阶段相比,工业化初期阶段的土地集约利用水平有所提高,但集约程度还需要进一步提高。1995~2004 年,中国城市用地规模增长弹性系数(城市用地增长率与城市人口增长率之比)平均为 1.78,超过了世界公认的合理限度 1.2。进一步分析,作为工业化的重要依托基地,我国开发区土地投入产出效率有待提高。从国际上来看,先进开发区的投入强度达到每亩 60 万~100 万美元。如法国工业开发区平均每亩 60 万美元及新加坡、马来西亚等国每亩 100 万美元左右的投资密度。国土资源部参照国际标准,提出了我国先进开发区的土地投入产出标准。如从产出强度来看,要达到每亩 400 万人民币。2003 年,33 个国家级经济技术开发区指标显示,土地产出率最高的广州经济技术开发区每亩财政收入达到 19.02 万元,每亩 GDP 达到 94.01 万元,土地产出率最低的贵阳经济技术开发区每亩财政收入只有 1.95 万元,每亩 GDP 也只有 9.66 万元(王元京,2007)。对照国家标准可以发现,我国国家级开发区普遍达不到先进标准。

　　在工业化初期阶段,工业由以轻工业为中心的发展向以重工业为中心的发展推进,重工业比重不断增加,在此过程中工业结构表现为以原材料工业为中心的发展向以加工、组装工业为中心的发展演进,即逐渐进入"高加工度化"。从资源结构上看,此阶段是由劳动密集型为主到资本密集型为主的阶段。在此期间,我国土地供应实行的是行政划拨和市场出让并存的模式。随着工业化和城市化的加速发展,工业用地和城市建设用地快速增加,建设用地占用耕地的年均数量呈增加的趋势。在"以经济建设为中心"的指导下,各地加快了经济发展的速度,建立了数量庞大、形形色色的开发区,以低地价招商引资。土地价格的偏低帮助了工业企业较快地完成了资本积累,也使得一些成本高、效益低的企业在土地成本和劳动力成本较低的情况下能够参与城市工业化进程的推进。随着工业化进程的不断推进,各级政府发展理念有了较大的转变,更加注重资源和环境问题,提出要改变经济增长的方式,土地供给中市场出让的比例逐渐增大,即使在工业用地供给中,行政划拨的比例也在逐步降低,同时通过规划、产业政策制定等影响工业土地供给,但由于协议出让方式市场竞争不足,市场失灵形成土地资源配置低效率。总之,在工业化初期阶段,经济数量上的增长是经济发展的主要目标,在影响经济增长的因素中,虽然资本因素对经济发展起着不可低估的作用,但是工业化初期由于资金短缺是普遍面临的难题,依照要素替代原理,政府选择了用土地替代资本进行招商引资的策略,换取经济增长的同时,也出现了土地资源使用效率低下、产业结构雷同、经济运行质量低下等问题,土地利用的粮食安全、生态安全和社会安全也受到了严峻的挑战。

3. 工业化中期阶段（2005 年～）

2005 年 10 月，中共十六届五中全会通过了《中共中央关于制定国民经济和社会发展第十一个五年规划的建议》，提出全面落实科学发展观，加强和改善宏观调控，着力推进改革开放，加快调整经济结构和转变经济增长方式。2007 年，党的十七大报告认为，进入新世纪新阶段，我国发展呈现一系列新的阶段性特征：经济实力显著增强，同时生产力水平总体上还不高，自主创新能力还不强，长期形成的结构性矛盾和粗放型增长方式尚未根本改变；会议提出了加快转变经济发展方式的战略任务，强调要促进经济增长由主要依靠投资、出口拉动向依靠消费、投资、出口协调拉动转变，由主要依靠第二产业带动向依靠第一产业、第二产业、第三产业协同带动转变，由主要依靠增加物质资源消耗向主要依靠科技进步、劳动者素质提高、管理创新转变。2010 年 2 月，胡锦涛同志在省部级干部落实科学发展观研讨班上讲话中指出，加快经济发展方式转变是深入贯彻落实科学发展观的重要目标和战略举措。

工业化中期阶段是在"高加工度化"的基础上进一步表现出"技术集约化"趋势，不仅表现为工业部门采取越来越高级的技术、工艺和实现自动化，而且表现为以技术密集为特征的所谓尖端工业的兴起。该阶段工业快速增长，人均国内生产总值超过 2300 美元，第二产业产值超过第一产业产值的 4 倍。投资过热也带来了土地需求的急剧增长，人地矛盾越发紧张，土地资源已成为各地经济发展的制约瓶颈。科学发展观在全国逐渐形成共识，国家开始制定相关政策利用土地进行宏观调控，并于 2008 年发布了《国务院关于促进节约集约用地的通知》，要求各地区、各部门要充分认识节约集约用地的重要性和紧迫性，增强节约集约用地的责任感，切实转变用地观念，转变经济发展方式，调整优化经济结构，将节约集约用地的要求落实在政府决策中，落实到各项建设中，科学规划用地，着力内涵挖潜，以节约集约用地的实际行动全面落实科学发展观，实现经济社会的可持续发展。各地在经济发展、招商引资方面的土地利用门槛也逐步提高，如杭州提出科学评估，拒绝低效项目，对引进项目按投资强度、科技含量、产出效益、能耗、环保等八个方面进行评估，由规划、国土、环保、经济发展局等部门组成联席会议，对项目进行阳光评审，牢把项目质量关；苏州实施了"5432"集约用地的标准，即每亩土地投资额出口加工区不得低于 50 万美元，国家级开发区不得低于 40 万美元，省部级开发区不得低于 30 万美元，各镇经济技术配套区不得低于 20 万美元。土地出让的市场化程度进一步提高（图 4-1），国家明确要求经营性土地实行"招拍挂"方式出让，土地市场价值逐步凸显。在工业用地方面，国务院下发《关于加强土地调控有关问题的通知》，规定工业用地必须采用招标拍卖挂牌方式出让，其出让价格不得低于公布的最低价标准。低于最低价标准出让土地，或以各种形式给予补贴或返还的，属非法低价出让国有土地使用权的行为，要依法追究有关人员的法律责任。

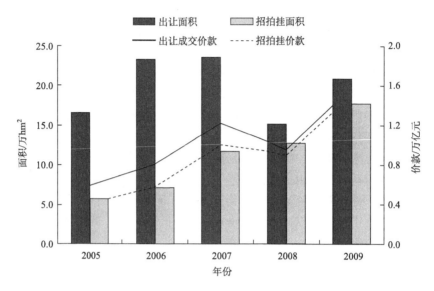

图 4-1　2005～2009 年土地出让及招拍挂出让面积和价款变化情况

资料来源：文献国土资源部（2010）

　　随着工业化发展进入快速发展阶段，势必要求转变目前的经济增长方式，即由"粗放型"向"集约型"转变，为工业化、城市化进一步发展奠定基础。而经济增长方式是生产要素的组合方式，经济增长方式的转变也就必然意味着生产要素组合规则的转变，具体表现为：技术的进步带来经济增长方式的变革，并实现资源配置替代率的变化，逐步改变土地替代资本的状况，经济增长逐步转向由科技进步、劳动者素质提高、管理创新来推动。土地利用的目的向最大化实现土地利用的比较利益转变，在此过程中，资源配置方式也应由工业化初期的非市场供地方式向市场供地方式转变，这一转变过程引导着土地资源向利用效率较高的技术含量高、经济效益好、资源消耗低的产业转换，土地利用集约化初步形成，经济发展质量低下的状况将会逐渐改变。

4.2.3　不同经济发展阶段土地对经济增长贡献的定量分析

1. 理论模型

　　生产函数是西方经济学中一个十分重要的概念，按照萨缪尔森的定义，生产函数是"在技术水平既定条件下确定某一组要素投入所能带来的最大产出的关系式"（熊俊，2006）。美国数学家科布（C. W. Cobb）与经济学家道格拉斯（P. H.

Douglas）通过研究 1899～1922 年美国的资本与劳动力数量对制造业产量的影响，提出了著名的科布-道格拉斯（C-D）生产函数（熊俊，2006），其形式为

$$Y = AL^{\alpha} K^{\beta} \tag{4-1}$$

式中，Y 代表产出量，K 代表资本投入量，L 代表劳动投入量，A、α、β 为参数。

本书采用 C-D 生产函数的扩展形式：

$$y = Ax_1^{\alpha_1} x_2^{\alpha_2} x_3^{\alpha_3} \tag{4-2}$$

式中，y 为非农产值，x_1 为用地面积，x_2 为非农固定资产投资，x_3 为非农从业人数，α_1、α_2、α_3 分别为土地、资本、劳动力投入的弹性系数。

利用 C-D 生产函数进行因素分析的具体分析步骤如下。

（1）采集实际统计数据，包括纳入分析范围的各项投入要素指标的数据。

（2）用最小二乘法（OLS）对工业生产函数进行统计拟合，求解参数 α_i（i=1，2，3），为了求解方便，通常对生产函数两边同时取对数，使其成为线性形式：

$$\ln y = \ln A + \alpha_1 \ln x_1 + \alpha_2 \ln x_2 + \alpha_3 \ln x_3 \tag{4-3}$$

变形后的生产函数是标准的多元线性函数，代入实际数据，即可在 EViews 6.1 计量分析软件中得到参数 α_i，α_i 值再通过计算，可得出每个生产要素对经济增长的贡献。

2. 变量及参数的确定

决定经济增长的因素很多，根据科布-道格拉斯生产函数，可以分为要素投入和全要素生产率。要素投入主要是资本投入、劳动投入和土地投入。资本投入是在流通过程中物资和货币的投入以及在生产过程中的实物投入，可分为固定资本和流动资本及存货；劳动投入是指从事经济活动的劳动力的数量；土地投入是指从事经济活动中所需投入的土地数量。全要素生产率（TFP）是指"生产活动在一定时间内的效率"，即资源包括人力、物力、财力的开发利用效率。本书从要素投入的角度研究工业用地对经济增长的贡献。所谓贡献率是分析经济效益的一个指标。它是指资源消耗及占用量与有效或有用成果数量之比，即投入量与产出量之比，或所费量与所得量之比，也可用于分析经济增长中各因素作用大小的程度，实际上是指某因素的增长量（程度）占总增长量（程度）的比重。本研究根据科布-道格拉斯生产函数模型，选取相关数据反映经济增长、劳动投入、资本投入、土地投入的相关变化情况，采用最小二乘法，将相关数据代入 EViews 6.1 进行拟合回归，得到变量的估计系数，再用各项投入的弹性系数计算出土地的贡献率。

3. 分析结果及评价

前文分析表明，在经济发展的不同阶段，土地资源利用呈现出不同的特征，并集中体现在随着资源相对稀缺性的变化，土地与其他生产要素的数量配置关系以及土地利用的效益水平持续发生变化。随着经济的发展，人口的增加，工业化、城市化水平的提高，土地利用的主导功能发生了转变，但土地对经济发展的总体作用并没有减弱，土地的稀缺性日趋明显，资本短缺现象逐步趋于缓解，生产要素之间有替代关系发生。为了验证不同经济发展阶段土地对经济增长的作用，本研究根据前文工业化阶段的划分，对不同经济发展阶段土地对经济增长的贡献进行定量分析，但限于数据的可获得性（表4-2），本书从1989年开始分析，经济发展经历了初级经济阶段、工业化初期阶段和工业化中期阶段三个阶段，本书利用科布-道格拉斯（C-D）生产函数模型分别分析这三个阶段土地利用（本研究主要分析居民点及工矿用地）对经济增长的作用，模型估计结果见表4-3。模型估计通过显著性检验，据此测算初级经济阶段、工业化初期阶段和工业化中期阶段土地对经济增长的贡献率分别是32.46%、47.52%和47.98%；资本对经济增长的贡献率分别是54.92%、45.72%和43.89%；劳动力对经济增长的贡献率分别是8.26%、5.45%和4.89%。分析结果表明：随着经济发展阶段的不断提升，土地对经济增长的贡献率在不断提高，而资本和劳动力的贡献率则呈现出下降的趋势。

表 4-2　1989～2014 年经济增长与生产要素变化情况

年份	非农 GDP/亿元	非农固定资产投资/亿元	非农从业人员/万人	居民点及工矿用地/hm²
1989	12 726.4	3 134.0	22 105	20 871 577.9
1990	13 605.8	3 274.4	25 835	20 892 632.7
1991	16 439.3	4 057.9	26 393	21 450 327.1
1992	21 056.9	6 079.7	27 453	21 607 295.3
1993	28 370.1	10 303.4	29 128	22 307 495.1
1994	38 625.2	13 534.3	30 827	22 870 435.6
1995	48 657.9	15 643.7	32 535	23 160 483.5
1996	57 161.2	17 567.2	34 130	24 075 300.0
1997	64 531.1	19 194.2	34 979	24 241 678.1
1998	69 584.7	22 491.4	35 460	24 408 056.3
1999	74 907.1	23 732.0	35 626	24 574 434.4
2000	84 269.9	26 221.8	36 042	24 708 998.3
2001	93 873.9	30 001.2	36 512	24 875 820.3
2002	103 795.7	35 488.8	36 870	25 100 000.0

续表

年份	非农 GDP/亿元	非农固定资产投资/亿元	非农从业人员/万人	居民点及工矿用地/hm²
2003	118 441.1	45 811.7	37 886	25 354 200.0
2004	138 465.6	59 028.2	39 931	25 728 400.0
2005	160 797.4	75 095.1	41 855	26 015 100.0
2006	187 883.5	93 368.7	43 839	26 354 500.0
2007	228 678.6	117 464.5	45 546	26 647 200.0
2008	266 670.0	148 738.3	46 826	26 933 333.3
2009	311 475.2	217 703.9	48 287	27 178 135.9
2010	369 548.3	270 198.8	48 174	27 682 138.4
2011	437 970.2	290 739.2	49 826	—
2012	483 230.4	375 686.4	50 931	30 199 200.0
2013	532 697.0	435 107.4	52 806	30 607 300.0
2014	577 802.7	498 217.9	54 463	31 056 600.0

　　注：居民点及工矿用地数据来源于历年国土资源统计年鉴或中国土地统计年鉴，其他数据来源于历年中国统计年鉴。其中，非农 GDP 指的是第二产业、第三产业 GDP 之和；非农固定资产投资指的是第二产业、第三产业固定资产投资之和；非农从业人员指的是第二产业、第三产业从业人员之和。

表 4-3　模型估计结果

要素	1989~1994 年		1989~2004 年		1989~2008 年	
	系数	T 检验值	系数	T 检验值	系数	T 检验值
土地	4.37	1.38	5.84	5.80	6.168	8.35
资本	0.40	2.19	0.365	5.09	0.34	6.47
劳动力	0.29	0.79	0.23	0.71	0.21	0.71
常数项	−70.48	−1.38	−94.21	−6.22	−99.35	−9.03
样本量	6		16		20	
F 检验值	167.58		1774.05		3673.61	
Adjusted R^2	0.99		0.99		0.99	

4.2.4　不同经济发展阶段土地利用方式变化的规律研究

　　前文分析表明，在不同的经济发展阶段，随着经济发展方式的转变、工业化和城市化水平的提高以及产业结构的演进，资本和土地等要素的相对价格不断变化，土地利用集约度呈现非常清晰的有规律的发展趋势。

　　在初级经济阶段，由于资本短缺及技术水平低下，市场发育欠缺，主要通过大量投入土地资源和廉价劳动力来实现经济的起步，经济发展方式十分粗放。在

图 4-2 中，横轴 T 表示土地投入，纵轴 L 表示人力投入（主要是劳动力数量），从 A_1 点到 B_1 点的变化体现了土地投入数量由 T_1 增加到 T_2，劳动力投入数量由 L_1 增加到 L_2，经济总量由 Q_1 增加到 Q_2。在此阶段，土地资源配置以非市场方式为主，土地利用呈现粗放的态势。

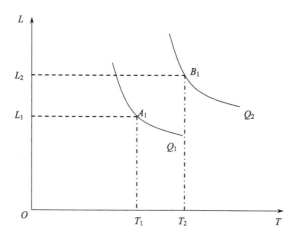

图 4-2　初级经济阶段土地利用方式

　　进入工业化初期阶段后，经济数量上的增长是经济发展的主要目标，虽然资本短缺现象有所缓解，但是资金短缺依然是很多地区面临的难题，很多地方政府选择了低地价招商引资的策略，经济发展倾向于以土地替代资本。在图 4-3 中，T 轴表示土地投入，K 轴表示资本投入（主要是物质资本），L 轴表示人力投入（主要是劳动力数量），Q_1' 是 Q_1 在 Q_2 所在平面的映射点，A_2' 是 A_2 在 Q_2 所在平面的映射点，从 A_2 点到 B_2 点的变化体现了土地投入数量由 T_1 增加到 T_2，物质资本从 K_1 增加到 K_2，经济总量由 Q_1 增加到 Q_2。在土地资源配置中，市场和非市场两种方式并存，土地利用集约水平有所提高，但总体上还处于较为粗放状态。

　　进入工业化中期后，随着资本投入水平的大幅度提高，资本短缺问题已经得到缓解，工业化水平快速提高，建设用地也呈快速增长趋势。但随着经济的快速发展，土地资源的瓶颈和制约作用逐步显现，土地利用方式开始从粗放型向集约型转变，土地集约利用水平比前面两个阶段大大提升，土地资源配置方式也逐步过渡到市场供地方式为主，经济发展倾向于以资本替代土地。在图 4-4 中，T 轴表示土地投入，K 轴表示资本投入（主要是物质资本），L 轴表示人力投入（主要是劳动力数量），Q_1' 是 Q_1 在 Q_2 所在平面的映射点，A_3' 是 A_3 在 Q_2 所在平面的映射点，从 A_3 点到 B_3 点的变化体现了在土地投入数量一定的情况下，物质资本从 K_1 增加到 K_2，经济总量由 Q_1 增加到 Q_2。

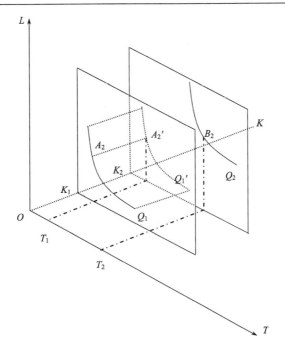

图 4-3 工业化初期的土地利用方式

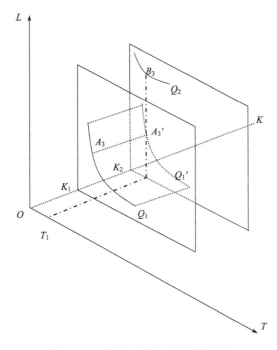

图 4-4 工业化中期的土地利用方式

日本、中国台湾等地区的发展经验表明：进入工业化后期后，物质资本已经相当充裕，而土地资源却显得日益稀缺，政府和土地使用者倾向于以社会资本（包括经济增长质量、产业结构、用地布局及制度创新等）和人力质量（主要包括劳动者素质、科学技术和管理创新等）替代土地，土地被高度集约利用，土地资源以市场化的方式进行配置，土地利用的结构与布局也更加合理，在价格和效率的引导下，土地资源也逐步流向技术含量高、经济效益好、资源消耗低的产业。在图 4-5 中，T 轴表示土地投入，K' 轴表示资本投入，但该轴的含义已不同于图 4-2~图 4-4 中的物质资本，这里主要是指社会资本；L' 轴表示人力投入，但该轴的含义也有别于图 4-2~图 4-4 中的人力投入，这里主要是指人力质量。Q_1' 是 Q_1 在 Q_2 所在平面的映射点，A_4' 是 A_4 在 Q_2 所在平面的映射点，从 A_4 点到 B_4 点的变化体现了在土地投入数量一定的情况下，资本投入从 K_1' 增加到 K_2'，人力投入从 L_1' 增加到 L_2'，经济总量由 Q_1 增加到 Q_2。由此，就形成了不同经济发展阶段土地利用集约程度和土地资源配置方式的规律性变化（表 4-4）。在这些不同经济发展阶段，土地利用集约水平也与经济发展方式相对应，在经济发展早期阶段，经济发展属于低效粗放方式，随着工业化阶段的不断发展，经济发展方式也逐渐由粗放型向集约型转变，到了工业化后期阶段，集约水平进一步提升，达到高度集约。

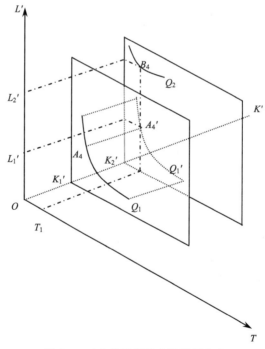

图 4-5   工业化后期的土地利用方式

表 4-4 不同经济发展阶段土地利用方式

经济发展阶段	土地配置方式	土地利用集约程度	经济发展方式
初级经济阶段	非市场供地方式为主	土地利用高度粗放	高度粗放
工业化初期	市场和非市场两种方式并存	土地利用较为粗放	较为粗放
工业化中期	市场供地方式为主	土地利用较为集约	较为集约
工业化后期	市场供地方式	土地利用高度集约	高度集约

4.2.5 不同经济发展阶段经济发展与土地集约利用之间的理论模型

通过上述分析，可以建立不同经济阶段经济发展与土地集约利用之间的理论模型，土地集约利用水平受到人力投入（数量和质量）、资本投入（物质资本和社会资本）和土地投入等的影响。

经济总量与土地集约利用之间的函数为

$$Y = f(I) \tag{4-4}$$

式中，Y 为经济总量；I 为土地集约利用水平。

土地集约利用与人力投入、资本投入和土地投入之间的函数为

$$I = g(L_i, K_j, T, \varepsilon) \tag{4-5}$$

式中，L_i 为人力投入，i=1，2，当经济发展进入工业化后期前 i=1，人力投入主要是劳动力数量；当经济发展进入工业化后期 i=2，人力投入主要是人力质量（主要包括劳动者素质、科学技术和管理创新等）；K_j 为资本投入，j=1，2，当经济发展进入工业化后期前 j=1，主要是物质资本投入；当经济发展进入工业化后期 j=2，投入的主要是社会资本（包括经济增长质量、产业结构、用地布局及制度创新等）；T 为土地投入；ε 为残差。

由式（4-4）和式（4-5）可以得到不同经济阶段经济发展与土地集约利用之间的理论模型：

$$Y = f(g(L_i, K_j, T, \varepsilon)) \tag{4-6}$$

4.3 当前土地利用方式与经济发展转型之间的矛盾分析

当前，我国正处于加快转变经济发展方式的关键时期，2008 年以来的国际金融危机使我国转变经济发展方式问题更加凸显出来，国际金融危机对我国经济的冲击表面上是对经济增长速度的冲击，实质上是对经济发展方式的冲击。与此相对的是，土地集约利用的意识还没有被社会广泛接纳，粗放用地现象比较普遍，与经济发展转型之间产生了一些矛盾，具体表现在以下几个方面。

4.3.1　土地资源浪费、闲置严重

在我国很多地方都存在着土地资源浪费现象：很多高科技园、产业园、大学城等，都是非常"大气"地使用土地，几千亩、上万亩是正常现象；一些企业也大量占用土地，厂房多平房，厂内多空地，厂门多宽广；一些党政机关楼前的超大广场，动辄几百亩上千亩地等。时任国土资源部土地利用司司长廖永林表示，截至 2010 年 5 月底，全国上报房地产违法违规用地达 3070 宗，其中 2815 宗为闲置用地，面积高达 16.95 万亩，占比超过九成（杨正莲等，2010）。关于闲置土地的问题，国土资源部早在 1999 年 4 月就出台了关于闲置土地的处置办法，规定超过出让合同约定的动工开发日期满 1 年未动工开发的，可以征收相当于土地使用权出让金 20%以下的土地闲置费；满 2 年未动工开发的，可以无偿收回土地使用权。最近几年国务院及有关部委也出台了对土地闲置的调控措施，如 2008 年发布的《国务院关于促进节约集约用地的通知》针对开发商明确规定了相对严格的"闲置"费用标准，并指出将会很快对"闲置"土地征收增值地价。但从政策执行的效果来看不是很理想，其原因主要有以下几个方面：首先，政策执行力度在地方政府大打折扣，主要体现在现行体制上地方财政税收与房地产产业存在着极强的相关性，有着一损俱损、一荣俱荣的关系，政策的执行牵扯到各方面的利益，因此，处置闲置土地一事对于地方政府而言是事与愿违的；其次，这一政策在操作层面上也存在一定困难，比如在签订土地出让合同时，如何界定土地闲置的标准及闲置的时间，合同签订的时间、开工建设时间、开工建成时间等问题都需进一步明确与规范；最后，房企拿地后没有开发，撇开主观原因不说，可能还存在不少客观因素导致土地不能按期开发，比如拿的是毛地，这就需要一个拆迁的过程，难度较大，同时资金回笼速度、规划的调整、历史遗留问题等因素均可能会影响开工建设。今后，需要进一步加大对闲置土地的处置力度，促使有限的土地资源得到高效率的利用。

4.3.2　土地单位产出偏低

国际统计数据表明，中国 2008 年地均国内生产总值为 45.07 万美元/km^2，大约是荷兰的 1/45，日本的 1/28，英国的 1/24，德国的 1/22，法国的 1/11，美国的 1/3。由此可见，中国的土地单位产出水平远低于发达国家水平。进一步分析，作为工业化的重要依托基地，我国很多开发区不可否认的大量存在产业层次低、产业结构雷同、项目规模偏小等现象，如在长三角 15 个城市中，选择汽车作为重点发展产业的有 11 个，选择石化业的有 8 个，选择电子信息业的有 12 个，产业同构系数过高。这些现象客观上造成了土地盲目开发、粗放利用，不仅减弱了开发区的竞争力，加剧了开发区用地供需矛盾，也阻碍了开发区经济的持续提升和长

足发展，导致单位土地产出水平低下。

4.3.3 人均建设用地面积过大、容积率偏小

2005 年，住房和城乡建设部重新颁发了《城市用地分类与规划建设用地标准》，国家用地标准的最大区间为 60～120m^2/人。但近年来我国城市化建设用地总量在迅猛扩张的同时，人均建设用地也明显"超标"。根据《中国城市统计年鉴》的数据测算，2008 年我国城市人均建设用地面积达 134.91m^2，超过国家规划用地标准上限达 12.43%，远远高于发达国家人均 82.4m^2 的用地标准。从典型城市来看，北京、苏州、大连等城市人均建设用地明显超过全国平均水平；从国际比较的角度来看，1992 年世界著名的十大城市建成区人均占地面积大多数少于我国：开罗 31m^2、巴黎（中心区）49m^2、首尔 55m^2、东京 76m^2、雅加达 80m^2、莫斯科 112m^2、纽约 113m^2、新德里 152m^2、墨西哥城 182m^2、伦敦 229m^2（王元京，2007）。可见，我国城市人均占地面积并不符合人多地少的基本国情。城市综合容积率也是衡量土地集约化程度的重要指标。当城市土地处于集约化状态时，城市住宅乃至整个城市的综合容积率就较高。2005 年，我国大陆城市建成区平均整体容积率 50.58%，明显小于韩国、中国台湾等国家和地区；住宅容积率仅为 33%，与韩国的 100% 以上相差甚远（王元京，2007）。

4.3.4 土地利用科技含量较低

国际统计数据表明，2006 年中国研究与开发经费支出占国内生产总值的比重是 1.42%，新加坡是 2.39%，德国是 2.52%，美国是 2.61%，韩国是 3.23%，日本是 3.4%，以色列是 4.53%，可见我国的研发投入与世界发达国家相比还有很大的差距。2006 年中国公共教育经费支出占国内生产总值比重为 4.24%，不仅低于美国、法国、德国、意大利、荷兰、新西兰等发达国家，还低于南非、巴西、阿根廷等发展中国家。中国 2006 年每百万人中研究人员的数量为 852 人，大约是日本的 1/6，美国的 1/5，韩国的 1/4，德国的 1/3。2007 年中国高技术产品出口额占制成品出口额的比重为 29.69%，不仅低于美国，还低于马来西亚、菲律宾和新加坡等东南亚国家。上述数据说明，我国的土地利用科技含量在世界上还处于较低水平，还不能与转变经济发展方式相适应。面对国际金融危机的严重冲击，主要发达国家纷纷加大对科技创新的投入、加快对新兴技术和产业发展的布局，力争通过发展新技术、培育新产业，创造新的经济增长点，抢占新一轮经济增长的战略制高点。比如，美国除了将 189 亿美元投入能源输配和替代能源研究、218 亿美元投入节能产业、200 亿美元用于电动汽车的研发和推广外，还将投入 7.77 亿美元支持建立 46 个能源前沿研究中心；日本则将新能源研发和利用的预算由 882 亿日元大幅增加到 1156 亿日元；韩国于 2012 年投资 60 000 亿韩元研发绿色能源新技术。

4.3.5　土地利用能源消耗较高

我国人多地少，能源资源相对不足，人均拥有量远低于世界平均水平，国际公认的工业化过程中不可缺少的 45 种矿产资源，我国人均占有量不到世界平均水平的一半；石油、天然气的人均剩余探明可采储量只有世界平均水平的 7.7%和 7.1%；即使是储量相对丰富的煤炭资源，按可供开采的资源量计算，人均占有量也只有世界平均水平的 63%。目前，我国又处于工业化、城镇化加速发展的重要阶段，能源资源的消耗强度很高，消费规模不断扩大。2006 年，我国每万美元国内生产总值能耗达到 8.89 吨标准油；而美国只有 2.06 吨，日本仅为 1.03 吨，我国香港地区则只消耗了 0.82 吨，还不到我国内地的 1/10。因此，在今后的经济发展过程中，需要大力推进节能降耗，提高能源利用效率，发展替代能源和可再生能源。

4.3.6　土地利用环境污染严重

在土地利用过程中，我国上马了很多科技含量低、资源消耗高、环境污染大的项目，给转变经济发展方式带来了巨大的环境压力。1990～2005 年，我国二氧化碳排放年均增长 4.6%，大约是世界平均水平的 3 倍。2006 年，我国二氧化硫排放量达到 2589 万吨，化学需氧量排放量为 1428 万吨，大大超过环境容量。工业固体废弃物产生量达到 15.2 亿吨，是 1995 年的 2 倍。酸雨面积占国土面积的 30%，70%的江河水系受到污染，1/5 的城市空气污染严重。水、大气、固体废弃物污染的大量产生，与粗放型经济增长方式存在内在的联系，能源资源高消耗必然带来严重的环境污染。因此，为了适应经济发展方式由粗放型向集约型转变，在今后的土地利用中就需要大力推进节能减排，积极发展科技含量高、经济效益好、资源消耗低的产业和项目，加快建设资源集约型、环境友好型社会。

第5章 转变经济发展方式背景下土地集约利用影响因素分析

土地集约利用的影响因素分析是转变经济发展方式对土地集约利用影响机理分析的基础,有助于解释土地集约利用的内涵和建立合理的土地集约利用机制。因此,本章首先对土地集约利用的驱动因素进行分析,重点从人地关系、耕地保护、经济发展、科学发展观的贯彻落实、国际竞争压力、土地取得成本、集约用地优惠政策等方面阐述土地集约利用的驱动力;然后分析土地集约利用的制约因素,着重分析土地利用规划管制、土地利用的知识和技术、体制因素、资金财力、中央政府与地方政府之间的博弈、土地投机、多占少用等因素对土地集约利用的制约作用。

5.1 土地集约利用的驱动因素分析

5.1.1 人地关系

人地关系有狭义和广义之分,狭义的人地关系是指人口数量与土地面积的关系;广义的人地关系泛指人口与经济社会发展之间的综合关系,它包含了人口、资源、环境(土地)与经济社会可持续发展的综合关系。人地关系是影响土地利用集约程度的重要因素,这也是为什么处于相近经济发展阶段的不同国家或地区会出现完全不同的土地利用结果的一个重要原因。一般而言,由于土地资源数量的有限性,随着人口数量的增加,人地关系变得更加紧张,使土地资源显得更为稀缺,政府和土地使用者会倾向于以更多的资本、劳动力或其他相对充裕的要素来替代土地,从而导致较高的土地利用强度和土地投入产出水平,土地集约利用水平得以提高。

相对于很多发达国家和发展中国家以及世界的平均水平,我国的人地关系形势相当严峻。根据联合国粮食及农业组织统计的数据,2012 年中国人口密度是144.8 人/km^2,大概是世界平均水平的 2.67 倍,美国的人口密度只有 34.3 人/km^2,南非是 43.1 人/km^2,而巴西只有 23.5 人/km^2,澳大利亚仅为 3.0 人/km^2(表 5-1)。更加严峻的是,我国国土面积中,可利用的土地资源比重较低,山地和高原占了约 60%,人均耕地面积只有世界平均水平的一半。从 1978 年到 2012 年,我国总人口增加了 39 145 万人,平均每年增加 1000 多万人。人口增加将同时增加对农用地和建设用地的压力。解决吃饭问题，确保粮食安全，需要一定数量的耕地资源作保障，因此国家提出了确保 18 亿亩耕地的红线；与此同时，人口增加必然加剧对居住、交通、商业、服务业等建设用地的需求。总之，人多地少、人地关系紧张是我国的基本国情，面对较高的土地稀缺程度，只有提高土地的集约利用水平，实现资金、技术等相对充裕的要素对土地要素的替代，才是实现经济持续、快速增长的最优选择。

表 5-1　不同国家人口密度的比较（2012 年）

国家	国土面积/万 km²	人口密度/（人/km²）
中国	906.0	144.8
美国	983.2	34.3
南非	121.9	43.1
巴西	851.5	23.5
澳大利亚	774.1	3.0
世界	13 429.0	54.3

资料来源：文献中华人民共和国国家统计局（2014）。

5.1.2　耕地保护

耕地具有十分重要和不可替代的价值功能。耕地是人类食物的重要生产基地，在农业乃至经济社会发展中具有不可替代的基础作用。据测算，耕地提供了人类 88%的食物以及其他生活必需品，95%以上的肉、蛋、奶是由耕地提供的产品转化而来的（马俊峰，2010）。耕地还是轻工业原料的主要来源地。以农产品为原料的加工业产值，占轻工业总产值的 50%～60%。耕地不仅是广大农民赖以生存最基本的物质基础，也是发展经济的根本所在。如果耕地数量和质量出现下降，不仅会影响农业发展和农民增收，动摇农业的基础地位，而且会影响工业、服务业等第二产业、第三产业的发展，进而直接影响整个国民经济的发展。因此，耕地是农业的基础、国民经济的基础，也是社会稳定的基础。

耕地资源总量丰富、人均较少是我国的基本国情，耕地减少可能从根本上危及国家粮食安全，已引起了政府和学术界的广泛关注。2007 年 3 月，温家宝同志在《政府工作报告》中明确指出："在土地问题上，我们绝不能犯不可改正的历史性错误，遗祸子孙后代。一定要守住全国耕地不少于 18 亿亩这条红线。"民以食为天，食以田为本，耕地直接关系到我国的粮食安全。一位参加过中美贸易谈判的农业部官员曾经指出，即使把全世界的贸易粮食都拿到中国来，也达不到中国粮食需求的 1/2（蔡新春，2007）。在人口增长、建设用地、生态退耕的巨大压力下，中国人只能靠自己养活自己。无论是过去、现在还是将来，有着庞大人口基数的中国必须以中国地养中国人，耕地保护这根弦始终不能松。耕地保护的意义还不仅限于粮食安全，保护耕地其实是对经济安全的保护，是对盲目建设、粗放用地的约束。面对世界上最严格的耕地保护，在今后的城市化和工业化进程中，农地非农化尤其是耕地转变为建设用地的数量将十分有限（根据国土资源部 2008 年国土资源公报，我国耕地面积只有 18.26 亿亩，已经逼近 18 亿亩耕地红线），这就迫使我国在今后的经济发展过程中必须提高土地的集约利用水平，积极盘活存量建设用地，加大对闲置土地的处置力度，在已有的建设用地上提高土地利用效率。

5.1.3　经济发展

经济发展的概念是从经济增长的概念演化而来。经济增长通常被理解为以国内生产总值或国民收入等总量指标为特征的经济活动水平的变化过程，指源于资本积累、技术进步、人口增长的经济规模扩大。经济发展是指经济由传统形态向现代形态的转变过程。一般来说，经济发展包括三层含义：①经济数量的增长，即一个国家或地区产品和劳务的增加，它构成了经济发展的物质基础；②经济结构的改进和优化，即一个国家或地区的技术结构、产业结构、收入分配结构、消费结构以及人口结构等经济结构的变化；③经济质量的改善和提高，即一个国家或地区经济效益的提高、经济稳定程度、卫生健康状况的改善、自然环境和生态平衡以及政治、文化和人的现代化进程。

经济发展既包含人均收入水平的持续增加，也包括结构变革和制度演化。经济发展要求数量增加、结构改善和质量提高，是经济、政治、社会、文化、自然等条件变化的综合表现，其内涵比经济增长更加丰富和深刻。本书主要从经济增长、工业化和城市化三个方面探讨经济发展对土地集约利用的驱动作用。

1. 经济增长与土地集约利用

美国哈佛大学迈克尔·波特（M. Porter）教授从要素竞争和增长推动力的历史演变角度，将经济增长划分为四个不同的阶段：第一阶段为要素推动阶段，依赖于初级生产要素的数量增加而推动经济增长，带有明显的粗放型增长特征；第二阶段为投资推动的发展阶段，依靠大规模的投资推动经济增长，经济增长既有集约的特征，又有粗放的特征，为准集约化集约方式；第三阶段为创新推动阶段，通过技术创新来推动经济增长，是典型的集约经济方式；第四阶段为财富推动阶段，人们的经济行为以最大的创造财富和获得最好生活质量为准则（何芳，2003）。因此，不同的经济增长阶段对应着不同的经济增长方式。随着经济增长阶段的提高，经济的增长方式势必由以高投入、高消耗、高排放、低效率、低质量、低效益的"三高三低"的粗放型增长方式向投入少、消耗低、效率高、产出高、质量高、效益高的"一少、一低、四高"的集约型增长方式转变。经济增长方式由粗放型向集约型的转变，意味着在经济增长的过程中，边际生产要素资源的投入产出率日益得到提高。土地作为经济发展中的一种生产要素，其单位产出也会提高，土地利用的集约水平将随着经济增长阶段的提高而提高。反映经济发展的一个重要指标是国内生产总值（GDP），GDP 增长说明社会总需求在增加，预示着投资、生产活动活跃，会带动对厂房、写字楼、商店、住宅和各种娱乐设施等的需求，在土地资源禀赋给定的前提下，土地利用的集约度必然提高。可见，经济发展对土地集约利用有正向的驱动作用。

2. 工业化发展与土地集约利用

工业化通常被定义为工业（特别是其中的制造业）或第二产业产值（或收入）在国内生产总值（或国民收入）中比重不断上升的过程，以及工业就业人数在总就业人数中比重不断上升的过程。工业发展是工业化的显著特征之一，但工业化并不能狭隘地理解为工业发展。因为工业化是现代化的核心内容，是传统农业社会向现代工业社会转变的过程。在这一过程中，工业发展绝不是孤立进行的，而总是与农业现代化和服务业发展相辅相成的，总是以贸易的发展、市场范围的扩大和产权交易制度的完善等为依托的。

工业化发展对土地集约利用的影响主要体现在工业化发展将带来产业结构的演变，而产业结构的演变必然影响土地利用结构和土地资源配置效率，从而影响土地利用的集约度。在初级经济阶段，第一产业的比重较高，这就决定了土地利用结构中农用地的比例较大，地均产值较低，土地利用较为粗放；在工业化初级阶段，第二产业的比重逐渐超过第一产业，地均投入产出效率有了较大提高，土地利用的集约度有所提高；进入工业化中级阶段以后，第一产业的比重持续下降而第二产业的比重迅速上升，意味着土地利用结构中更多的土地进入了建设用地市场，单位土地利用效率较高，土地利用集约度进一步提升；到了工业化高级阶段，三大产业中以第二产业、第三产业为主且第二产业、第三产业的相对地位也会逐渐发生变化，第三产业的比重逐渐接近并超过第二产业，土地利用表现出很高的集约水平。在工业化的进程中，三大产业间结构演化的同时，工业行业内部也存在产业的升级和结构的调整。工业化初期，纺织、食品、采矿等劳动密集型行业占主导地位，这些行业的单位产值较低，土地利用的集约度处于较低水平；随着工业化发展的逐渐深入，电力、钢铁、化学、汽车、机械等重化工业部门先后兴起，资本的依赖性增强，相对于劳动密集型工业而言，资本密集型工业土地利用的集约度有所提高。但是，这种以资本投入为基础取得经济增长的工业生产模式必然带来资源的大量消耗和环境的日益恶化，因此，迫切要求进行工业结构的优化升级，技术密集型工业在工业化高级阶段逐渐发展壮大，并占据主导地位。在工业化高级阶段，工业行业生产以技术密集型为主，高新技术产业和服务业发展迅速，行业的性质和生产技术效率决定了土地资源配置和利用效率的提高，进而提升土地利用的集约程度。由此可见，工业化发展对促进土地集约利用具有积极的意义。

　　3. 城市化发展与土地集约利用

　　城市化的程度是衡量一个国家或地区经济、社会、文化、科技水平的重要标志，也是衡量国家或地区社会组织程度和管理水平的重要标志。城市化是人类进步必然要经过的过程，是人类社会结构变革中的一个重要线索，经过了城市化，标志着现代化目标的实现。只有经过城市化的洗礼之后，人类才能迈向更为辉煌的时代。城市化的内涵包括：①城市人口增加，农村人口相对减少，城市人口比重提高；②城市数量增加，规模扩大；③城市质量不断提高，随着城市化的推进，使得原来从事传统低效的第一产业的劳动力转向从事现代高效的第二产业、第三产业，产业结构逐步升级转换，国家或地区创造财富的能力不断提高；④城市经济关系和生产方式的普及和扩大，农村逐步实现城市的生产方式和生活方式。

　　城市化进程在生产力发展和产业结构升级的原动力下通过集聚与分散市场力量的驱动表现出一定的规律。美国地理学家诺瑟姆把城市化分为三个阶段，即城市化水平低于20%～30%的初期、30%～70%的加速期及70%～80%的城市化后期（白国强，2013）。城市化的不同阶段客观上对应着土地利用的不同集约强度：在城市化初期阶段，人口、资本、产业等资源为寻求集聚效益而向城市集中，但城市一定空间的土地潜在效益并未能够充分发挥，土地利用呈现粗放状态；当城市化进入加速发展阶段，劳动力、资本、技术等资源由集聚状态向高度集聚状态过渡，在这一阶段的早期，经济将继续集聚并对存量土地的开发、充分利用起到重要的驱动作用，但集聚状态发展到成熟后期和高消费期时就将带来集聚的负面效益，表现为经济建设对土地的过度利用，过分追求经济效益而忽略生态环境和社会效益等，与之对应的是土地利用呈现粗放利用、集约利用并存的状态；到了城市化后期阶段，城市产业结构、人口布局进一步优化，城市的人口、资本、技术等的集聚状态得到了相应的疏解和调整，土地的承载力也得到一定的控制，土地的利用除考虑经济效益外，还兼顾生态和社会效益，土地利用的集约度得到合理调整。总而言之，城市化发展对土地集约利用也具有积极的意义。

5.1.4　科学发展观的贯彻落实

　　贯彻落实科学发展观，就要牢固树立珍惜和节约资源的观念，努力建设资源节约型国民经济体系和资源节约型社会。衡量一个地区的工作成绩和干部政绩，不仅要看经济指标，还要看人文指标、资源指标和环境指标。具体到土地利用，包括以下几个方面。

1. 土地科学参与宏观调控

土地参与宏观调控的内容是丰富的、多层次的，主要包括土地供给的数量（规模）、结构（用途结构、类别结构、行业结构、空间布局）、供给方式（招、拍、挂）、供给主体、供给限制（出让土地的竣工时间、投资总额、投资强度、宗地容积率、建筑系数、项目用地中非生产性设施用地比例、环境保护及能耗指标等）、供给时机和速度等。以土地供给限制为例，通过对不同用途以及不同地区土地的供应，促进产业结构调整和产业优化升级，按照国家产业政策，适时调整供地政策，对于禁止性项目以及没有经过建设项目用地预审的项目，停止供地；对于限制性项目，提高供地标准和条件。自 2003 年中央利用土地参与宏观调控以来，国家通过土地控制手段紧急叫停一些大量占用土地建高档娱乐场所、大广场、宽马路、行政办公楼和培训中心等的项目。2009 年 1～5 月，国土资源部审查退回不符合产业政策和用地报审要求的建设项目报件 91 件，占受理总量的 41%，审查退回不符合要求的建设项目用地报件 3 件，涉及用地 2.2 万亩（田春华等，2009）。实践表明，国家运用土地政策参与宏观调控，保障了经济发展中的合理用地需求，促进了经济结构调整、增长方式转变和区域协调发展，取得了良好的成效，体现了有中国特色社会主义制度的优越性。

2. 科学编制土地利用规划和计划

要充分重视发挥土地利用总体规划和土地利用年度计划的作用，合理调整用地结构、布局和开发时序，严格控制建设用地总量。能少用地的不多用地，能用劣地的不用好地，节约每一寸土地尤其是耕地。在新一轮土地利用总体规划修编中要切实贯彻保护耕地和节约、集约用地的原则，落实土地用途管制制度，对建设用地、农用地的生态过程、土地利用分区、土地利用的方式和强度进行控制，协调人与地、部门之间、地区之间的矛盾，组织、监督土地的利用，为土地得到节约、集约利用提供科学依据。

3. 科学利用土地资源

加强土地宏观管理，调控土地供应结构，引导产业区域合理布局和协调发展，严格控制、合理配置建设用地，提高土地资源配置效率。坚持合理规划、有序开发，通过合理规划、"城中村"改造、土地整理等办法，积极引导工业项目向开发区集中，农村住宅逐步向中心村和小城镇集中，乡镇企业逐步向工业园区集中，鼓励各类投资者参与对"旧城镇、旧厂房、旧村庄"的开发改造。对企业利用现有存量土地增加投资、扩大生产规模，在有关政策上给予优惠。鼓励建设多层厂房，开发区要积极推广多层标准厂房，提高土地容积率。鼓励利用荒地、废地等搞建设，尽量不占或少占耕地。基础设施和公益性建设项目，也要节约合理用地，决不能大手大脚、乱占滥用土地，特别是不能盲目圈占、破坏浪费耕地，真正做到寸土寸金，使土地资源得到节约、集约利用。

4. 充分发挥市场机制在土地资源配置中的作用

要提高土地利用的效益，集约利用土地的根本出路是要发展土地市场。发展土地市场是促使建设用地集约利用的根本措施。当然，市场机制也有失灵的时候，因此政府的宏观调控仍是必要的。应不断提高政府调控土地市场的能力和水平，推进土地资源的市场配置，积极推进农村集体建设用地流转，充分运用土地价格调控土地市场，逐步建立统一、开放、规范、有序的土地市场体系。

5. 加强科学技术在土地开发利用中的运用

要加强科学技术（如遥感技术、地理信息系统等）在土地开发利用中的作用，不断提高人们利用土地的知识水平。应用先进的技术开展土地利用调查、监测和规划编制，是实现土地资源节约和集约利用的重要手段。要进行土地资源动态监测的研究及其动态监测系统等的建立和建设，以便能及时掌握土地资源与土地利用的动态信息，为国家制定经济建设重大决策提供土地资源的信息依据，并对土地利用起到有效的检查监督作用。

6. 加大土地违法处置力度

进一步加大公开查处案件力度，全面落实动态巡查责任制，健全快速反应机制和执法监察信息网络，充分调动农村基层组织和广大群众的积极性，构建起法制宣传、举报监督、调查处理的协调联动执法体系，及时制止和查处违法行为，把土地违法行为制止在萌芽状态。同时，也要强化对土地执法行为的监督，防止有案不查、违法不究、执法不严的情况发生，对一些后果严重、影响恶劣的典型违法违规用地案件严加惩处，依法追究违法当事人和相关领导人的责任，通过法律的手段坚决制止浪费土地资源、粗放用地现象，促进土地集约利用。

总之，在国土资源管理工作中贯彻落实科学发展观，能够增强国土资源的持续保障能力，实现经济与社会、城乡和区域、人与自然的全面协调可持续发展。通过对土地进行科学规划、合理布局、统筹安排，使之产生更大的经济效益、社会效益和生态效益，为土地集约利用提供强有力的支撑。

5.1.5　国际竞争压力

2008 年以来的国际金融危机对我国经济的冲击，表面上是对经济增长速度的冲击，实质上是对不合理的经济发展方式的冲击。在这次国际金融危机中，受冲击最严重、经营状况最困难的正是那些技术和管理水平粗放、低端、落后的行业和企业。相反，那些发展模式科学的行业和企业，不仅未受到冲击和影响，而且获得了更为广阔的发展空间。历史经验表明，每一次大的经济金融危机都是一次大洗牌的过程，都会引发经济结构的重大调整。谁能在这轮经济变革浪潮中赢得先机，谁就将在下一轮的国际竞争中占据主动。当前，许多国家都在为"后金融危机时代"的经济发展做准备，纷纷推出以发展新兴产业为重点的新发展战略：美国推出"绿色新政"，日本提出"绿色经济和社会变革"方案，韩国积极研发绿色能源新技术，欧盟提出能源和气候一揽子计划。我国人多地少，能源资源相对不足，人均拥有量远低于世界平均水平，单位产值的能源消耗强度很高，土地利用科技含量在世界上还处于较低水平。面对国际金融危机的严重冲击和主要发达国家的强力竞争，我国必须加大对科技创新的投入、加快对新兴技术和产业发展的布局，力争通过发展新技术、培育新产业，创造新的经济增长点，抢占新一轮经济增长的战略制高点。反映到土地利用中，重点发展经济效益好、科技含量高、资源能源消耗低的产业和企业，这必将提高土地利用的集约水平。

5.1.6　土地取得成本

对于土地使用者来说，土地取得成本包括土地使用权出让金（即通常意义上的土地价格）和由买方支付的相关税费（包括契税、印花税、交易手续费等），其中，土地价格占据主导地位。土地取得成本对土地集约利用有着至关重要的影响，通过级差地租原理和要素的替代性，促进土地的集约利用。在要素市场中，由于土地和资金等要素之间存在需求的可替代性，因此在市场经济条件下，土地的使用者会根据土地与资本的相对价格选择最优的土地投入量和资本投入量，以求利润的最大化。在其他因素不变的条件下，当土地成本上升时，资本变得相对便宜，土地使用者为了获取最大利润就会增加资本使用量，减少土地使用量，这样就增大了建筑密度和资本密度；当土地成本相对便宜时，资本变得相对昂贵，开发商就会增加土地使用量，减少资本使用量，这样就减小了建筑密度和资本密度。中国城市地价动态监测数据显示，2000~2014 年 35 个重点城市平均地价指数随我国经济增长而持续上升（图 5-1）。其间，2007 年我国经济持续快速增长，城市发展对各类建设用地的需求大于供给，各类地价指数明显提高；2008 年年底国际金融危机对我国土地市场的影响导致地价的增幅放缓；2009 年，在一系列"保增长、扩内需、调结构、促改革、惠民生"的宏观调控政策作用下，我国经济总体向好，回升势头逐步增强，各类用地需求随之释放，导致地价指数再次抬升，综合、商业、居住、工业地价指数分别达到 164、165、186、139。2000～2014 年 15 年间，全国地价水平累计上涨率超过 50%。作为投资者的主要投入成本之一，土地价格的升高，意味着投资者生产经营成本的增加，土地使用者就会加大单位土地面积的产出以降低成本，从而促进了土地的集约利用。

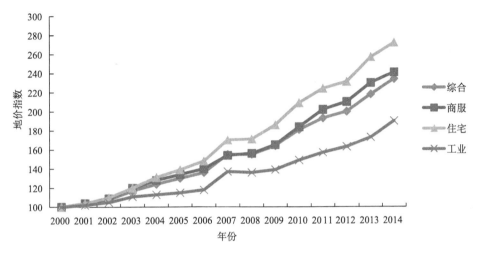

图 5-1　2000～2014 年全国 35 个重点城市平均地价指数

资料来源：中国城市地价动态监测网 http://182.50.1.185/。

5.1.7　集约用地优惠政策

近年来，我国很多地方不断健全完善用地约束奖励机制，制定适度宽松的各项建设用地优惠政策，对节约集约用地单位在用地指标、税费征收等方面给予奖励和优惠，鼓励投资、奖励节约集约用地，对促进土地使用者集约利用土地发挥了积极作用。如江苏省南通市于 2005 年出台了《市区工业建设项目集约用地评比奖励办法》，鼓励工业项目集约用地。南通市规定，从 2005 年起，对市区当年竣工并累计投入 1000 万元以上的项目（企业原有土地上的投入除外），在符合市工业建设项目用地控制指标要求的前提下，根据投资强度系数，排定市区工业建设项目集约用地先进单位前 10 名，依次取 2 家、3 家、5 家，设立一、二、三等奖，由市政府分别奖励业主单位法定代表人 20 万元、15 万元、10 万元。同时，受表彰的企业还可以享受四项优惠政策：扩大再生产投资优先供应土地，优先办理享受国家抵免税政策手续，优先推荐申请国家、省及市有关优惠政策，项目需要资金优先推荐给相关银行。为促进节约集约用地，科学规划与建设多层标准厂房，南通市规定，标准厂房建设用地应优先保障，各园区要确保 20%以上的土地用于标准厂房建设，并实行基础设施配套费差别征收办法。标准厂房第一层按面积全额收取，第二层按面积减半收取，第三层及以上全部减免。标准厂房规划建设过程中上缴的其他各项规费的地方留余部分，经同级政府批准可免缴或先征后返。对在符合规划、不改变原土地用途的前提下，提高土地利用率和增加容积率的，不再收取或调整土地有偿使用费。南通市财政还安排专项资金，对市区建设起点高、集约效果好的工业标准厂房项目，给予一定贴息奖励。该市规定，标准厂房为两层的，按投资总额（不含土地）的一年期同期贷款利息的70%给予一次性贴息；三层及三层以上的，按照投资总额（不含土地）的一年期同期贷款利息给予一次性贴息。贴息资金市财政承担70%，区财政承担30%。又如，浙江省台州市为了鼓励用地企业提高集约利用水平，于2008年出台了六条集约用地的优惠政策：①鼓励企业对现有工业项目加大技改投入力度。在符合城乡规划、不改变原用途、上一年度入库税收增长15%以上的前提下，提高土地利用效率和增加容积率的，经依法批准在原用地范围内，不再收取土地价款或调整土地有偿使用费和城建配套费。②鼓励开发利用地下空间。建设项目开发利用地下空间不计入容积率，免收土地出让金和配套费。地下空间可申请办理使用权证和房屋所有权证。③涉及对原工业企业进行拆迁并安置复建的项目用地，可以按协议出让方式进行供地。安置面积原则上与原用地面积相等，确属技术改造项目需要增加面积的，增加部分不得超过原用地面积的50%。④缩短企业用地期限。对普通生产型工业项目用地，采取短期（一般为20年）出让或租赁的方式，降低企业前期投入成本。⑤积极推进标准厂房建设。在符合有关法规和规划的前提下，积极引导社会资金和各类开发企业投资建设标准厂房。在符合土地利用总体规划和城乡规划的前提下，鼓励农村集体经济组织利用村级安置留地和空闲建设用地建设多层标准厂房。允许标准厂房分割转让、出租、抵押。⑥原以行政划拨方式取得的工业用地转让（不改变用途），经批准可补办有偿使用手续，按标定地价的50%补交土地使用权有偿使用费。

5.2 土地集约利用的制约因素分析

5.2.1 土地利用规划管制

很多地方为了提高土地集约利用水平，鼓励用地者提高容积率，如湖北省鄂州市规定，工业项目容积率达到2.5以上的，城市基础设施配套费减免50%；对提高容积率利用原有存量工业用地的，一律不再加收土地有偿使用费。但是，容积率的提高要受到土地利用规划、城市规划的制约，尤其是在有特殊保护建筑的地区，建筑物的高度及容积率有着严格的限制。另外，在土地集约利用过程中，有些地方积极探索土地利用结构的优化和布局的重新调整,采取"腾笼换鸟"(是经济发展过程中的一种战略举措,就是把现有的传统制造业从目前的产业基地"转移出去",再把"先进生产力"转移进来,以达到经济转型、产业升级)、"退二进三"(第二产业从市区退出,重点发展商业、服务业等第三产业,"退二"就是对内环路以内及附近重污染、能耗大、效益差的工业企业有重点、分层次、分区域、分时段进行搬迁、改造或关闭停产)等举措,但在此过程中,也会受到城市规划、土地利用规划等的约束。

5.2.2　土地利用的知识和技术

土地集约利用程度受到人们利用土地的知识和技术水平的制约,具体表现在:①土地利用强度和投入水平的提高受到人们利用土地的知识和技术水平的制约。土地利用强度的一个重要指标是容积率,容积率的提高要受到建筑技术、建筑设备等方面的限制,在土地投入中,科技投入、创新投入和管理投入等均受人们利用土地的知识和技术的制约。②土地产出综合效益的改善受到人们利用土地的知识和技术水平的约束。以生态效益为例,土地集约利用需要注重保护生态环境、节约资源,注重采用低碳经济和循环经济的手段,实现人与自然、人与社会、人与环境的和谐发展,这不仅需要人们具备保护生态环境的意识和知识,还需要人们掌握生态修复、环境治理的技术手段,需要人们了解低碳经济和循环经济的规律。③土地利用结构和布局的优化受到人们利用土地的知识和技术水平的制约。无论是落后产业的淘汰,还是高新技术产业和新兴产业的发展,无一例外地需要人们对土地利用知识和技术的掌握;无论是土地利用横向的空间布局优化,还是纵向的期间配置优化,也都需要人们认识和理解土地利用的区位理论和最优配置规律。④土地利用制度的进步也有赖于人们利用土地的知识和技术水平的提高。土地利用的正式制度和非正式制度都依靠人们对土地利用知识和技术的掌握程度。如果人们利用土地的知识和技术水平低下,土地利用制度变革将会面临很大的阻力和障碍。总之,人们利用土地的知识和技术水平制约着土地集约利用的各个方面,要真正提高土地集约利用程度,必须不断提高人们科学、合理利用土地的知识和技术水平。

5.2.3　体制因素

体制本身是一个宏观的、综合的、整体意义上的概念,是由在一定的意识形态背景下衍生出的各类制度的发展和演进所表征的总体的组织运行特征,涵盖政治、经济、法律、行政等多重领域;体制形成于制度,又对各种具体制度的执行产生影响,二者是一个自下而上又自上而下的、局部与整体的变化关系。改革开放以来,我国取得了举世瞩目的经济增长奇迹:经济快速增长,城市规模不断扩大，城市化水平快速提高。一方面，在产品价格市场化之后，资本、劳动力、土地等要素市场逐步建立并完善，资源配置由非市场化行政方式向市场化转变，资源配置效率逐步提高；另一方面，中央政府放权让利、进行经济上的分权，财政收支权力在政府间不断调整，并在分税制后稳定下来；再次，官员晋升考核由政治背景转为经济指标为主，激励着地方政府努力发展地区经济。研究表明，现有的财政分权和官员晋升体制一定程度上促进了经济的发展，提高了土地利用的效率，但同时也是一柄"双刃剑"，在积极正面效应的背后也产生了一些负面效应，如土地利用过程中存在的低效利用、重复建设、过度消耗等矛盾，对土地集约利用产生了不利的影响。

从经济体制变迁过程看，我国财政税收体制是逐步由高度集中向统一领导、分级管理的方向发展，在此过程中，地方政府的财权越来越大。"分灶吃饭"财政体制与过去的"总额分成"体制相比，提高了地方政府理财的积极性，但这种积极性在增加本级收入动机和扭曲的市场价格信号的导向下，必然倾向于多办"自己的企业"，多搞那些生产高税产品和预期价高利大产品的项目。因而地方政府热衷于大上基建，兴办一般赢利性的项目，特别是加工工业项目，不惜大搞低水平的重复建厂，不顾规模经济效益和技术更新换代的要求，并且对本地生产的优质原料向其他地区转移实行封锁，对"自己的企业"生产的质次价高产品强行在本地安排销售和阻止其他地区的优质产品进入本地市场，形成地方封锁、地区分割的"诸侯经济"。遍地开花的"小纺织""小轧钢""小汽车"等项目均与体制因素有关。尽管这些低水平重复建设、地区封锁、市场分割的做法，从每一个局部的角度，都可以举出一系列"正当理由"，但从全局看，却构成了推动投资膨胀、加剧结构失调的因素。地方政府和企业在需要建设用地时，考虑到利用原有建设用地与新征耕地的成本存在巨大差异时，往往选择新征耕地。如吉林省双辽县利用存量土地的成本为每亩 12.4 万元，而新征耕地的成本只有每亩 2.7 万元，约为利用存量土地成本的 1/5（李元，1997）。可见，作为用地者，在建设项目对地块的区位条件没有特殊要求的情况下，必然会从自身利益出发"喜新厌旧"，征占耕地，而不会去利用原有存量建设用地，提高土地集约利用水平。

政绩考核体制对土地集约利用有着重要影响。多年来，土地集约利用没有真正纳入地方政府领导干部的政绩考核中，各类经济指标（如经济增长速度、上缴中央财政的收入、招商引资水平、地方财政收入、人民生活水平、就业水平等）的执行情况作为地方政绩的考核硬指标，决定地方领导者今后的晋迁和发展。所以，地方政府大兴土木、大搞建设，不惜牺牲耕地加快城市化、工业化，也是在情理之中的。一些地方以"发展"的名义，搞一些宽马路、大广场等"面子工程"来体现"政绩"，或者上了一大堆盲目投资、低水平重复建设的"垃圾项目"。在查处的土地违法案件中，大部分违法主体是地方政府，危害大、影响坏、处理难。2007 年 7 月 13 日，国家土地副总督察甘藏春在回答记者提问时指出，根据对土地违法案件的统计，从涉及违法的用地面积来看，非法批地的案件占涉及土地面积的 80%，主要是地方政府和涉及政府为违法主体的案件，用地面积为 80%，公民、个人或者企业违法占地的面积是 20%（于祥明，2007）。地方政府有法不依、违法批地、用地和大面积征占土地，造成大量土地闲置浪费。拿珍稀的土地资源换这种"垃圾项目"和形象工程，不仅浪费土地，而且浪费资金、浪费劳动力，加剧了人口、资源、环境之间的矛盾，极大地制约着土地集约利用水平的提高。

5.2.4　资金财力

　　土地集约利用程度除了受到土地利用规划管制、人们利用土地的知识和技术水平以及体制因素的制约外，还会受到资金财力方面的约束，主要表现在土地利用强度和投入水平以及土地利用结构和布局的优化等方面。以江苏省昆山市为例，2002 年，昆山在全国首次提出土地投资强度标准，大力推行"5432"集约用地新机制：在昆山出口加工区，平均每亩土地投资额不得低于 50 万美元；在国家级开发区，每亩不得低于 40 万美元，省级开发区每亩不得低于 30 万美元，乡镇工业项目每亩不低于 20 万美元；对投资规模在 500 万元人民币以下的各类民营企业，应采取租赁土地使用权或租赁厂房方式提供生产经营场所，一般民营企业平均每亩土地的投资额不得低于注册资本 40 万元或投资总额 150 万元人民币。该市一外资企业计划投资 1250 万美元在昆山陆家镇受让工业用地 75 亩，每亩土地投资额仅为 16.6 万美元，显然没有达到"5432"集约用地标准，后来通过耐心说明、解释，得到客户的理解，主动按要求将用地核减到 62.49 亩，使其达到平均每亩投资额不少于 20 万美元的要求。2004 年，昆山将投资强度定额标准从原来的"5432"调整为"6543"，2010 年又出台《关于进一步完善节约集约用地措施加强项目用地管理的意见》，推行新的"7654"投资强度标准。由此可见，没有一定资金实力的企业是不能在昆山获得土地使用权的。当然，这与昆山市的经济发达程度也是息息相关的，该县级市土地面积只有 927.68km^2，但 2009 年地区生产总值达到了 1750.08 亿元，超过西部一个欠发达省份的地区生产总值。此外，土地资源保护与复垦、生态环境保护、加强失地农民的社会保障、土地利用结构和布局的优化、提高土地利用科技投入等都需要大量的资金支持。所以，当一个地区或企业的资金财力有限时，会对土地集约利用产生一定的制约作用。

5.2.5　中央政府和地方政府之间的博弈

　　1. 中央政府与地方政府行为方式之间的博弈关系

　　改革开放之后，随着中央政府对地方政府放权让利、实施"分灶吃饭"财税体制，地方政府有了自己的行为空间、行为能力、行为权利和行为动机，成为相对独立的行为主体和利益主体。它与中央政府之间的关系不再只是简单行政隶属关系，而成为具有不同权力和利益的博弈主体。地方政府不再是简单地按照中央政府行事，认真执行中央政府的政策，而是从自己的角度理解和贯彻中央政府的政策，以实现自身利益最大化。在土地集约利用中也是如此。随着地方政府具有自己独立的利益需求，其在土地集约利用中的行为取向与中央政府并非完全一致，如中央政府希望各地积极实施土地集约利用制度与政策，提高土地利用的效率，保证社会和经济的可持续发展等；而地方政府则更多地希望发展本地经济，增加地方政府官员的收益（包括职务升迁、表彰奖励和其他的隐性收入）。这样，按照常规方式执行中央政府土地集约利用政策，地方政府无法实现其效用最大化，再加上中央政府对地方政府的监督能力有限，因此地方政府按照违规方式来执行中央政府土地集约利用政策，中央政府可能不会发现。由于以违规方式执行中央政府土地集约利用政策，地方政府可以获得额外的收益，因此违规必然成为地方政府的普遍行为方式。而当违规行为十分普遍，土地集约利用政策执行不理想时，中央政府必然会加大对地方政府的监督力度，加大对违反土地集约利用行为的查处力度和遵守土地集约利用行为的奖励力度。随着中央政府的查处和奖励力度加大，地方政府违反土地集约利用政策的成本必然加大，地方政府的违规行为也收敛一些，他们或者暂时按照常规方式执行中央政府土地集约利用政策，或者以创新方式来执行中央政府土地集约利用政策。随着地方政府违规行为的减少，土地集约利用秩序好转，中央政府就会降低对地方政府土地集约利用行为的监督力度。而一旦中央政府监督力度下降，地方政府的违规行为就会反弹，中央政府也就不得不再次加大对地方政府土地集约利用行为的检查和监督力度。这样，在土地集约利用过程中就形成了"地方政府违规行为增多—土地集约利用失控—中央政府监督力度加大—地方政府或守规或创新—土地集约利用程度提高—中央政府监督力度降低—地方政府违法违规行为增多"的循环。而要摆脱这种循环，中央政府必须进行制度变革，以改变地方政府在土地集约利用中的效用函数，促使地方政府增强土地集约利用的动机和欲望。

2. 中央政府与地方政府在土地集约利用上的博弈

中央政府具有较强的土地集约利用的意图，这主要是因为我国人多地少，耕地资源稀缺，当前又正处于工业化、城镇化快速发展时期，建设用地供需矛盾十分突出。切实保护耕地，大力促进节约集约用地，走出一条建设占地少、利用效率高的符合我国国情的土地利用新路子，是关系民族生存根基和国家长远利益的大计，是全面贯彻落实科学发展观的具体要求，是我国必须长期坚持的一条根本方针。因此，为了推进土地集约化利用程度，中央政府相继发布了许多法令，要求各地积极推行土地集约利用制度，如 2004 年的《国务院关于深化改革严格土地管理的决定》要求实行强化节约和集约用地政策，2008 年的《国务院关于促进节约集约用地的通知》等。而地方政府对推行土地集约利用的积极性并不高，主要是因为：①土地集约利用不能给地方政府带来明确的货币收入或其他效用，相反，有时地方政府为了促进地方经济增长、增加就业等能够显示"政绩"的工程而接纳一些土地利用不集约的项目（如产值高但污染严重的化工项目）。有的情况下，地方政府为了发挥地方招商引资的连带和示范效益，也会对一些大企业或知名企业放低土地集约利用指标的要求。②土地集约利用没有纳入政府的业绩考核体系，或者虽纳入考核体系但权重过低、很难量化，难以形成有效的激励和约束，导致地方政府更愿意制造高的交易费用来实现在职消费或受贿。③实施土地集约利用过程中，在选择用地受让人的标准上过于缺乏弹性，难以量化，需要更高的服务、监督和实施成本，也会使地方政府望而止步，产生畏难情绪。此外，地方政府在与中央政府的博弈过程中具有信息优势，中央政府想精确地观察、监督各级地方政府集约利用土地工作的努力程度是十分困难的甚至是不可能的，有时连观测结果都是不准确的，因为中央政府观测结果多是由地方政府逐级汇报上来的，从乡—县—市—省级地方政府到中央政府代理链拉得很长，信息的真实度逐级递减，掌握真实信息的难度也就逐级增加。不仅如此，在每一级地方政府内部，还涉及多个部门，如国土资源管理部门、农业部门、建设部门、环境保护部门等，这些部门之间在集约用地上的职责与权利的划分也不是十分清晰。过长的代理链以及每级代理内部责权不清，为地方政府采取机会主义战略逃避责任提供了绝好的空间和条件。因此，为了实现经济增长的目标，地方政府竞相出台优惠政策吸引外来投资，发展的多为"短""平""快"的项目，制约着土地集约利用水平的提高。

5.2.6 土地投机、多占少用

土地投机是指利用生产和流通环节的空隙或利用（房）地产的市场价格的变化，通过买卖、租赁（房）地产以获取高额利润或暴利的行为。土地投资与土地投机的根本区别在于：土地投资者出于对获取土地收益的长期性、稳定性和有规则的关注，注重土地利用的合理性和产生的效果；而土地投机者仅仅是为了在短期内获利。随着我国土地有偿使用制度改革的逐步深化，土地，特别是城市土地的资产性越来越被人们所认识，由此也引发了一些人对土地流转中土地收益的追逐。在我国土地市场体系不完备、各项制度和政策正处在转型期的情况下，土地投机活动大量涌现，这给我国的土地市场造成了很大的冲击，影响到土地利用的集约水平。

有数据显示，1998～2008 年，全国范围内用于房地产开发的土地购置面积达到 31.3 亿 m^2，而截至 2008 年年底，全国土地开发量仅为 19.4 亿 m^2，占购置总量的 62%，仍有近 40%的土地滞压于开发商手中（张敏，2009）。土地购置面积和土地开发面积之间的差额可谓巨大，说明开发商囤积了大量土地，十年间闲置土地比例接近 40%。2009 年 10 月 9 日，克而瑞（中国）信息技术有限公司、中国房地产测评中心、上海易居房地产研究院，联合发布了"2009 年三季度中国房地产企业销售排行榜"，该榜单显示，2009 年三季度各大房地产企业都加大了土地储备，土地储备前十名的房企，其土地储备之和已达 3.05 亿 m^2。按目前的销售速度，有个别房企土地储备量已够其销售十多年（何鲁飞，2009）。国内某知名开发商认为，中国有 1/3 左右的房地产开发商囤积土地、倒卖土地，却不盖房子（孟庆海，2009）。2009 年，中央电视台《经济半小时》栏目报道了李泽楷旗下房地产公司在北京囤地三年后转手，其炒地利润比盖房高三倍（关丽等，2009）。这种土地投机、囤地炒地的暴利驱动更多的开发商进行土地投机，导致了大量的土地闲置，极大地制约了土地集约利用水平的提高。在工业土地方面，一些地方、企业占而不用、多占少用、土地闲置等现象仍然明显存在，造成土地集约利用水平的低下。据浙江省嘉善县国土资源局有关资料显示：2003~2007 年的 5 年间，该县供地总量为 42 926 亩，其中，工业用地 31 452 亩，占供地总量的 73.2%，年均供给工业用地 6290 亩。该县审计局在 2008 年 11 月开展了一次针对全县工业用地闲置情况的随机抽样审计，从 2003~2007 年的 5 年内，共抽取 50 家企业的样本资料。审计调查结果表明，50 家用地单位五年间的供地面积为 3330 亩，其中，未动工建设的土地面积有 277 亩，未有效开发利用的土地面积为 605 亩，合计 882 亩，占供地面积的 26.5%，土地闲置率为 26.5%。按此推算，在 2003~2007 年的 31 452 亩工业项目供地中，闲置土地将有可能达到 8335 亩。

第6章 产业结构调整对土地集约利用的影响机理研究

国际金融危机使我国产业结构失衡、产能过剩、效率低下等结构不合理问题进一步凸现,我国经济增长长期过多依赖第二产业特别是工业,在国际金融危机中受到冲击最大、降幅最深的也是工业,这已成为我国经济增长速度回落的直接原因。从工业内部结构看,在外需收缩的冲击下,钢铁等行业产能过剩的矛盾更加突出,在建产能逆势扩张势头强劲,同时一些新兴行业盲目扩张的趋势已然显现。从当前看,加快产业结构调整是应对国际金融危机的重要途径,只有坚定不移地推进产业结构优化、升级,才能使经济增长更上层次、更有后劲、更可持续。国际上许多国家都在为后危机时代的经济发展做精心准备,探索和培育新的经济增长点。我国如果仍停留在原有的产业结构和发展模式上,仍靠低水平扩张维持一时的高增长,就会在新一轮产业革命和科技创新革命中落伍,在未来的国际竞争中陷于被动。从长远看,加快产业结构调整是推动经济发展方式转变的重要抓手和核心内容。所以,研究产业结构调整对土地集约利用的影响机理具有重要意义。

产业结构反映了一个国家或地区经济增长的基本态势以及经济增长的基本途径。产业的发展最终必须落实到具体的空间上,产业的空间结构在一定意义上即是土地利用结构。极为有限的土地是产业赖以生存和发展的基本载体,土地资源也是产业发展在空间上的约束条件,产业发展对土地需求的增长与土地资源的稀缺性之间的矛盾成为区域土地利用的核心问题。产业结构调整必然对土地资源的配置提出新的要求,合理的土地利用方式就是要与产业结构的不同发展阶段相适应。产业结构演进与土地利用变化具有内在的必然联系:土地资源的利用直接影响和制约着产业结构的发展演进;产业结构演进影响土地资源的利用方式、结构和空间布局,影响土地资源的配置效率。在不同的经济发展阶段,土地的不同利用结构支撑着产业结构的演进。土地利用结构的不断调整为产业结构的调整提供了条件和物质基础。产业发展演进,使产业结构不断调整、优化、升级,引起土地资源在不同产业部门间的重新分配,从而导致土地利用结构的变化。不同的产业发展对区位的选址要求不同,不同的产业结构决定了不同的土地利用结构。产业结构演进,不仅引起土地利用数量结构变化,还引起土地利用空间布局变化。本章从产业集聚和产业结构优化两个方面分析了产业结构对土地集约利用的影响,并以昆山为例进行了实证分析,分析结果表明:产业集聚促进了各种功能用地结构的调整和优化,极大地提高了土地集约利用水平,企业内部规模经济、产业内部规模经济与区域内部规模经济构成了产业集聚的集聚经济效应，是区域土地集约利用的内在经济动力；产业结构优化对土地利用强度和投入水平、土地产出综合效益、土地利用结构和布局、土地利用主体行为与意识等方面产生了积极影响，促进了土地集约利用水平的提升。

6.1 产业结构与土地利用结构的关系研究

产业结构作为以往经济增长的结果和未来经济增长的基础，是经济发展的根本因素。它反映着一个国家和地区经济增长的基本态势以及经济增长的基本途径。其本质是社会再生产过程的部门框架及其关联性，即社会再生产过程中形成的产业构成、产业间相互联系和比例关系以及由这些联系和关系表现出来的系统性和整体性。产业间的这种联系可以从两个角度来进行考察：一是从"内在作用"的角度动态地揭示产业间技术经济联系及其作用方式演化的规律，揭示经济发展过程中国民经济各产业部门中主导或支柱部门的替代演进规律及其结构效益；二是从"量及比例关系"的角度静态地分析一定时期内产业间技术经济数量的比例关系，即产业间"投入"与"产出"的量的比例关系，通过揭示产业关联的效应来研究产业结构的效益。产业结构在实质上反映产业间生产、交换、消费等方面的相互联系，这里既包括产品在产业间的互换方式和生产要素在产业间的流动方式，也包括技术进步的方向、效果在产业间的传递方式。产业的发展最终必须落实到具体的空间上，产业的空间结构在一定意义上即是土地利用结构。极为有限的土地是产业赖以生存和发展的基本载体，土地资源也是产业发展在空间上的约束条件，产业发展对土地需求的增长与土地资源的稀缺性之间的矛盾成为区域土地利用的核心问题。产业结构调整必然对土地资源的配置提出新的要求，合理的土地利用方式就是要与产业结构的不同发展阶段相适应。产业结构演进与土地利用变化具有内在的必然联系：土地资源的利用直接影响和制约着产业结构的发展演进；产业结构演进影响土地资源的利用方式、结构和空间布局，影响土地资源的配置效率。

6.1.1 土地利用结构为产业结构提供物质基础

土地是人类社会生存和发展的基地与场所，为人类提供一切生活和生产活动的基地、场地、空间、道路和立足地，产业的发展必须以土地为依托，产业结构优化必须以土地利用结构优化为前提。由于土地资源的数量有限性、不可再生性、用途多宜性以及人类对土地需求的无限增长性，决定了必须对土地资源进行优化配置。任何一块土地都有多种潜在的用途，但不同的厂商或居民使用同一用地的产出是不同的。土地资源优化配置应该体现地尽其用的原则，将潜在的区位收益转化为现实的经济效益、社会效益和生态效益，在区位收益较高的地区布置综合效益较低的产业，对土地资源是一种浪费，并会阻碍经济的发展，而将综合效益较高的产业布置在集聚效益、区位效益较低的地区则难以达到预期效果。土地利用结构的不断调整为产业结构的调整提供了条件，是推动产业结构调整的动力。没有土地资源的优化合理配置，产业就不能获得优化升级，土地资源的优化合理配置要求土地资源在各个产业中合理分配，并使土地利用效率水平达到最大，从而推动产业结构的优化。

在不同的经济发展阶段，土地的不同利用结构支撑着产业结构的演进。在传统农业社会，农用地在土地资源中的比例结构最大，土地在生产中的作用主要是生产功能，即土地为农作物生长提供不可或缺的水分、养分、空气和热量，此时的产业结构中，第一产业（农业）占有主导地位。在工业化阶段，土地在生产中的主导功能逐渐由生产功能转向承载功能，农地非农化的比例开始加大，农业用地的比例会逐渐减少，而工业用地、建设用地的比例会逐渐增多，与此对应的是，第二产业（主要是工业）的产值比例逐渐赶上并超过第一产业。当经济发展进入工业化后期或者信息社会，土地的自然属性对产业发展的作用变小，但任何产业最终都要坐落于一定的地域之上，任何产业的发展均需要一定数量土地资源的投入，这时土地的另一项功能——资产增值功能开始凸显。在此阶段，土地供求关系日趋紧张，土地的价格不断上涨，土地的资本功能作用不断加强，第三产业的产值比例逐渐增加并超过第二产业，而成为主导产业。在产业结构演化过程中，土地利用的集约水平也得到了很大提升。

6.1.2　产业结构决定土地利用结构

产业发展演进，使产业结构不断调整、优化、升级，引起土地资源在不同产业部门间的重新分配，从而导致土地利用结构的变化。不同的产业发展对区位的选址要求不同，不同的产业结构决定了不同的土地利用结构。具体来看，包括以下三个方面。

1. 产业结构演进引起土地利用数量结构变化

在经济发展和产业结构演进过程中，耕地面积逐年减少，建设用地规模不断增加，尤其是居民点及独立工矿用地面积扩张是用地结构变化的一个主要现象。

表 6-1 显示：1999～2008 年，我国的居民点及独立工矿用地面积逐年增加，占土地总面积的比例也从 2.56%提高到 2.81%。这种建设用地规模的扩张源于经济和产业的集聚效应。经济的空间集聚客观上对土地产生了新的需求，以解决原有建设用地不足问题。

表 6-1　1999～2014 年中国居民点及独立工矿用地面积及所占比例变化情况

年份	居民点及独立工矿用地/万 hm²	占土地总面积比例/%
1999	2457.44	2.56
2000	2470.90	2.57
2001	2487.58	2.59
2002	2510.00	2.61
2003	2535.42	2.64
2004	2572.84	2.68
2005	2601.51	2.71
2006	2635.45	2.75
2007	2664.72	2.78
2008	2693.33	2.81
2009	2717.81	2.83
2010	2768.21	2.88
2011	—	—
2012	3019.92	3.15
2013	3060.73	3.19
2014	3105.66	3.24

资料来源：相应年份《中国国土资源统计年鉴》和《中国国土资源公报》。

2. 产业结构演进引起土地利用空间布局变化

产业的发展演进将引起运输条件、技术手段、土地市场和房屋建设等因素发生变化，这些因素对各类产业用地都会产生明显的影响，加大各产业用地的转化压力，使土地资源在利用结构、利用方式改变的同时，其空间布局也随之发生变化。产业结构演进的过程，实质上就是较低层次的产业形态经历了繁荣之后逐渐走向衰落，较高层次的产业形态在新生的基础上不断成长的过程。在这一过程中，伴随着技术进步和新兴产业的发展，各类产业选址的区位趋向也不断变化。由于成熟的产业，具有相对成熟的生产技术和组织结构，以及较为稳定的交易网络，减少了"面对面"的交流，以及集聚经济的其他方面的需求；而较高层次的产业，新生阶段在生产技术和交易网络等方面的不成熟性和不稳定性，对集聚经济的要求较高，因此，就会出现新生产业驱逐成熟产业的现象，造成成熟产业的空间转移。如表 6-2 所示，随着产业结构的演进，旧制造业在郊区更为有利，而新服务业、新制造业则在市中心选址更为有利，传统服务业和部分新制造业则可能根据需要在中间地带、外部地带布局。由地租理论可知，城市土地距离城市中心越近，所要支付的地租（地价）越高，各产业用地的地租（地价）水平 P 随着距离市中心的距离不同其支付地租（地价）的能力也有明显差异。在图 6-1 中，横轴表示产业离市中心 O 的距离，纵轴表示产业支付地租（地价）的高低。从市中心 O 至 K_1 地段发展的产业 1 在城市中支付地租（地价）的能力是最强的，可能是金融、保险、事务所、商场等商业和服务业；在 K_1 和 K_2 之间发展的产业 2（如制造业和仓库）的付租能力要比产业 1 小一些；K_2 和 K_3 之间可能是住宅用地的理想场所；K_3 和 K_4 之间会分布一些制造业企业；K_4 以外地区则可能是支付地租（地价）能力很弱的农业用地。根据不同产业投资或业主愿意支付的平均客观地租与市中心的距离之间的关系，可以得到不同产业支付地租能力的曲线关系图及各产业因为竞争所形成的土地资源利用的产业空间布局模型（图 6-1）。

表 6-2　产业类别及其区位选择差异

区位	区位因素	旧制造业	新制造业	传统服务业	新服务业
核心地带	交通	－	○	－	＋
	地租	－	－	－	○
	人口	○	○	＋	＋
	通信设施	○	＋	○	＋
	集聚经济	○	＋	＋	＋
中间地带	交通	○	○	＋	＋
	人口	＋	○	＋	＋
	地租	＋	＋	＋	＋
	集聚经济	○	＋	＋	＋
外部地带	交通	＋	○	＋	＋
	地租	＋	＋	＋	＋
	人口	○	○	－	○
	生产规模经济	＋	○	○	○

注：“＋”表示具有正面的重要影响，“－”表示具有负面的重要影响，“○”表示作用不明显。
资料来源：文献吕玉印（2000）。

目前，国内许多地区提出的“腾笼换鸟”“退二进三”“土地置换”等工程，其实都是为了适应产业结构演化的客观规律，把传统的产业从城市中心区迁移出去，为新兴产业和经济效益高的产业腾出发展空间，同时也是遵循土地优化配置理论的要求，将商业、服务业等对区位条件要求高同时也能支付高昂地租地价的产业布置在市中心，而将支付地租能力低下的工业迁往城郊结合部或更远的郊区。北京将首钢从市区搬到河北唐山的曹妃甸就是一个典型的例证。在产业结构调整

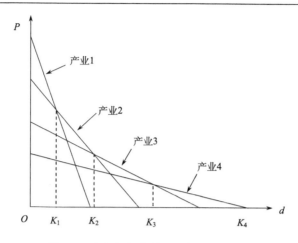

图 6-1　地租与土地利用的产业空间布局

和土地置换过程中，国内外先进城市的共同经验是：充分利用城市中心区有利的区位优势，金融、商贸等第三产业向市中心集聚；工业尤其是重工业等占地面积大、污染严重的第二产业向外围扩散并在郊区集聚，形成产业带或者产业集群；在城郊发展生态观光、旅游休闲型农业，能够满足城市居民回归自然、休闲娱乐的精神需求，也有利于产业之间的协调推进。

3. 主导产业的选择直接影响到土地利用的结构

区域产业结构调整过程中,产业结构的演进主要表现为主导产业部门的置换。主导产业一般是指在产业结构系统中处于带头地位的产业，这些产业的状况在很大程度决定了该产业结构系统未来的发展方向和模式。从经济发展过程来看，主导产业在世界各个国家、区域的经济发展中都起着举足轻重的作用。各个国家或地区产业结构变动的过程，实际上主要表现为主导产业的转移和变换过程，其经济的持续发展也依赖于主导产业的不断更新。根据主导产业的特点，主导产业的效率决定了其在土地竞争中的优势地位，这样，其区位上应处于城市集聚效应较高的位置。而主导产业关联度大的特点则使得在主导产业周围，会集聚由"前瞻效应""回顾效应""旁侧效应"所吸引的各种相关企业组成的产业综合体。因此，主导产业的区位选择过程，直接影响到土地利用的结构。如果一个城市的主导产业位于城市的外围，则要么说明该城市的主导产业选择错误，不能对城市发展起到带头作用；要么该城市土地利用结构不合理，不利于主导产业的发展；或是城市希望通过主导产业的区位调整改变城市土地利用结构。

6.2　产业集聚对土地集约利用的影响机理研究

产业集聚促进了各种功能用地结构的调整和优化，极大地提高了土地集约利用水平。产业集聚对土地利用的影响的内在机理在于产业集聚所产生的集聚经济效应。兰德尔·W·埃贝茨将集聚经济分为三类：①内部规模经济；②对企业是外部的，但对产业部门而言是内部经济；③对企业和产业部门都是外部的，但因为产业集聚在某一个城市而产生的经济。据此，本书将产业集聚的集聚经济效应分为以下三种：企业内部规模经济、产业内部规模经济与区域内部规模经济。这三种集聚经济效应的存在构成了区域土地集约利用的内在经济动力。

6.2.1　企业内部规模经济促使局部地块土地利用集约度的提升

企业内部规模经济是指位于某一特定地点的企业扩大其生产规模，导致企业单位生产成本降低，从而获得规模报酬递增的利益。企业内部的生产规模经济效应通常分为三个层次：产品规模经济效应、工厂规模经济效应和公司规模经济效应。产品规模经济效应来自于分工和熟练程度的不断提高，随着企业规模的扩大，劳动分工的专业化、生产线的一贯作业将随之加强，个人技术积累也随之提高，为适应产品需求及原料供应的随机变动，所需的产品与原料的存货也因之降低，从而企业的生产力得以提高；工厂规模经济效应主要是由生产技术结构所决定的，特别是由关键设备的生产能力和关键生产线的生产节奏所决定的；公司规模经济效应则是一个企业拥有多个工厂所具有的经济效应，它主要来自于生产技术、专业人才、商品牌号、统一的营销和服务、资金等共享所获得的经济效益。比如，随着企业规模的扩大，产品运输、销售、广告宣传等活动也形成了规模经济，单位产品所分摊的销售费用也随之降低；又如，随着企业规模的扩大，管理的专业化和管理功能的规范化也随之增强，从而管理技能和管理水平也随之提高。所有这些都会导致企业内部规模经济的产生。此外，企业内部规模经济效应可能与某些生产要素的不可分性有关。在社会经济活动过程中，有一些投入是不可分的，以生产性投入为例，假定某生产活动唯一的投入是某种特定的资本品（如一台机器、一条管道、一个工厂等），这些资本品如果在物质上将其分割，则可能会变得毫无用处或失去其原有的生产功能。因而，它们是不可分的。上述每一种效应都意味着在特定的地块或地域空间上生产规模的扩大，资本、劳动等要素投入强度的提高，单位土地产出的提高和土地投入产出比提高，土地规模收益的增加，从而导致局部地块土地集约利用度的提高。

6.2.2　产业内部规模经济促使土地利用集约度的提升

产业内部规模经济，是指一个企业因定位于同一产业众多企业集中分布的某一特定地区而带来的单位成本的节约，从而获得报酬递增的利益。其本质仍然是一种规模经济，只不过这种规模经济对于这个企业来说是外部的，而对于整个行业或产业而言则是内部的，所以该产业在该地区的集中度很高。从空间角度看，产业内部规模经济实质上是在一定的区域空间上，集中了大量同一产业内的众多相互关联企业或相同企业，由于这些企业之间存在的投入产出的垂直联系和成本关联效应以及分工与专业化效应等联系效应，可以使该产业用地数量大大减少，用地效益大大提高。例如，由于企业之间的投入产出的垂直关联效应的存在，一个企业的生产产品可能成为另一个企业的中间投入品，这样的关联集聚在同一区域中，就可以减少甚至根本不需要原材料及中间投入品的仓库，从而节约企业的成本和用地数量。与此同时，产业集聚区域中存在的共享劳动力市场降低了企业雇主与劳动者双方的搜寻成本。一方面，同一产业内部的大量企业的空间接近为劳动者节省了就业前的信息搜寻成本和就业前、就业中的交通成本；另一方面，人口的集聚尤其是熟练劳动力的集聚，降低了企业寻找熟练劳动力的信息搜寻成本、交通成本和劳动力的培训成本，同时也降低了企业用工和劳动力寻找工作时由于劳动力需求与供给的不确定性而带来的风险。总之，产业内部的这种规模经济效益一方面节省了产业用地投入数量，另一方面又使得单位土地面积的产出增加，从而提升了产业用地的集约利用程度。

6.2.3　区域内部规模经济促使土地利用集约度的提升

产业集聚于某一地区后，伴随着企业内部规模经济和产业内部规模经济的产生，人口与劳动力的集聚，必将导致相关产业、辅助产业、配套产业及服务行业的产生与集聚，多元化的产业使得市场不断扩大，并形成区域极化效应，促成了区域经济的中心——城市或某种集中区（如开发区、工业园区、工业集中区等）的形成和发展。此时，单个企业的生产成本随着所在区域总产量的上升而降低时，就出现了所谓区域内部规模经济。区域内部规模经济仍然是一种集聚经济，只不过不是源于单一产业而是源于区域内各产业之间的共同作用，是整个区域经济的规模经济。例如，由于不同行业分享共同的投入品（如银行、邮局、保险、运输等商务服务，以及公路、学校、城市基础设施等公共物品与服务），使其规模经济得以实现；各行业分享共同的劳动力市场，使企业和劳动力双方的搜寻成本、流动成本都大大降低，从而获得递增报酬；不同行业之间出现各种关联效应，如先前集中在某一区域的某行业的企业能够为另外的行业提供更好的生产投入品和消费品（包括产业消费和最终消费）。区域内部规模经济对企业和产业部门都是外部的，对区域整体而言是内部的。从空间布局来看，产业集聚带来了在一定面积的土地空间上各产业的增加与集中、人口的集聚和各种基础设施与服务的集聚，区域产业集聚程度越强烈，区域经济中心的规模越大，这种产业集聚、人口集聚与基础设施的集聚效应越大。从区域土地利用形态上来看，表现为一定范围的区域土地上资本、劳动力与技术等要素投入规模的增加与土地利用密度的提高；从区域土地利用结构上，表现为区域产业结构的优化与升级带来区域土地利用结构的优化与产业用地效率的提高；从区域土地利用的投入产出比上，表现为由区域内部产业的集聚直接带来的区域土地投入的大幅度减少和区域土地产出的大幅度增加，即区域土地产出投入效益的提升。由此可见，区域产业间的集聚效应使得该区域土地资源处于节约、低耗费的使用状态，从而大大提升该区域土地资源的集约利用程度。

6.2.4　实证分析

1. 实证区域概况

昆山东邻上海，西依苏州（图 6-2），土地总面积 927.68km^2，户籍总人口68 万，下辖 1 个国家级开发区、3 个省级开发区和 10 个镇。2009 年，地区生产总值达 1750.08 亿元，按可比价计算，比上年增长 16.0%。产业结构不断优化，第二产业、第三产业共同推动经济增长的格局进一步巩固。2009 年完成第一产业增加值 17.85 亿元，比上年增长 7.0%；第二产业增加值 1137.15 亿元，增长 15.5%；第三产业增加值 595.08 亿元，增长 17.5%，服务业增加值占 GDP 比重达到 34.0%。按常住人口计算的人均地区生产总值达 135 355 元（按当时汇率折算约为 19 823美元）。在台湾区电机电子工业同业公会公布的大陆地区投资环境评估中，昆山跃居首位；在福布斯中国大陆最佳商业城市排行榜上，昆山位列同类城市第一。

2. 昆山产业发展与产业集聚分析

1）昆山产业发展情况分析

改革开放以来，昆山三次产业结构变动剧烈，三次产业结构日趋合理（表 6-3，图 6-3）。表 6-3 表明，1978 年昆山的第一产业产值占 GDP 的 51.43%，在三次产业中比重最高，第二产业产值只占 GDP 的 28.89%，第三产业产值比重最小，仅为 19.68%；到 1982 年，工业增加值首次超过农业，产业结构实现了"一、二、三"到"二、一、三"的转变；到 2000 年，昆山的第一产业比重下降到 5.62%，第二产业比重上升到 59.38%，第三产业比重也升至 35%；而到 2009 年，昆山的第一产业比重进一步下降，只有 1%左右，第二产业比重达到 64.98%，第三产业比重为 34%。总之，从三次产业结构来看，第一产业结构比例呈下降趋势，第二、

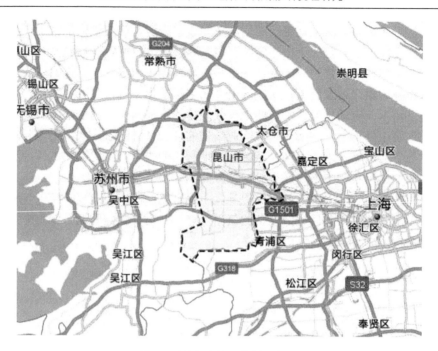

图 6-2　昆山市地理位置示意图

资料来源：http://ditu.so.com/.

第三产业结构比例呈上升趋势；进入"十一五"以来，第二产业结构比重有所下降，而第三产业结构比重趋于稳步增加，意味着昆山市的产业结构进一步趋于合理。

　　从工业内部结构变动看，各行业都得到长足发展的同时，工业内部结构也经历了一个不断提升的过程，尤其是 1992 年以后，随着大量海外资本的注入，昆山工业结构得到了快速提升。1985 年，昆山的工业仍然以农副产品加工为主，纺织业、以农药和初级原料生产为主的化学制造业和传统食品生产三个行业就占全部工业总产值的一半。到了 1992 年，昆山的工业结构有所提升，食品生产已被挤出前 10 名，服装业上升为第三，纺织业仍居第一，传统的劳动密集型的轻纺工业结构特征十分明显。1995 年，随着外资的大规模进入，昆山的工业结构迅速向资本密集型和技术密集型演进；2001 年，电子及通信设备制造业已替代纺织业成为第一大产业，所占比重也达到了 20%以上，交通运输设备制造业取代服装业成为第三大产业，纺织业降到第七位，所占比重由 20%以上降到不足 5%。2008 年，电子及通信设备制造业所占比重已经超过一半，成为绝对支柱产业。

表6-3 1978～2009年昆山市产业结构变动情况

年份	GDP/亿元	第一产业比重/%	第二产业比重/%	第三产业比重/%
1978	2.42	51.43	28.89	19.68
1980	3.03	44.20	42.20	13.60
1985	7.98	30.69	50.19	19.12
1990	20.12	22.61	56.49	20.90
1995	58.05	10.51	58.03	31.46
2000	200.80	5.62	59.38	35.00
2001	230.81	4.98	60.14	34.48
2002	314.34	3.77	65.43	30.81
2003	430.37	2.33	67.61	30.06
2004	570.00	1.75	68.25	30.00
2005	730.00	1.37	68.49	30.14
2006	932.01	1.13	67.85	31.02
2007	1151.80	0.98	66.17	32.85
2008	1500.26	0.82	65.24	33.93
2009	1750.08	1.02	64.98	34.00

资料来源：相应年份《昆山统计年鉴》。

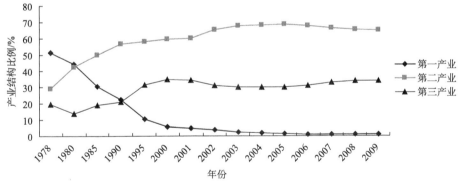

图6-3 1978～2009年昆山市产业结构变动情况

2）昆山产业集聚情况分析

改革开放以来，昆山经济的迅猛增长得益于产业发展的强有力推动，尤其是大量外资集聚推动的产业集群的快速扩张，极大地推动了第二产业及第三产业的高速增长，加快了工业化和城市化的进程。2009年，全市实现工业总产值5803.22亿元，比上年增长14.5%。外商及港澳台工业持续高增长，完成总产值5221.95亿元，增长14.9%。产业集聚度不断增强，形成了1个千亿级产业集群和8个百亿级产业集群，其中千亿级集群 IT 产业（通信设备、计算机及其他电子设备）实现产值 3282.41 亿元，比上年增长 26.5%，总量占规模以上工业产值的比重为 60.9%，比上年提高 5 个百分点。资讯类产品产量增长较快，正在加速形成规模化电子产业基地，全年生产笔记本电脑 6067 万台、数码相机 1563 万台，分别比上年增长 30.8%和 11.9%。自 1992 年日本东芝在昆山设立哈利盛东芝照明（昆山）有限公司以来，世界 500 强企业共在昆山投资设立了 52 家企业，总投资达 17.4 亿美元，项目主要集中在 IT、精密机械和汽车零部件等产业，直接推动了昆山市产业层次的提升。

目前，昆山已经形成电子及通信设备制造业、化学原料及化学制造业中的精细化工业、交通运输设备制造业中的汽车零配件制造业三大产业集聚体。其中的电子及通信设备制造业集聚体的产业链条最为完备，产业集聚效应最为显著。在这一产业集聚体中，集聚了 800 多家相关企业，累积投资 70 亿美元，其中，台湾十大笔记本电脑厂商中有 8 家落户昆山。目前，昆山的电子及通信设备制造业已经形成年产 6000 万台笔记本电脑、1500 万台数码相机、1000 万台手机、1000 万台显示器的加工制造能力，电子及通信设备制造业已经成为推动昆山经济快速发展的最为重要的支柱产业。外资推动的 IT 产业集聚体还强有力地推动了大陆民营中小企业在昆山集聚与发展，以仁宝电子、南亚电子、纬创资通、微盟电子、富士康电脑接插件、沪铼光电为核心企业的 IT 产业集群，吸引了大量民营中小企业进入，为核心企业提供配套产品。仅仁宝电子一家，就有 243 家中小企业为其配套，其中 40%的厂家就设在仁宝电子附近。大量关联企业的集聚又反过来提高了核心企业的规模经济效应，从而提高整个产业集聚体的集聚经济效应。台湾仁宝电子科技（昆山）有限公司总经理张国安说，与其他任何地方相比，昆山在电子信息产业中的产业链是最完备的，大到整机成品，小到各种规格的螺丝钉，在 30 分钟车程的范围内可以全部配齐。昆山三大产业集聚体不仅带动了上、下游企业的发展，还带动了关联产业和辅助产业的迅猛发展，有力推动了研发、物流服务及基础设施建设，从而推动了服务业和其他第三产业的迅速发展，加快了工业化和城市化进程。

截至 2009 年，昆山经济技术开发区已集聚以特种汽车及零部件生产为主的精密机械企业 100 多家，其中具有一定规模的生产企业 70 多家，以三一重机、建大橡胶、恩斯克、远轻铝业等公司为代表的一批汽车零部件骨干企业发展良好。此外，恩斯克、远轻铝业、六和精密机械、汉格斯特滤清等一批质量高、规模大、技术含量高的汽车零部件企业共同做大做强了开发区汽车零部件产业。近年来，昆山经济技术开发区围绕汽车 7 大关键部件做强汽车零部件产业，着力吸引欧美日韩等汽车零部件厂商入驻，努力实现汽车零部件的垂直整合，打造汽车零部件及特种汽车生产基地。目前，昆山经济技术开发区内汽车零部件产业总资产 317 亿元，2008 年实现销售收入 253 亿元、利税 45 亿元。继电子信息产业之后，以汽车零部件产业为主的精密机械产业已成为开发区的又一大支柱产业。

作为昆山新兴产业之一的光电产业，经过几年的培育，如今集聚了从生产玻璃的日本旭硝子，到生产面板的龙腾光电，再到生产电视整机的康佳、天乐数码等上百家产业链上下游企业。昆山经济技术开发区提出，到 2015 年，光电产业要实现投入超 150 亿美元、销售收入超 3000 亿元的目标。

在昆山经济技术开发区、千灯镇、周庄镇形成了医疗器械产业集群。众多外资医疗器械企业撑起了医疗器械产业的主心骨，截至 2010 年，昆山市已拥有数十家外资医疗企业，投资总额已达数亿美元。2010 年，全球知名的水印医疗公司决定在昆山经济技术开发区投资建设制造心脏起搏器工厂。开发区还规划了以计算机技术、信息技术为核心，以精密制造为基础，重点发展高科技医疗器械工程产业化基地。千灯镇立足美昕医疗、信挚科技、奥雅索医疗器件等多家医疗器材公司，推动医疗器材产业集群发展。周庄以韦睿医疗科技（昆山）有限公司为依托，全力开发海外市场。昆山市强大的电子、新材料产业基础为医疗器械产业发展提供了良好的工业基础和技术支撑，成为医疗企业落户的重要原因。

近年来，昆山市传感产业发展迅猛，正在向行业第一方阵挺进。1992 年，沪昆光电技术研究所落户周庄，成为周庄传感器产业基地的"种子"。截至 2009 年年底，基地已累计引进投资 20 亿元，兴办了双桥测控、钜亮光电等以生产各类传感器为主体的高新技术企业 48 家，形成年产红外、光电、霍尔、光纤等十大类传感器 5.3 亿只，倾角数显水平仪、智能开关、红外报警器、光纤连接器等传感器相关应用产品 600 万套的生产能力。其中，红外传感器销量占世界同类产品 60%以上市场份额，光电传感器、霍尔传感器分别占世界同类产品市场 20%左右、15%左右的份额。2010 年，周庄借助江苏感知器件产业技术创新战略联盟在周庄成立的契机，加速传感创业三大转变，即从注重传感功能突破向全面感知技术创新转变，从主要提供单个器件产品向全面满足系统集成应用转变，从简单产业集聚向技术创新、创业孵化、市场服务和产业化并重转变。截至 2012 年，昆山日久新能源应用材料公司、天重星光电公司等 8 个项目顺利开工；诺金传感公司、韦睿医疗公司等 6 个项目顺利开业；传感技术项目孵化中心、人才公寓等一批传感产业配套载体，智慧水乡、智能工厂等一批由基地立项、企业主导的物联网技术应用示范工程陆续启动。科技创新能力不断增强。诺金、双桥传感器等 4 个国家级项目批准立项，光微电子、云联科技 2 个省级项目立项，光微电子有限公司陈大鹏等 4 人分别入选 2009 年昆山市领军型创新创业人才和高层次创新创业人才。周庄还将充分发挥感知产业技术联盟行业影响力，加快建设昆山工业技术研究院感知技术研究所、传感技术孵化中心，深化与中国科学院微电子研究所等知名院所、南京邮电大学等知名院校合作，整合基地内优质企业的技术、团队和平台优势，深挖潜力、整合资源、形成体系，努力培育一批技术流程外包企业，形成周庄传感产业新特色。同时，紧盯中国通信研究院、交通运输部科学研究院等行业院所产品研发使用方向，提升基地内相关企业研发能力，继续做大产品，努力提升基地建设水平及在行业内的知名度。

3. 昆山产业集聚与土地集约利用分析

由于产业集聚的集聚经济效应的存在，昆山市土地利用效率大幅度提高，有力地促进了区域土地集约利用程度的提高。首先，从纵向看，1978 年，全市地均 GDP 仅为 26.09 万元/km^2；到 1994 年，地均 GDP 上升到 903.67 万元/km^2，增长了 33.64 倍；到 2008 年，地均 GDP 进一步增加到 16 172.17 万元/km^2，是 1978 年的 619.86 倍，是 1994 年的 17.90 倍。从单位建设用地非农产值（等于第二产业产值与第三产业产值之和）来看，2008 年是 1994 年的 8.93 倍。再从单位工矿用地的工业增加值来看，1994 年，昆山每公顷工矿用地实现的工业增加值为 139.01 万元，到 2008 年增长到 825.16 万元（表 6-4），15 年间增长了 4.94 倍。其次，从横向看，2008 年每平方公里土地上实现的地区生产总值达到 16 172.17 万元，是苏州平均水平的 2 倍，是江苏平均水平的 5.47 倍，是全国平均水平的 51.64 倍。昆山与全国 20 个大中城市相比，昆山的地均 GDP 位居第三，仅次于深圳和上海；地均工业总产值位列第二，仅次于深圳；地均财政收入水平排在第四位，排在前三位的是深圳、上海和厦门；单位土地面积实际利用外资水平位居第二，仅低于深圳；地均固定资产投资水平紧跟上海、深圳和厦门，排在第四位（表 6-5）。由此可见，昆山的土地集约利用水平即使与全国各大城市相比，也处于先进水平。

表 6-4　1994～2008 年昆山工业用地面积及工业增加值

年份	工矿用地面积/hm^2	工业增加值/万元	地均工业用地增加值/（万元/hm^2）
1994	2 887	401 312	139.01
1995	3 376	499 249	147.88
1996	3 503	586 128	167.32
1997	4 215	637 782	151.31
1998	4 907	745 849	152.00
1999	5 207	916 620	176.04
2000	5 351	1 105 778	206.65
2001	5 857	1 284 500	219.31
2002	5 713	1 586 500	277.70
2003	7 335	2 670 800	364.10
2004	8 547	3 620 000	423.54

续表

年份	工矿用地面积/hm²	工业增加值/万元	地均工业用地增加值/（万元/hm²）
2005	8 719	4 740 200	543.69
2006	10 229	6 050 600	591.51
2007	10 625	7 336 500	690.49
2008	11 456	9 453 100	825.16

注：工矿用地面积数据来源于昆山市相应年份土地利用现状调查数据统计资料，工业增加值数据来源于相应年份《昆山统计年鉴》。

表 6-5　2008 年昆山与其他城市土地产出效益比较　（单位：万元/km²）

城市	地均 GDP	地均工业总产值	地均财政收入	地均实际利用外资	地均固定资产投资
北京	6 390.87	6 345.19	1 119.57	37.06	2 345.10
天津	5 403.38	10 313.48	574.51	63.09	2 894.65
上海	21 605.91	39 623.33	3 720.45	159.06	7 617.44
沈阳	2 974.17	4 949.39	224.22	46.24	2 317.91
大连	3 068.43	4 041.73	269.66	39.82	1 998.87
南京	5 735.34	9 833.23	587.30	36.04	3 272.81
无锡	9 230.37	21 473.83	763.22	66.13	3 920.25
苏州	7 895.02	21 948.79	788.06	95.81	3 076.30
杭州	2 880.91	5 651.71	274.38	19.95	1 193.36
宁波	4 037.94	8 697.06	397.66	25.85	1 760.46
温州	2 057.27	2 977.28	152.87	2.22	643.62
厦门	9 917.49	18 882.57	1 400.09	129.84	5 901.61
济南	3 690.14	4 783.04	227.49	10.57	1 730.87
青岛	4 040.97	7 392.07	311.93	24.07	1 839.14
武汉	4 662.21	6 797.45	326.49	30.30	2 651.34
广州	11 051.67	15 641.05	836.47	48.73	2 832.49
深圳	39 972.04	81 208.95	4 098.11	206.36	7 514.61
珠海	5 832.23	15 306.90	542.73	67.15	2 188.80
重庆	615.35	694.94	69.73	3.30	488.40
成都	3 148.50	3 302.73	538.13	18.12	2 416.37
昆山	16 172.17	53 903.29	1 247.09	172.80	3 988.77

注：表中所有的数据均为全市行政区域的指标，财政收入是指地方财政一般预算内收入。

资料来源：文献国家统计局城市社会经济调查司（2009）；昆山市统计局（2009）。

　　在土地利用科技方面，昆山市也取得了显著成效。近年来，昆山主动对接国家中长期科技发展规划和各级产业调整振兴规划，抓住重点项目、重点产业、重点载体、重点工程、重点活动，全力促进产业转型升级和企业自主创新，被评为全国科技进步示范市，连续 8 年在全国科技进步先进市县考核中名列全省第一。2009 年有 199 个项目被列入国家、省、苏州市级科技计划，其中国家科技重大专项 3 项、科技部中小企业创新基金项目 8 项、省重大科技成果产业化项目 3 项，争取上级科技项目经费达 8200 多万元。培育认定高新技术企业 70 家，高新产品 213 个，技术先进型服务企业 2 家；认定江苏省软件企业 11 家，江苏省软件产品 105 个；认定江苏省自主创新产品 8 个，认定江苏省重点新产品 22 个。2009 年研究与实验发展经费占 GDP 的比重达 2%，高于江苏平均水平，是全国水平的 7.41 倍。2009 年新增省级高新技术研究重点实验室 1 家、省级公共技术服务平台 1 家、省级企业研究生工作站 8 家、省级工程技术研究中心 8 家、苏州市级工程技术研究中心 15 家；新增苏州市级研发机构 46 家，昆山市本级研发机构 42 家；新增产学研联合体 40 家，产学研联合项目 42 个；有 9 人列入省高层次创新创业人才，6 人列入姑苏创新创业领军人才。2009 年完成专利申请量 12 007 件、授权量 5797 件。

　　在节能降耗方面，昆山也取得了显著成效。通过提高节能环保市场的准入门槛，加快节能减排技术的开发和应用，能源消耗水平下降明显。全市 2009 年规模以上工业产值综合能耗仅为 0.0512 吨标准煤/万元，比上年下降 16.3%。全市加大了环境保护工作力度，扎实推进污染减排，积极实施结构减排、工程减排、管理减排、科技减排；认真开展全国污染源普查工作；加强水、大气、噪声等污染防治工作，确保各项环境指标达到小康社会要求，环境质量综合指数达到 91.43。昆山还切实加强固废监管，着手建立全市固废管理数据库，建立全市危险废物经营单位和部分重点危险废物产生单位应急预案备案制度。2009 年，新培植循环经济典型企业 15 家，清洁生产审核 56 家，公布 298 家企业环境行为评级信息。全市生态环境优美，人均公共绿地面积为 13.43m^2，城市绿化覆盖率达到 45.03%，全市森林覆盖率为 23.3%。

　　在土地集约利用水平提高的同时，昆山市城乡居民生活水平、质量也得到了进一步提高。2009 年，全市在岗职工平均工资 33 735 元，比上年增长 13.6%；农村居民人均纯收入 11 934 元，增长 12.4%；城镇居民人均可支配收入 24 808 元，增长 13.1%。居民储蓄存款继续增多，2009 年年末城乡居民人均储蓄余额（本外币）突破 6 万元，达 60 615 元，比上年底增长 30.2%。生活支出方面，农村居民人均生活消费支出 9369 元，比上年增长 13.5%；城镇居民人均生活消费支出 16 892 元，增长 17.9%。食品支出占生活消费支出的比重（恩格尔系数），农村居民为 33.7%，城镇居民为 35.8%。家庭耐用消费品拥有量明显增加，截至 2009 年年末，平均每百户居民家庭耐用消费品拥有量，城市居民家庭：彩电 230 台、家用空调

220 台、电冰箱 113 台、移动电话 212 部、照相机 58 台、家用电脑 88 台、热水器 113 台、家用汽车 22 辆；农村居民家庭：彩电 186 台、摩托车 62 辆、洗衣机 98 台、热水器 106 台、移动电话 210 部、影碟机 78 台、家用空调 154 台、家用电脑 58 台。城乡居民居住条件进一步改善，2009 年年末农村居民人均住房面积 70.7m²，城镇居民人均住房面积 38m²；市区居民住宅成套率达到 100%。

此外，昆山市社会保障体系进一步完善，社会保障水平不断提高。2009 年，实施具有社保卡、公交卡、银行卡功能于一身的"三合一"昆山社会保障（市民）卡工程，年内社保新增扩面 20 万人，城镇企业职工养老保险和医疗保险年末参保人数突破 100 万人，工伤保险、生育保险参保人数均为 63 万人，失业保险参保人数 47.1 万人；农村基本养老保险、居民基本医疗保险参保覆盖率分别达 99.9% 和 99.7%，农保、征地女性养老年龄均提前到 50 周岁，农村 70 周岁以下及以上居民基础养老金分别提高到 190 元和 220 元，60 周岁以上老人免缴居民医保个人缴费部分。2009 年末住房公积金应缴人数 30.76 万人，比上年净增 3.01 万人；全年归集住房公积金 11.75 亿元，比上年增长 38.7%；向 2264 户家庭发放公积金贷款 4.32 亿元，年末贷款余额 15.63 亿元，比上年增长 14.8%。最低生活保障制度不断完善，社会救助工作得到加强，在全省率先实现居民最低生活保障城乡一体化，城乡居民最低生活保障标准统一提高到每人每月 350 元。全年确定低保对象 5894 户 12 998 人，发放低保补差资金 1867 万元。实施低收入居民基本生活消费价格上涨动态补贴机制，全年发放物价补贴 1034 万元。2009 年末拥有社会福利院 14 所，拥有各类养老床位 2040 张。2009 年共销售福利彩票 1.86 亿元，销售量居全省县级市之首，筹集公益金 1832 万元。"5·12"汶川大地震发生后，全市民政系统、慈善总会、红十字会积极捐款捐物，共募集赈灾款物 1.86 亿元。

6.3　产业结构优化对土地集约利用的影响机理研究

产业结构优化是指推动产业结构合理化和产业结构高级化发展的过程，是实现产业结构与资源供给结构、技术结构、需求结构相适应的状态。它是指产业与产业之间协调能力的加强和关联水平的提高，主要依据产业技术经济关联的客观比例关系，遵循再生产过程比例性需求，促进国民经济各产业间的协调发展，使各产业发展与整个国民经济发展相适应。它遵循产业结构演化规律，通过技术进步，使产业结构整体素质和效率向更高层次不断演进的趋势和过程，通过政府的有关产业政策调整，影响产业结构变化的供给结构和需求结构，实现资源优化配置，推进产业结构的合理化和高级化发展。面对国际金融危机的冲击，我国出台了一系列产业政策，加大对科技创新的投入，加快对新兴技术和产业发展的布局，积极推进产业结构优化升级，完善现代产业体系，加快推进传统产业技术改造，加快发展战略性新兴产业和服务业，促进三次产业在更高水平上协同发展，全面提升产业技术水平和国际竞争力，争取通过发展新技术、培育新产业，创造新的经济增长点，为经济企稳回升奠定坚实基础。传统产业发展主要依赖自然资源、劳动力、交通运输等，而决定现代产业发展的要素主要是技术、组织、信息和文化等。现代产业体系是由若干相互关联、相互促进、相互支撑的现代产业组成的产业群或产业系统。它是顺应经济全球化、知识化、循环化的趋势和产业演变规律，以高新技术产业为依托，以创新为主要发展动力，致力于实现农业现代化、工业信息化、服务业主体化，强调资源消耗低、环境污染少，追求经济效益与社会效益、生态效益兼顾的可持续发展的产业体系，必然会对土地集约利用产生积极、深远的影响，本研究主要从土地利用强度和投入水平、土地利用产出综合效益、土地利用结构和布局、土地利用主体行为与意识等方面来分析这种影响。

6.3.1　产业结构优化对土地利用强度和投入水平的影响

随着经济发展方式转变和产业结构的优化调整，第一产业用地面积会减少，第二和第三产业用地面积会增加。由于第一产业用地的投资容量相对于第二产业、第三产业用地要小得多，而第二产业用地的投资容量较第三产业用地的小，因此，从单位土地面积投资强度来看，第一产业用地的土地利用集约度远小于第二产业、第三产业用地，而第二产业用地的集约度一般小于第三产业用地。在产业结构优化升级过程中，第二产业、第三产业的用地规模逐渐增大，以商业用地为主的第三产业用地不断扩展，主要占据原来以工业为主的第二产业用地区域；而工业用地的拓展则主要依赖其外围的以农用地为主的第一产业用地。在此过程中，不仅单位土地面积的投资强度增加，而且土地利用的建筑密度和容积率也会上升。另外，随着产业结构的合理化和高级化发展，新兴产业和服务业得以快速发展，土地利用的科技投入、创新投入和管理投入也不断加大，从而进一步促进土地利用集约水平的提升。与此同时，三次产业结构内部的土地集约利用水平也会随着产业结构优化而有所提升。第一产业包括农业、林业、牧业、渔业；第二产业包括工业和建筑业，其中工业又包括采矿业，制造业，电力、燃气及水的生产和供应业；第三产业包括交通运输、仓储和邮政业、信息传输、计算机服务和软件业、批发和零售业、住宿和餐饮业、金融业、房地产业、租赁和商务服务业、科学研究、技术服务和地质勘查业、水利、环境和公共设施管理业、居民服务和其他服务业、教育、卫生、社会保障和社会福利业、文化、体育和娱乐业、公共管理和社会组织、国际组织等除第一产业、第二产业以外的其他产业。虽然隶属于同一大门类中的产业，但是各行业特点不同，差异明显，对土地资源的需求量有较大的不同，土地集约利用程度也有所差异。如第一产业中，每万元产值所需土地林业最多，其次是畜牧业和种植业；第二产业中，采矿业用地最多，重工业次之，一般轻工业用地较少。由此导致各个行业用地投资容量也差距明显,如第二产业中的电子及通信设备制造业用地的投资容量就远大于纺织等传统行业;第三产业中的软件业用地的投资容量一般远大于仓储业等。由此可见,在产业结构优化升级过程中,随着传统产业技术改造、现代产业体系的建立和完善以及战略性新兴产业和服务业的加快发展,土地利用强度和投入水平不断提高,土地集约利用水平也逐渐提升。

6.3.2　产业结构优化对土地利用产出综合效益的影响

产业结构优化可以使得产业关联度增加,使该产业用地数量大大减少,用地效益大大提高。同时,经济结构的关联度增加使得技术创新在经济增长中的作用更为突出,技术创新可以引进新产品,开发新生产方法,开辟新市场,获取新的原料或半成品的新的来源,最终结果是土地利用的经济效益得到了很大程度的提高。在产业结构优化升级过程中,资本密集型产业和技术密集型产业逐步取代资源密集型产业,成为产业发展的主导,使得区域经济增长逐步从外延扩张型转向内涵发展型,土地资源得到更充分的利用,单位土地的产出效率势必得到提高。从三次产业结构来看,第三产业用地效益大于第二产业,第二产业用地效益又高于第一产业。因此,在产业结构优化升级的过程中,由于比较利益的存在,部分第一产业用地会转入第二、三产业,使第一产业用地数量下降,土地利用类型也会出现农用地向建设用地的转换,单位土地面积的经济效益也会增加。另外,在三大产业内部也有比较利益的存在,土地利用用途也会发生转变。比如,第一产业内部的经济作物产业用地价值往往高于粮食产业用地;第二产业内部的高科技产业用地的经济效益高于传统产业用地的经济效益;第三产业内部的商业用地的经济价值一般高于仓储等其他类型产业用地。因此,在产业结构优化升级过程中,随着第二产业、第三产业结构比例的提高以及现代新兴产业的发展,土地利用的经济效益不断提高,土地集约利用度也随之增加。

产业结构优化对土地集约利用的产出效益不仅体现在经济效益方面,还体现在生态效益和社会效益方面。由于新能源、新材料、生物技术等现代新兴产业具有科技含量高、资源能耗低、环境污染少的特征,所以在产业结构优化调整、升级转型过程中,注重采用低碳经济和循环经济的手段,大大降低土地利用的能源消耗水平和环境污染水平,提升了产业用地的生态环境价值,有助于实现人与自然、人与环境的和谐发展。另外,现代新兴产业和服务业具有高技术含量、高附加值等特点,所以产业的转型升级也有助于提高产业的利润和劳动者的工资收入水平,有助于促进社会共同富裕;同时,由于商业、服务业等具有门类多、就业容量大等特征,所以大力发展教育培训、科技研发、信息咨询、金融服务、医疗保健、文化创意等现代服务业,不但有利于扩大就业,也有利于从根本上改变劳动力素质结构,使我国由人口大国向人力资源强国转变。

6.3.3 产业结构优化对土地利用结构和布局的影响

随着产业结构的优化升级，加快淘汰电力、煤炭、焦炭、电石、钢铁、有色金属、建材、纺织等行业的落后生产能力、工艺装备和产品，关闭那些破坏资源、污染环境和不具备安全市场条件的企业，大力推动新能源、新医药、新材料、环保、软件和服务外包、传感网等新兴产业的发展。在此过程中，土地利用结构也得到了优化，企业厂房及配套用地面积比例、企业内部行政办公及生活服务设施用地面积比例、厂区内部预留地面积比例、露天堆场及操作场地面积比例、道路停车场面积比例、绿地面积比例等都得到了合理的控制，生产性用地比例和高新技术产业用地比例得到了提升。与此同时，产业结构优化升级还驱动着土地利用布局的优化调整。发达国家或地区的经济发展历史表明：在工业成为支柱产业的工业化时期，工业的生产与集聚规模及布局决定了城市的用地规模与结构；而在服务业成为经济发展主要力量的后工业化时期，许多城市逐步转化为服务中心。由于传统工业对原料、市场、交通运输等有较强的依赖性，因而在城市区位竞争中已不具有竞争力，郊区集聚点相对而言更加有利；而高新技术产业具有科技含量高、资源消耗少、物质形态小等特点，其区位选择更具灵活性和便利性；服务业的变化也很明显，一些传统服务业日益萎缩，而一些新兴服务业如医疗保健、教育培训则蓬勃发展。随着产业构成的不断演进和优化，各类产业的选址布局也在不断发生变化，很多化工、机械、钢铁等重工业行业逐步退出城市中心区，向城郊转移，取而代之的是电子信息、生物医药等高科技产业以及其他行业的研发部门；第三产业中的金融、商场、餐饮等商业和服务业逐渐占据地租、地价最高昂的市中心地段，仓储等行业则会向城市周边转移。总之，产业结构的优化升级导致了土地用途的转变，土地利用结构和布局得以优化，土地资源的价值也逐渐得到体现，土地集约利用的特征也更加明显。

6.3.4 产业结构优化对土地利用主体行为与意识的影响

土地利用主体行为与意识直接影响到土地集约利用水平的高低。土地利用主体有多种类型，包括政府机关、事业单位、企业单位、城市居民、农民等。土地利用主体在土地集约利用方面的行为与意识主要体现在土地利用强度、投入水平、土地用途和位置的选择、土地生态环境的保护以及土地利用知识和技术水平、管理水平等方面。如果土地利用主体表现出良好的集约用地行为与意识，那么土地利用强度和投入水平将处于很高的水平，人们合理利用土地、保护土地生态环境的意识将大大增强，土地利用结构和布局也将趋于优化，土地利用制度也将日益完善。产业结构优化对土地利用主体行为与意识的影响主要包括以下几个方面：①产业结构优化对土地利用主体利用强度和投入水平的影响。随着产业结构的优化升级，传统产业需要向现代产业转变，传统产业发展主要依赖自然资源、劳动力、交通运输等，以劳动密集型、资源密集型为主，而现代产业发展的要素主要是技术、组织、信息和文化等，以资本密集型、技术密集型为主。在产业发展政策的约束和产业演进规律的要求下，土地利用主体必然会提高土地利用强度和投入水平。如昆山市在产业结构优化升级过程中不断提高对企业用地投资强度的要求，在 2002 年，昆山在全国首次提出土地投资强度标准，大力推行"5432"集约用地新机制，即平均每亩土地投资额，国家级出口加工区不得低于 50 万美元，国家级经济技术开发区不得低于 40 万美元，省（部）级开发区不得低于 30 万美元，其他各类工业配套区不得低于 20 万美元；2004 年，昆山又将投资强度定额标准从原来的"5432"调整为"6543"；2010 年，昆山又出台了《关于进一步完善节约集约用地措施加强项目用地管理的意见》，推行"7654"的投资强度标准。②产业结构优化对土地用途和位置选择的影响。在产业结构优化升级过程中，受经济利益的驱使，土地利用主体必然会选择土地价值更高的用途，如第一产业用途向第二产业、第三产业用途的转变（即农地非农化），在第一产业内部，种植粮食植物向种植经济作物转变；同时，受经济规律的作用，土地利用主体也会对土地利用区位做出选择，如传统制造企业为了降低生产成本，土地利用区位会经历由城市核心地带到中间地带再到边缘地带的变迁过程；而那些技术含量高、经济效益好的高新技术企业或服务业企业为了获得高额的利润回报，会逐渐占据城市的核心地带。③产业结构优化对土地生态环境保护的影响。随着产业结构的优化升级，高能耗、高污染的产业受到严格的限制，在国家产业发展和环境保护政策的要求下，土地利用主体不得不加大对土地利用生态环境的保护，有的企业当环境污染治理成本高到一定阶段时，就会转向能耗低、污染少的行业发展。④产业结构优化对土地利用知识和技术水平、管理水平的影响。在产业结构优化升级过程中，产业结构由劳动密集型向资金密集型、技术密集型、知识密集型占优势比重的方向演进，企业的产品由初级产品、低附加值、低加工度制造业向高附加值和深度加工阶段演进，产业高级化要求用地企业加强传统产业的技术改造，同时注重技术自主创新与技术引进，以跟上产业结构优化发展的潮流。总之，产业结构优化升级会促使土地利用主体增强集约用地水平和意识，有助于土地集约利用水平的提高。

6.3.5　实证分析——以昆山高新技术产业园区典型企业为例

本研究以昆山高新技术产业园区典型企业为例，对高新技术产业土地集约利用水平进行实证分析。

1. 昆山高新技术产业园区概况

江苏昆山高新技术产业园区（以下简称"昆山高新区"）位于昆山城区中北

部,隶属玉山镇行政范围,是昆山高新技术产业的集聚区和现代化工业新区。昆山高新区始建于 1994 年 9 月,经国家科学技术部批准,在昆山国家星火技术密集区的基础上兴建而起。2006 年,经江苏省政府批准,成立省级高新技术开发区——江苏昆山高新技术产业园区,建设范围总面积 14.45km²。经过十几年的发展,昆山高新区累计引进 50 多个国家和地区的项目,形成了电子信息、精密机械、民生用品三大产业。2009 年江苏昆山高新技术产业园区实现国内生产总值 338.21 亿元,工业(物流)企业总收入 1315.43 亿元,财政收入 74.36 亿元,累计完成工业(物流)企业固定资产投资 535 亿元。

2. 典型企业选取

根据目前江苏昆山高新区以电子信息、精密机械和民生用品三大产业为主的产业构成情况,按照每个产业选取 2 家以上具有代表性的企业,总共至少 10 家企业的原则,选取了 15 家高新技术企业作为本次开发区土地集约利用评价的典型企业(表 6-6),其空间分布见图 6-4。这 15 家企业土地总面积为 104.83hm²,占整个开发区的 7.25%;截至 2009 年年底,累计投资额达 92.49 亿元,占整个开发区的 17.29%;15 家典型企业 2009 年度的总收入为 454.77 亿元,占整个开发区的 34.57%。

表 6-6　典型企业一览表

编号	企业名称	所属行业
1	富士康电子工业发展(昆山)有限公司	通信设备、计算机及其他电子设备制造业
2	康准电子科技(昆山)有限公司	通信设备、计算机及其他电子设备制造业
3	富士康(昆山)电脑接插件有限公司	通信设备、计算机及其他电子设备制造业
4	江苏凯宫机械股份有限公司	专用设备制造业
5	昆山密友实业有限公司	通用设备制造业
6	昆山通用电气实业公司	电气机械及器材制造业
7	优德精密工业(昆山)股份有限公司	金属制品业
8	昆山高晟精密机电有限公司	通用设备制造业
9	苏州中菱电器制造有限公司	电气机械及器材制造业
10	苏州超达汽车配件有限公司	交通运输设备制造业
11	景鑫电子(昆山)有限公司	通信设备、计算机及其他电子设备制造业
12	昆山弘迪精密机械有限公司	通用设备制造业
13	苏州瀚哲电子科技有限公司	通信设备、计算机及其他电子设备制造业
14	昆山申凌精密金属工业有限公司	交通运输设备制造业
15	昆山国力真空电器有限公司	电气机械及器材制造业

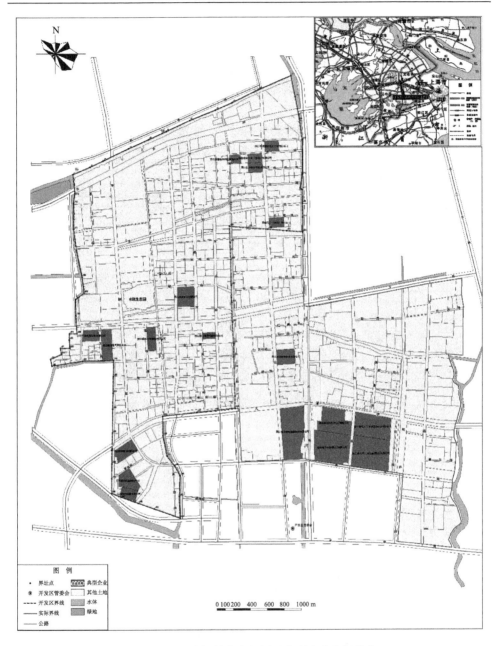

图 6-4 昆山高新技术产业园区典型企业空间分布

3. 典型企业集约用地分析

本书典型企业土地利用集约评价主要从典型企业用地强度分析、典型企业用地效益分析及典型企业用地结构分析三个方面来探究江苏昆山高新技术产业园区的典型企业的集约用地状况。其中有关集约用地的评价指标标准根据《关于发布和实施〈工业项目建设用地控制指标〉的通知》（国土资发〔2008〕24 号）和《江苏省建设用地指标（2006 版）》确定。

1）用地强度分析

土地利用强度能反映土地集约化利用水平，主要涉及容积率、建筑系数等指标，各典型企业相关情况见表 6-7、图 6-5、图 6-6。

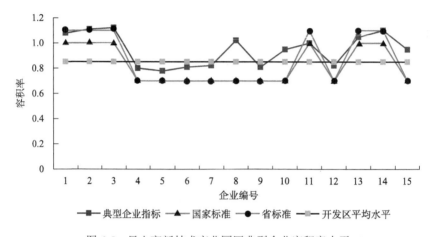

图 6-5　昆山高新技术产业园区典型企业容积率水平

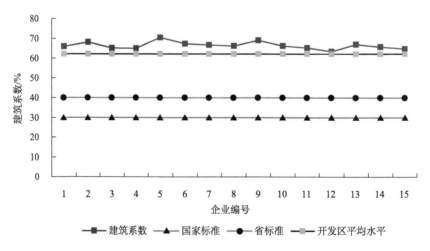

图 6-6　昆山高新技术产业园区典型企业建筑系数水平

表 6-7　昆山高新技术产业园区典型企业用地强度分析

编号	企业名称	容积率	国家标准（≥）	省标准（≥）	容积率与国家标准的比值	开发区容积率平均水平	容积率与开发区平均水平的比值	建筑系数/%	国家标准（≥）	省标准（≥）	开发区工业建筑系数平均水平/%	建筑系数与开发区平均水平的比值
1	富士康电子工业发展（昆山）有限公司	1.08	1.0	1.1	1.08	0.85	1.27	66	30	40	62	1.06
2	康准电子科技（昆山）有限公司	1.11	1.0	1.1	1.11	0.85	1.31	68	30	40	62	1.09
3	富士康（昆山）电脑接插件有限公司	1.12	1.0	1.1	1.12	0.85	1.32	65	30	40	62	1.05
4	江苏凯宫机械股份有限公司	0.80	0.7	0.7	1.14	0.85	0.94	65	30	40	62	1.04
5	昆山密友实业有限公司	0.78	0.7	0.7	1.11	0.85	0.92	70	30	40	62	1.13
6	昆山通用电气实业公司	0.81	0.7	0.7	1.16	0.85	0.95	67	30	40	62	1.08
7	优德精密工业（昆山）股份有限公司	0.82	0.7	0.7	1.17	0.85	0.96	67	30	40	62	1.07
8	昆山高晟精密机电有限公司	1.02	0.7	0.7	1.46	0.85	1.20	66	30	40	62	1.06
9	苏州中菱电器制造有限公司	0.81	0.7	0.7	1.16	0.85	0.95	69	30	40	62	1.11
10	苏州超达汽车配件有限公司	0.95	0.7	0.7	1.36	0.85	1.12	66	30	40	62	1.06
11	景鑫电子（昆山）有限公司	1.00	1.0	1.1	1.00	0.85	1.18	65	30	40	62	1.05
12	昆山弘迪精密机械有限公司	0.82	0.7	0.7	1.17	0.85	0.96	63	30	40	62	1.02
13	苏州瀚哲电子科技有限公司	1.05	1.0	1.1	1.05	0.85	1.23	67	30	40	62	1.08
14	昆山申渌精密金属工业有限公司	1.10	1.0	1.1	1.10	0.85	1.29	66	30	40	62	1.06
15	昆山国力真空电器有限公司	0.95	0.7	0.7	1.36	0.85	1.12	65	30	40	62	1.04
	平均	0.95	0.8	0.9	1.2	0.85	1.11	66	30	40	62	1.07

从以上图表可以看出，昆山高新区典型企业的容积率和建筑系数的平均值分别为 0.95、66%，土地利用强度较高。所有典型企业的容积率都超过了国家标准，大部分企业也都达到省标准和开发区平均水平。每个典型企业的建筑系数都超过国家标准、省标准和开发区的平均水平。15 家典型企业的容积率和建筑系数的平均水平都超过了国家标准、省标准和开发区的平均水平，在一定程度上反映了高新企业土地集约利用水平较高。

2）用地效益分析

用地效益反映企业用地的效益情况，主要分析典型企业的投入产出情况，包括地均投入水平、地均产出水平等，各典型企业相关情况见表 6-8、图 6-7、图 6-8。

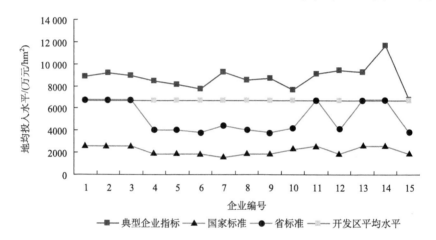

图 6-7　昆山高新技术产业园区典型企业地均投入水平

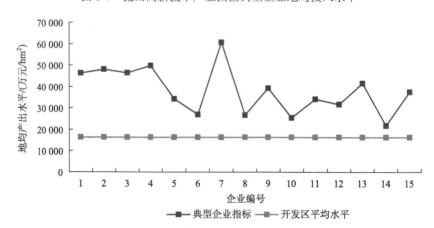

图 6-8　昆山高新技术产业园区典型企业地均产出水平

表 6-8　昆山高新技术产业园区典型企业用地效益分析

编号	企业名称	地均投入水平 /（万元/hm²）	国家标准（≥万元/hm²）	地均投入水平与国家标准的比值	省标准（≥万元/hm²）	地均投入水平与省标准的比值	开发区平均投入水平 /（万元/hm²）	地均投入水平与开发区平均水平的比值	地均产出水平 /（万元/hm²）	地均产出水平与开发区平均水平的比值
1	富士康电子工业发展（昆山）有限公司	8 842.88	2 575.00	3.43	6 750.00	1.31	6 641.70	1.33	46 289.74	2.84
2	康准电子科技（昆山）有限公司	9 161.55	2 575.00	3.56	6 750.00	1.36	6 641.70	1.38	48 042.56	2.95
3	富士康（昆山）电脑接插件有限公司	8 922.67	2 575.00	3.47	6 750.00	1.32	6 641.70	1.34	46 367.86	2.84
4	江苏凯宫机械股份有限公司	8 463.04	1 815.00	4.66	4 005.00	2.11	6 641.70	1.27	49 790.09	3.05
5	昆山密友实业有限公司	8 137.04	1 815.00	4.48	4 005.00	2.03	6 641.70	1.23	34 121.37	2.09
6	昆山通用电气实业有限公司	7 697.37	1 815.00	4.24	3 795.00	2.03	6 641.70	1.16	26 871.08	1.65
7	优德精密工业（昆山）股份有限公司	9 226.19	1 505.00	6.13	4 395.00	2.10	6 641.70	1.39	60 598.30	3.72
8	昆山高晟精密机电有限公司	8 501.36	1 815.00	4.68	4 005.00	2.12	6 641.70	1.28	26 568.51	1.63
9	苏州中菱电器制造有限公司	8 677.69	1 815.00	4.78	3 795.00	2.29	6 641.70	1.31	39 253.74	2.41
10	苏州超达汽车配件有限公司	7 664.23	2 260.00	3.39	4 200.00	1.82	6 641.70	1.15	25 432.61	1.56
11	景鑫电子（昆山）有限公司	9 104.48	2 575.00	3.54	6 750.00	1.35	6 641.70	1.37	34 021.63	2.09
12	昆山弘迪精密机械有限公司	9 424.08	1 815.00	5.19	4 005.00	2.35	6 641.70	1.42	31 579.52	1.94
13	苏州瀚哲电子科技有限公司	9 256.20	2 575.00	3.59	6 750.00	1.37	6 641.70	1.39	41 578.69	2.55
14	昆山申凌精密金属工业有限公司	11 641.79	2 575.00	4.52	6 750.00	1.72	6 641.70	1.75	21 747.16	1.33
15	昆山国力真空电器有限公司	6 730.77	1 815.00	3.71	3 795.00	1.77	6 641.70	1.01	37 481.85	2.30
	平均	8 763.42	2 128.00	4.23	5 100.00	1.80	6 641.70	1.32	37 982.98	2.33

从以上图表可以看出，昆山高新区典型企业总体投入、产出水平较高，其中，所有典型企业投入水平都超过国家标准、省标准和开发区平均投入水平，其中昆山申凌精密金属工业有限公司最高，达到了国家标准的近 5 倍。所有典型企业的产出水平都超过昆山高新区平均水平，其中优德精密工业（昆山）股份有限公司最高，为开发区平均水平的近 4 倍。典型企业的平均投入和产出水平分别为 8763.42 万元/hm² 和 37 982.98 万元/hm²，是开发区平均投入和产出水平的 1.32 倍和 2.33 倍，总体投入产出水平较高。

3）用地结构分析

工业企业用地结构在一定程度上能较直观地反映开发区的土地集约利用水平，包括厂房及配套用地面积及比例、企业内部行政办公及生活服务设施用地面积及比例、厂区内部预留地面积及比例、露天堆场及操作场地面积及比例、道路停车场面积及比例、绿地面积及比例，各典型企业相关情况见表 6-9、图 6-9、图 6-10。

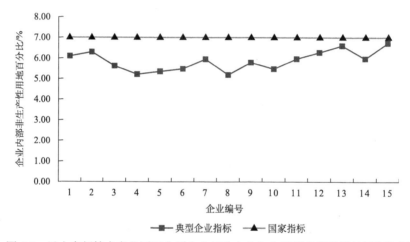

图 6-9　昆山高新技术产业园区典型企业行政办公与生活服务设施用地面积比例

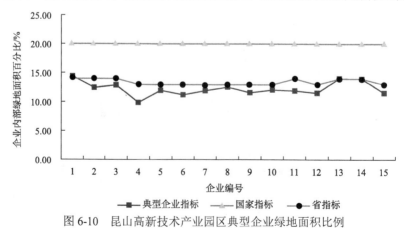

图 6-10　昆山高新技术产业园区典型企业绿地面积比例

表 6-9　昆山高新技术产业园区典型企业用地结构分析

编号	企业名称	企业用地面积/hm²	其中:1.厂房及配套用地面积/hm²	厂房及配套用地百分比/%	2.企业内部行政办公及生活服务设施用地面积/hm²	企业内部行政办公及生活服务设施用地百分比/%	3.厂区内部预留地地面积/hm²	厂区内部预留地比例百分比/%	4.露天堆场及操作场地面积/hm²	露天堆场及操作场地百分比/%	5.道路停车场面积/hm²	道路停车场面积百分比/%	6.绿地面积/hm²	绿地面积百分比/%	7.其他用地面积/hm²	其他用地百分比/%
1	富士康电子工业发展（昆山）有限公司	27.05	17.39	64.29	1.65	6.10	0	0	0	0	3.92	14.49	3.89	14.38	0.20	0.74
2	康佳电子科技（昆山）有限公司	24.45	15.83	64.74	1.54	6.30	0	0	0	0	3.83	15.66	3.05	12.47	0.10	0.97
3	富士康（昆山）电脑接插件有限公司	15.13	10.09	66.69	0.85	5.62	0	0	0	0	2.10	13.88	1.95	12.89	0.04	1.99
4	江苏凯宫机械股份有限公司	10.28	6.01	58.46	0.53	5.16	0	0	1.13	10.99	1.49	14.49	1.01	9.82	0.20	0.82
5	昆山密友实业有限公司	4.67	3.12	66.81	0.25	5.35	0	0	0	0	0.69	14.78	0.56	11.99	0.14	0.93
6	昆山通用电气实业有限公司	4.56	3.03	66.45	0.25	5.48	0	0	0	0	0.73	16.01	0.51	11.18	0.05	1.36
7	优德精密工业（昆山）股份有限公司	1.68	1.07	63.69	0.10	5.95	0	0	0	0	0.28	16.67	0.20	11.90	0.02	1.74
8	昆山高晟精密机电有限公司	3.67	2.43	66.21	0.19	5.18	0	0	0	0	0.55	14.99	0.46	12.53	0.04	1.84
9	苏州中菱电器制造有限公司	2.42	1.59	65.70	0.14	5.79	0	0	0	0	0.37	15.29	0.28	11.57	0.05	1.07
10	苏州超达汽车配件有限公司	2.74	1.76	64.23	0.15	5.47	0	0	0	0	0.45	16.42	0.33	12.04	0.05	2.49
11	景鑫电子（昆山）有限公司	2.01	1.33	66.17	0.12	5.97	0	0	0	0	0.28	13.93	0.24	11.94	0.04	0.88
12	昆山弘迪精密机械有限公司	1.91	1.22	63.87	0.12	6.28	0	0	0	0	0.31	16.23	0.22	11.52	0.04	1.46
13	苏州瀚哲电子科技有限公司	1.21	0.77	63.64	0.08	6.61	0	0	0	0	0.18	14.88	0.17	14.05	0.02	1.49
14	昆山申凌精密金属工业有限公司	2.01	1.29	64.18	0.12	5.97	0	0	0	0	0.27	13.43	0.28	13.93	0.04	1.65
15	昆山国力真空电器有限公司	1.04	0.67	64.42	0.07	6.73	0	0	0	0	0.15	14.42	0.12	11.54	0.03	1.79
	平均	6.99	4.51	64.64	0.41	5.86	0	0	0.08	0.73	1.04	15.04	0.88	12.25	0.07	1.41

　　从以上图表可以看出，昆山高新区各典型企业的厂房及配套用地面积占企业总用地面积的绝对比重达到64.64%，处于较高水平；而行政办公及生活服务设施用地比例则处于较低水平，所有典型企业内部行政办公及生活服务设施用地比例均符合≤7%的国家标准。与此同时，开发区内典型企业不存在留有预留地的情况，说明企业用地十分充分，利用效率很高。典型企业平均绿地面积比例为12.25%，符合国家标准和江苏省标准，没有出现浪费土地资源、大手大脚用地、建设"花园式工厂"的现象。从典型企业总的用地结构来看，昆山高新区高新技术产业土地利用状况符合国家要求，企业用地结构较为合理。

　　4. 分析结论

　　从上述分析可以看出，不管是企业用地强度、企业用地效益，还是企业用地结构，昆山高新技术产业园区的典型企业平均水平都已达到国家标准和省标准，并明显超过开发区的平均水平。昆山高新技术产业园区通过加强对建设用地"批前、批中、批后"三个环节的有力监管，不断增强土地管理能力，提高土地节约集约利用水平，按照循序渐进、节约土地、集约发展、合理布局的原则进行开发区的用地建设，促进了开发区的经济社会可持续发展。根据典型企业用地情况的调查分析，江苏昆山高新技术产业发挥了土地资源集聚利用的效应，产生了较好的经济和社会效益。

第 7 章　新型经济转型期对工业土地集约利用的影响机理研究

　　针对新型经济转型期对工业土地集约利用的影响研究,本书以江苏省1995~2009 年 15 年间 64 个市、县的时间序列与截面混合数据,应用计量经济软件与线性固定效应模型,分别对转型时期江苏省及省内苏南、苏中、苏北三大区域工业用地集约利用水平的各影响因素的影响方向以及影响程度进行了实证检验。鉴于数据的可获得性原因,以及学术界对工业土地集约利用认知的非一致性,本研究只对转型时期各因素影响下地均工业增加值的变化进行了计量经济学检验。从整体回归结果看:工业化率、城市化率、地均从业人员、地均固定资产投资、专业技术人员比重、地均科技投入以及工业耗电量对研究区工业土地集约利用水平产生比较显著的影响,这从统计意义上证明了人口因素、经济因素与科技因素对工业土地集约利用是有影响的。但是从不同区域来看,具体的影响因素和影响力度又略有区别,除去工业发展水平的影响,劳动力和能源是影响苏南工业土地集约利用水平的主要因素,劳动力和资本投入是影响苏中工业土地集约利用的主要因素,而影响苏北地区工业土地集约利用水平的主要因素是资本投入水平。科学技术虽然对各区域工业土地集约利用水平均有影响,但并不是当前的主要影响因素。

7.1　工业土地集约利用的驱动因素

7.1.1　人口因素

　　人口与土地的关系是影响土地集约利用度的重要因素之一。由于土地的数量是有限的,因此在同等数量的土地上承载的人口数量或质量发生改变时,常常会导致完全不同的土地利用效果。尤其是在土地资源稀缺、人地关系紧张的地区,投资者需要通过投入更多的劳动力、资本、技术等来弥补土地资源不足,从而直接影响到单位土地的利用强度,使得土地集约利用水平得到提高。

　　1. 人口数量变化与土地集约利用

　　土地是人们赖以生存的最基本的自然资源,当一个地区人口数量发生变化时,人们对住房、交通、食品等一系列生产、生活、消费的需求总量也会产生变化,这一变化则直接对土地及其他生产要素产生不同的影响。随着经济、医疗卫生、生活水平等外在条件的变化，我国人口已由新中国成立时的 5.4 亿上升到现在的接近 14 亿，这在无形之中对土地资源造成了巨大的压力。

2. 人口质量变化与土地集约利用

人口变化不仅包含数量上的变化，同时也包含了质量上的变化。当今世界注重的是"技术生产力"，高质量、高素质的人口增长能够转化为现实生产力，从技术上实现对土地资源的合理有效利用。反之，低素质的人口增长只会对土地造成更大的压力。

7.1.2　经济因素

经济因素指的不仅仅是经济规模、总量的增长，还包括经济发展所处阶段、增长速度、增长方式以及对外开放程度的变化等，这些因素从不同层面上影响着土地资源的配置利用。在不同的经济发展阶段，推动经济增长的生产要素也是不同的。

（1）根据美国迈克尔·波特（M. Porter）教授的研究，初级阶段的经济增长主要是通过对各种基础生产资料的堆积来实现的，第二阶段则是依靠大规模的投资，在第三阶段，技术创新成为经济增长的新动力，最后，当经济发展水平到达一定的高度时，人们为了创造财富，获得更高的生活质量而去推动经济增长。在这一过程中，经济增长特征由粗放向集约演变，土地资源在其中的角色以及利用效果也逐渐发生改变（何芳，2003）。

（2）经济发展不仅要求总量增加，更重要的是注重结构的优化与方式的转变。狭义上的经济增长方式转变就是由传统粗放型经济向现代集约型经济转变，以低投入高产出、低消耗高效益的经济增长方式取代高投入低产出、高消耗低效益的增长方式。集约型经济增长方式意味着土地边际报酬的提高，也意味着土地资源集约度随之上升。

（3）资金与技术投入的多少是制约土地集约利用众多因素中最重要的两个，而一个地区的经济对外开放程度往往是其吸引外资的重要原因。开放型的经济不仅能够得到更多国外的投资合作机会，也是引进高科技、发展高新技术产业的重要途径之一，所以必然会对土地投资结构和强度产生影响，提高土地利用率。

7.1.3　技术因素

国内外关于技术创新的大量研究证明，技术进步能够提高各类资源的利用效率，是经济长期增长的动力与源泉。追溯人类的历史，也可以发现每一次经济的飞跃发展都与科技的进步息息相关。技术进步对经济增长的这种作用，在国际上被称作科技进步贡献率，或是全要素生产率（total factor productivity，TFP）。当然，技术进步在促进经济增长的同时，也直接或间接地提高了土地及其他各项资源的利用效率。

技术进步能够直接影响生产工具的先进程度、劳动者的技能、生产技术与工艺以及对新材料、新能源的开发使用，从而使得土地利用过程及利用效果发生改变，导致在相同土地上投入科学技术资本不同时土地集约利用的效果也会大不一样。从另一方面来说，科学技术的进步促使经济增长方式的转变、产业结构升级乃至土地利用主体思维的改变，引导产品结构层次的改进，一些低能耗、占地少、效益高的产业得到迅速发展，间接地推动土地资源的节约集约利用和生态环境的保护。总的来说，技术进步是土地集约利用的技术保障，对土地集约利用起着不可替代的正向驱动作用。

7.1.4　制度因素

制度是一把"双刃剑"，制度环境的变化是影响土地集约利用重要的外部因素。土地自身的特性决定了土地市场是一个多元而复杂的市场，作为调控土地资源配置的另一只手，政府管制不仅可以弥补单纯依靠市场机制调节土地供求带来的缺点与不足，还能兼顾土地收益分配的公平性。因此，政府可以通过对土地的合理管制，直接实现土地集约利用度的提高。但从另一方面来说，由于当前中央绩效考核体制还不完善，在土地利用过程中不可避免的会出现一些地方政府官员因为追求个人利益、短期利益做出错误决策的现象，从而限制土地的合理有效的利用。

具体的制度涉及社会政策体制的各个层面，与土地集约利用相关的主要有征地制度、规划制度、土地使用制度和环境保护制度等。征地制度可以控制不同用途土地的数量和变化速度，改变区域土地利用结构，尤其是对建设用地总量的控制可以很好地激励土地使用者挖掘存量土地的潜能。土地规划制度就是事先规定土地的用途、数量及利用强度等，进而对用地者的行为进行必要的约束与监管，达到预期的土地利用目标。土地使用制度是在一定土地所有制基础上对土地使用程序、手段、方式的规定，20 世纪 90 年代我国开展土地使用制度改革，加快了土地市场化建设和有偿使用的步伐,使得土地使用者更加理性地选择和利用土地。环境保护制度主要是从外部性和微观上限制和影响土地的集约利用，合理的土地利用应该遵循生态环境保护的要求。

7.2　转型时期工业土地利用集约化过程

7.2.1　工业化进程对工业土地集约利用的影响

伴随着资源稀缺性的变化，不同的经济发展阶段，土地的主导功能和所起作用也有所差异。目前我国正处在经济转型时期，工业是当前区域经济增长最主要的动力，一个地区的工业化发展程度不仅直接决定了该区的综合经济实力和区域竞争力，而且对各类资源，尤其是土地资源利用方式和利用的效益水平也会造成不同的影响。

图 7-1 为 1995～2009 年江苏省的工业化率发生的变化。工业化率是指工业增加值占全部生产总值的比重，国内的研究一般认为 40%以下为工业化初期。图 7-1 结果表明：在 1995 年，除了苏南部分县市，全省大部分地区的工业化率都低于 40%；而到 2009 年，苏南大部分地区都超过了 50%，苏中地区的市县也大多超过了 40%，标志着该区域已经进入工业化中期，苏北地区虽然相对其他两个区域还较低，但是与 1995 年相比也有了大幅提高。由此可见，近 15 年来工业在江苏省国民经济发展中的地位得到了巨大、快速的提升。一方面，这一变化在一定时期内将导致工业发展所依托的工业土地资源出现快速扩张现象；而另一方面，工业经济水平的提高，也在一定程度上增加了工业土地的利用强度。

从经济发展阶段角度看，根据国外著名学者 H.钱纳里在其《工业化与经济增长的比较研究》一书中的理论，工业化能够依据人均 GDP 被划分为三个阶段（表7-1）。根据国内外工业发展经验，在初级经济阶段，由于资本短缺、土地市场发育程度低以及科学技术水平低下，经济的起步只能通过大量投入土地和廉价劳动力来实现，此时工业土地数量扩张快、利用方式粗放。进入到工业化初期，资本短缺虽有所缓解，但仍是许多地区发展面临的难题，因此很多地方政府选择了低地价招商引资策略，以土地替代资本，此时的土地利用集约程度依然比较低。当工业化发展至中期，不再短缺的资本被大量投入，使得经济发展速度加快，同时依靠扩张建设用地发展经济的瓶颈逐步显现，资本逐步代替土地，土地利用方式开始从粗放型向集约型转变。进入工业化后期，资本已经相当充裕，而长期的建设用地扩张使得土地资源日益稀缺，政府和土地使用者开始倾向于通过增加科技投入、转变经济增长方式、发展高新技术产业、优化工业土地布局以及管理创新等提高产出，此时土地资源逐步流向技术含量高、经济效益好、资源消耗低的产业，土地被较高效、集约、合理地利用起来。由此总结出土地利用抽象化特征，见表 7-1。

表 7-1　工业化不同阶段土地利用抽象化特征

工业化阶段	经济拉动方式	土地利用集约程度
初级经济阶段	土地、劳动力低效维持	高度粗放
工业化初期	土地、资本低效扩张	较为粗放
工业化中期	投资拉动	较为集约
工业化后期	精细增长	高度集约

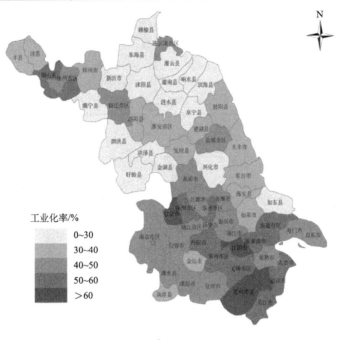

(a) 1995年

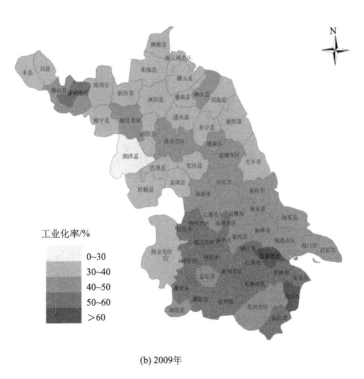

(b) 2009年

图 7-1　1995 年和 2009 年江苏省工业化率

本书以江苏省为例，根据 H.钱纳里等（1989）对工业化阶段划分的理论，结合 1995 年和 2009 年江苏省经济发展的实际数据，通过一定的整理和计算，可以得到表 7-2 所示的结果。

表 7-2　1995 年和 2009 年江苏省所处工业化阶段对比

年份	人均 GDP /美元	第二产业、第一产业产值比	城市化水平/%	第二产业、第一产业就业比	阶段
1995	877	3.13	27.3	0.68	工业化初期
2009	6550	8.21	55.6	1.42	工业化后期

通过将表 7-2 与表 7-1 进行对比，我们可以看到 1995 年江苏省人均 GDP 仅为 877 美元，大致可以判断当时工业经济尚处于发展初期，经济增长主要依靠土地扩张和大量投入劳动力实现，土地利用集约度差。经过 15 年时间，2009 年的人均 GDP 比 1995 年增长了 7 倍多，经过初步判断江苏省已经进入到工业化后期，工业在江苏省经济发展中的地位逐渐加强并占据了主导地位。

综合上文分析，我们可以发现，目前江苏省的工业化水平总体上说已较高，资本量总的来说已经相当充裕，省内劳动力素质、科技创新能力、企业管理水平等也都在不断地提升，土地利用方式也由从前的粗放型逐渐向集约型发展。尽管如此，随着工业化进程的深入，生态环境污染问题在日益加剧，从这一角度看，我国工业化发展仍有很长一段路需要走，目前工业土地集约利用水平也还有很大的提升空间。

7.2.2　产业结构升级对工业土地集约利用的影响

产业结构升级对工业土地集约利用的影响主要是从对工业土地利用结构、利用布局的影响上体现出来的。产业结构变动并不仅仅指的是三大产业之间的调整变化，也包含产业内部结构的调整与升级。本书此处讲的产业结构升级指的就是工业行业内部发生的产业结构调整。随着工业行业内部产业结构的优化升级，电力、煤炭、焦炭、电石、钢铁、有色金属、建材等行业产能相对落后，资源、能源消耗量大，对环境污染更严重以及不具备安全市场条件的行业和企业正在逐步被市场淘汰，而新能源、新材料、生物制药、环保、软件和服务外包等新兴产业得到了发展。

以江苏省为例，图 7-2 和图 7-3 分别是 1995 年和 2009 年江苏省主要工业产业内部结构分布情况。从图中我们可以比较清楚地看到近 15 年江苏省工业行业内部产业结构发生的变动。1995 年是江苏省重工业比重首次超过轻工业的一年，机械、化学、冶金、运输等行业通过一段时期的发展，已经初具规模，但是占据江苏省工业 GDP 最大份额的依然还是劳动密集型的纺织业,相比之下其他各产业类型分散且所占份额都还比较小。在 2005 年,江苏省依据产业发展规划,电子信息、装备制造、生物与新医药、新材料以及现代轻纺被定为全省主导产业,各地级市也依照本区域经济发展特点,确定了各自的主导产业。可以看出,截至 2009 年,全省工业产业内部主要产业的种类变化并不是很大,但是各产业在比重和排位名次上都发生了不小的改变,例如原本龙头老大纺织业这类劳动密集型行业逐渐被资本和技术密集型的行业取代,电子、化学、钢铁、机械以及其他高新技术类行业部门随着工业化的深入逐渐兴起,比重不断加大,此外,我们还可以注意到 2009 年零散产业部门的比例比 2005 年下降很多,整个产业体系出现了比较显著的集聚现象。

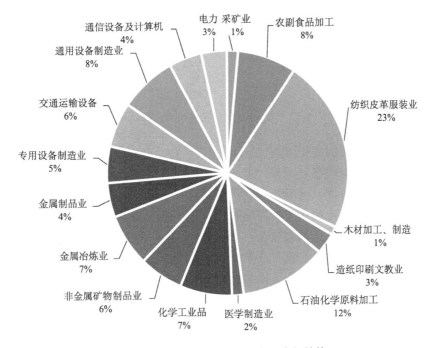

图 7-2　1995 年江苏省工业产业内部结构

　　产业结构的调整升级,不仅带来了工业增加值的提高,也必然会改变能源和资源的消耗利用结构,当然其中也包括土地利用结构的优化。首先,不同的工业部门在用地面积和用地比例上都存在差异。同等规模下,相对于纺织业这样的劳动密集型行业,电子设备制造、机械、生物医药、新材料这类技术密集型行业在厂房用地面积、生活服务设施用地面积以及其他的配套设施用地面积上都要小许多,对于节约利用土地、控制土地成本有很好的效果。其次,产业结构升级还可

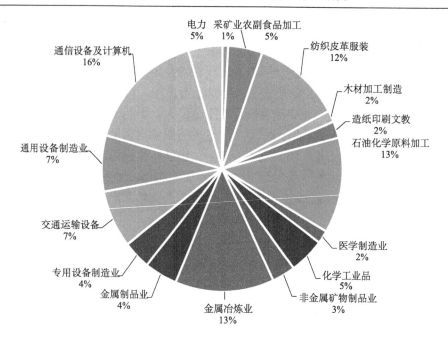

图 7-3　2009 年江苏省工业产业内部结构

以促使土地利用布局的优化。过去的工业布局大多是从经济资源出发的工业布局，而一些新兴的工业部门在对原料、市场的依赖程度上都要比传统工业小，在土地布局上也更加灵活多变。最后，产业结构调整升级带动了产业的集聚，使企业在空间布局上更加紧凑，达到节约用地的目的。以 20 世纪 90 年代苏州工业园区为例，其工业布局更加注重城市设计，"外围—核心"的开发模式一方面依托苏州城市发展，另一方面又相对独立，不仅降低了成本，吸引了大量外资以及从城市中心区退出的企业，而且提升了周边土地的价值，获得了长远的经济效益。

7.2.3　转变经济增长方式对工业土地集约利用的影响

经济增长方式总体上可以分为粗放型和集约型两种。这两者的主要区别是，前者主要通过依靠增加诸如土地、资本、劳动这类生产要素的投入来扩大生产规模，从而达到增加总产出的目的，而后者则是依靠对生产技术、工艺、设备等的改造实现产量的增长。相对于粗放型，集约型的经济增长方式成本低、较为环保、产品更具竞争力，也能够带来更长远的社会、经济、环境效益。

随着资源、能源存量的日益贫乏以及生态环境污染与退化一系列问题的出现，粗放型的经济增长方式显然已经不能适应当前我国社会经济环境可持续发展的要求，发展高新产业、绿色产业正逐渐成为转型时期我国经济发展的一个重要特征，这也必然会带来土地投入水平、结构以及产出的变化。

　　从土地投入结构上说，资本、科技、劳动力仍然是当前拉动土地经济产出不可或缺的要素，但是随着经济转型越来越深入，这三大要素在投入比重和增长速度上都发生了改变。图 7-4～图 7-6 分别为 1995～2009 年江苏省各市县地均固定资产投资、劳动力和科技投入在数量上发生的变化。首先，我们看到，1995 年固定资产投资、劳动力和科技的投入水平相对 2009 年要低很多，尤其是资本投入和科技投入；其次，从各项投入的增长速度看，近 15 年增速最快的当属科技投入，从图上看到 2009 年江苏省各市县用于科研创新的资金相对 1995 年共增长了远远不止 10 倍，资本投入虽然也增长了 10 倍左右，但比起科技来说还是较慢的，而劳动力投入近 15 年的增速最慢，且增长主要集中在苏南经济发展水平较高的地区；最后，科技投入的增长速度虽然比资本投入更快，但是投入量相对于资本投入量来说是极小的，以 2009 年的投入水平看，苏北某些县市的科技投入量只有资本投入量的 1/1000，这说明江苏省还处在资本投入型经济向科技投入型经济发展模式过渡的时期，依据当前土地投入结构水平变化趋势，能够促使土地资源和其他生产要素的数量配置关系发生相应变化，从而保证土地利用效益水平持续提高。

　　从各项投入的逐年增长率来说，如图 7-7 所示，劳动力投入增速缓慢，在 90 年代末期一度出现了负增长；科技支出的增长速度在 2005 年后特别快，年增长率最高在 2007 年时超过 60%。由于资本投入在当前依然是增加土地产出的重要基础，而且随着经济发展水平的提高，社会资本越来越充裕，其投资增加率虽然没有科技高，但近几年也一直维持在较高水平。这种情形是社会经济发展的必经过程，同时与政府重视转变经济增长方式、推动新兴技术产业发展的理念和政策是分不开的。

　　另外，就不同工业行业科技投入方面看，根据全国第二次经济普查数据，2008 年江苏省用于规模以上工业企业①投入科技活动经费 949.61 亿元人民币，其中代表自主创新能力的研究与实验发展（R&D）经费总计达到 480.91 亿元人民币，平均投入强度为 0.67%。从表 7-3 看到，R&D 经费投入强度比较高的行业分别有医药制造业、新材料、电子设备、化学制品、专业设备制造业等，而利润比较高的除了依靠企业个数规模获得高利润的纺织业、金属设备制品业外，其他都是一些科研投入比较高的产业，其中最高的是企业个数并不占绝对优势的电子设备制造业。这种重叠现象，比较直接地说明了经济增长方式转变下科技投入强度高的工业部门能够带动单位工业用地上整体科技投入水平的提高，对单位工业用地产出值的增加、土地的集约利用有重要贡献作用。

----

① 规模以上工业企业指年主营业务收入 500 万元及以上的工业法人企业。

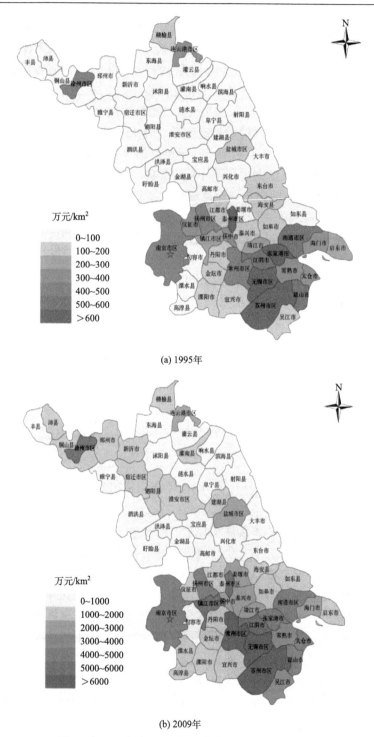

(a) 1995年

(b) 2009年

图 7-4　1995 年和 2009 年江苏省地均固定资产投资

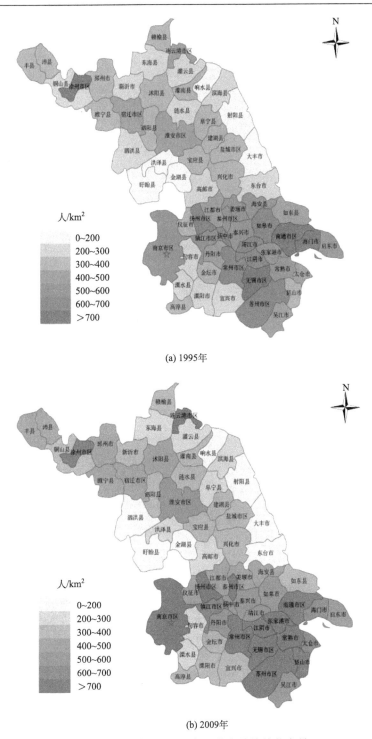

图 7-5　1995 年和 2009 年江苏省地均从业人员

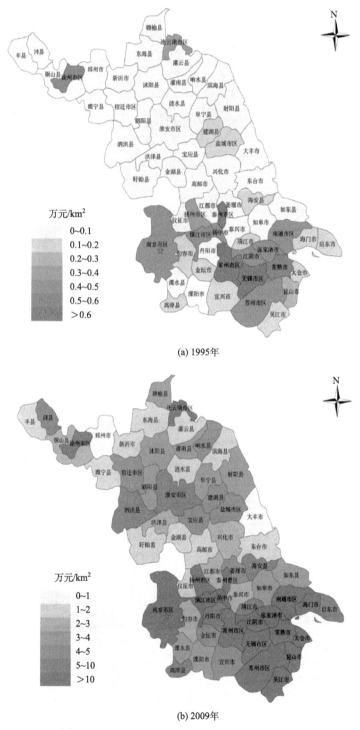

(a) 1995年

(b) 2009年

图 7-6　1995 年和 2009 年江苏省地均科技投入

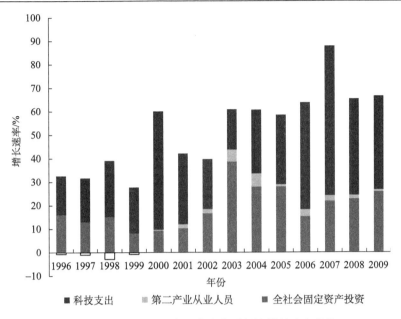

图 7-7　1996~2009 年江苏省各项投资增长速率变化

表 7-3　2008 年江苏省主要工业企业 R&D 经费投入

行业名称	企业法人/个	R&D 经费投入/亿元	强度/%	主营业务收入/亿元	利润总额/亿元
采矿业	1 145	4.75	0.83	575.03	88.31
制造业	265 256	473.98	0.69	68 893.81	4 216.93
纺织业	28 538	14.16	0.26	5 465.03	242.14
纺织服装、鞋、帽制造业	15 147	5.88	0.24	2 462.44	139.36
造纸及纸制品业	5 935	7.63	0.76	1 002.96	67.51
化学原料及化学制品制造业	13 207	61.24	0.91	6 747.48	372.8
医药制造业	1 521	17.99	2.05	876.01	112.54
化学纤维制造业	1 783	7.95	0.62	1 285.37	71.44
塑料制品业	14 958	6.76	0.45	1 512.62	86.71
非金属矿物制品业	17 139	7.17	0.34	2 137.3	139.59
黑色金属冶炼及压延加工业	2 831	49.1	0.76	6 496.14	425.81
有色金属冶炼及压延加工业	3 672	9.22	0.42	2 188.51	91.56
金属制品业	22 697	16.82	0.53	3 145.51	195.6
通用设备制造业	36 682	40.43	0.78	5 206.15	387.19
专用设备制造业	18 809	22.47	0.93	2 417.32	183.49

续表

行业名称	企业法人/个	R&D 经费投入/亿元	强度/%	主营业务收入/亿元	利润总额/亿元
交通运输设备制造业	11 279	31.44	0.84	3 734.3	285.65
电气机械及器材制造业	16 001	66.53	1.13	5 901.03	405.68
通信设备、计算机及其他电子设备制造业	9 206	74.93	0.76	9 889.76	506.88
仪器仪表及文化、办公用机械制造业	3 829	13.9	1.17	1 190.6	79.91
电力、燃气及水的生产和供应	3 218	2.18	0.08	2 722.96	35
总　计	269 619	480.91	0.67	72 191.8	4 340.24

资料来源：文献国务院第二次全国经济普查领导小组办公室（2010）。

7.3　研究区概况及一般分析

7.3.1　江苏省区域概况

1. 行政区划

自 1996 年泰州市由县级市升为地级市以来，江苏省共设有 13 个省辖市：苏州、无锡、常州、镇江、南京、南通、扬州、泰州、淮安、连云港、徐州、盐城、宿迁。一般从地域和经济上又将这 13 个市划分为苏南、苏中、苏北三个区域：苏南五市（苏州、无锡、常州、镇江、南京），苏中三市（扬州、南通、泰州），苏北五市（淮安、连云港、徐州、盐城、宿迁）。截至 2009 年 12 月，全省 13 市共下辖 106 个县级以上行政区划单位，其中包括 55 个市辖区、26 个县级市、25 个县以及 1342 个乡镇，如图 7-8 所示。

2. 自然概况

江苏省位于我国大陆东部沿海中心，东濒黄海，东南与浙江和上海相毗邻，西与安徽接壤，北连山东。全省面积约 10.26 万 km^2（其中包含 1.73 万 km^2 的水域面积），占全国总面积的 1.1%，耕地面积有 4.902 万 km^2，占到全国的 3.97%，还有约 0.59 万 km^2 的沿海滩涂，是省内重要的后备土地资源。江苏省境内 70% 以上的地貌为平原，包括了苏南平原、江淮平原和黄淮平原，因此，总体上地势低平，也成就了江苏省河湖数量众多、水网密布的地理特征。江苏省是我国水面比例占陆域面积最大的省份，拥有近 3000 条大小河流，分布极其稠密。同时，江苏省四季分明，全年平均气温 13~16℃，气候温暖湿润，雨量适中，农业生产条件

图 7-8 江苏省行政区划图

资料来源：http://image.so.com/。

得天独厚，省内盛产的主要粮食作物是水稻和小麦，经济作物有棉花和油菜等。基于优越的自然条件，区域内农业种植经营水平较高。另外，优越的自然条件也使得江苏省内水陆交通条件十分便利，奠定了良好的区域经济基础。

3. 社会经济发展状况

地处长三角经济圈的江苏省，是我国经济最发达，人口密度最高，工业化、城市化进程速度最快的地区之一。江苏工业产业部门种类丰富，从改革开放以来最著名的纺织业已经拓展到如今包括医药、冶金、电子、机械、计算机、电力、化工、新材料等在内的各个工业部门，成为轻、重工业都比较发达的省区，其中纺织业和化工业在全国范围都占有很重要的地位。

表 7-4 是 1978 年改革开放至今江苏省地区生产总值及其构成状况发生的巨大变化。我们可以看到，全省地区生产总值由 1978 年的 249.24 亿元上涨到 2009 年

的 34 457.30 亿元，增长了大约 138 倍，年增长率超过 10%。同时，省内三大产业的产业结构也发生了不小的变动，其中第一产业占地区生产总值比重下降了 21%，第三产业则增长了 19.72%。总体来说，改革开放以来江苏省经济水平及经济结构上都得到了巨大而快速的发展。

表 7-4　1978～2009 年江苏省地区生产总值及其构成　　（单位：亿元）

年份	总计	第一产业	第二产业		第三产业
			总值	工业	
1978	249.24	68.71	131.09	117.10	49.44
1980	319.80	94.24	167.41	151.22	58.15
1985	651.82	195.66	339.56	307.89	116.60
1990	1 416.50	355.17	692.59	634.13	368.74
1995	5 155.25	866.24	2 715.26	2 467.63	1 573.75
2000	8 553.69	1 048.34	4 435.89	3 848.52	3 069.46
2002	10 606.85	1 110.44	5 604.49	4 880.09	3 891.92
2005	18 598.69	1 461.51	10 524.96	9 440.18	6 612.22
2006	21 742.05	1 545.05	12 282.89	11 097.64	7 914.11
2007	26 018.48	1 816.31	14 471.26	13 105.24	9 730.91
2008	30 981.98	2 100.11	16 993.34	15 271.20	11 888.53
2009	34 457.30	2 261.86	18 566.37	16 464.94	13 629.07

在看到江苏省经济发展取得巨大成就的同时，我们也不应忽视省内各区域经济发展上的差距。自改革开放以来，苏南、苏中、苏北三大区域在国内生产总值上差距正不断扩大，其中苏南地区无论是在发展程度还是速度上都要远远高于苏中和苏北地区，如图 7-9 所示，2009 年苏北各市县的 GDP 大多集中在 250 亿元以下，而苏南某些市区超过 2000 亿元，几乎是苏北的 10 倍。产生如此大差异的原因与地理区位、经济基础、政府政策的差异密切相关。

此外，作为沿海省份之一，江苏省的对外经济在改革开放以后也实现了巨大的飞跃。从发展进程来说大致可分为三个阶段。①起步阶段（1978～1990 年）：在这期间，长三角沿海经济开发区逐步形成，全省进出口总额从 4.18 亿美元上升到 29.44 亿美元，超过天津，成为全国进出口总额排名第五的省份；②发展阶段（1991～2000 年）：随着中央宣布对浦东进行开发，江苏省抓住机遇，在苏锡常地区兴建工业园区、开发区，与浦东接轨、与国际接轨，促使进出口总额在这十年上升了近十倍；③快速发展阶段（2001 年至今）：面对我国加入世贸组织，江苏省以更加积极的姿态迎接并参与世界的合作与竞争，到 2008 年全省进出口总

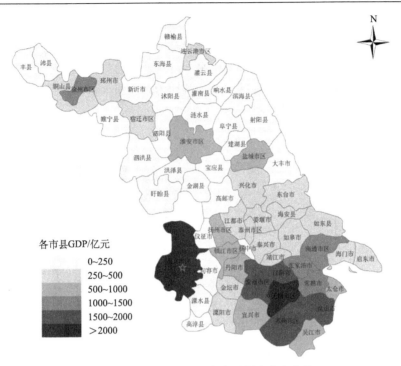

图 7-9　2009 年江苏省各市县国内生产总值

额已远远超过全国平均水平,成为仅次于广东省的全国第二大经济高度开放省份,
但是在 2009 年,受金融危机以及人民币汇率升值的影响,全国各省进出口总额都
有所下降,如表 7-5 所示。

表 7-5　1978～2009 年全国主要省、直辖市进出口总额对比　　（单位：亿美元）

年份	北京	天津	辽宁	上海	江苏	浙江	山东	广东
1978	2.85	8.65	15.20	28.93	**4.18**	0.52	8.30	13.88
1980	5.93	15.42	39.80	42.66	**8.54**	2.43	17.63	21.95
1985	6.21	11.53	50.40	33.61	**15.86**	9.38	23.47	29.53
1990	11.22	17.86	56.10	53.21	**29.44**	21.89	34.17	222.21
1995	102.50	29.98	82.60	115.77	**97.82**	76.98	81.61	565.92
2000	119.68	86.29	108.50	253.54	**257.70**	194.43	155.29	919.19
2005	308.84	274.15	234.39	907.42	**1229.82**	768.04	462.51	2381.71
2006	379.84	335.40	283.20	1135.73	**1604.19**	1009.00	586.47	3019.48
2007	489.23	381.46	353.25	1438.87	**2037.33**	1282.94	751.29	3692.58
2008	574.50	420.40	420.50	1692.10	**2380.40**	1542.90	930.80	4041.00
2009	483.80	298.90	334.40	1418.80	**1992.40**	1330.20	795.00	3589.60

改革开放以来，江苏省对外贸易依存度不断攀升，2006 年最高甚至达到了 104.6%（图 7-10）。尤其是苏南地区，其中苏州的外贸依存度接近 300%，远远高于经济发达国家的对外贸易依存度水平。这说明虽然当前江苏省经济对外开放程度高，但很大程度上还是依靠区内廉价劳动力来吸引外资，自身的科技创新能力相对国际环境来说还比较薄弱。

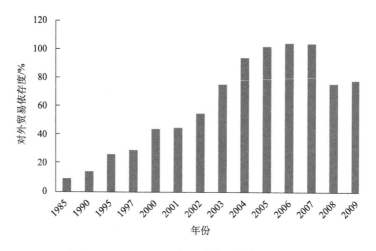

图 7-10　1985～2009 年江苏省对外贸易依存度

在城市化率和居民收入方面，通过图 7-11 和表 7-6，我们可以看到江苏省城镇化发展速度相当快，远远超过人口的增长速度。1995 年全省各市县的城市化水平普遍不超过 30%，到 2009 年，全省平均城镇化率已经达到 55.6%，其中苏南大多市区超过 70%。与此同时，城镇居民和农民居民人均收入分别上涨了 71 倍和 52 倍，可见人民生活水平总体上来说得到了很大的提高，但是农村居民和城镇居民的收入差距也在不断扩大。

7.3.2　江苏省工业用地利用现状及存在问题

1. 工业用地利用现状

江苏省土地总面积约 1039.6 万 hm^2，虽然数量比较少，但是由于区内自然条件优越，所以土地利用方式多样、利用水平较高，综合生产力强。改革开放至今的 30 余年，伴随着工业化、城市化进程加快，江苏省工业经济经历了巨大的发展，工业用地数量也在不断增加。如图 7-12 所示，进入到 21 世纪，江苏省工业用地数量上升速度明显加快。1996 年全省的居民点及工矿用地面积为 129.7 万 hm^2，2008 年这一数值已经上升到 161.04 万 hm^2，所占比重由 12.16% 增长到 15.09%，苏南地区尤其是苏州，居民点及工矿用地比重高达 30% 以上。

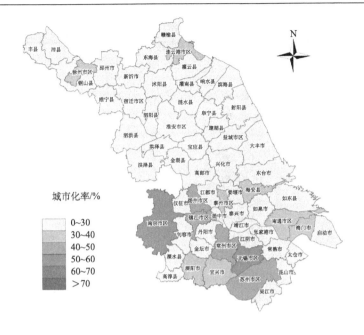

(a) 1995年

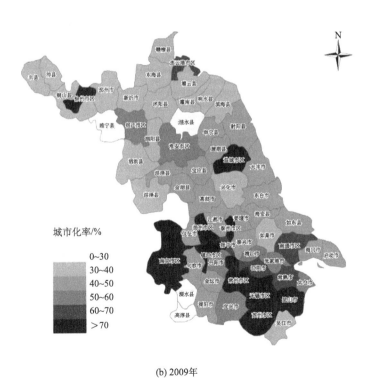

(b) 2009年

图 7-11　1995 年和 2009 年江苏省各市县城市化率

表 7-6　1978～2009 年江苏省人口及居民收入变化

年份	总人口/万人	城镇人口/万人	居民人均收入/元	
			农村居民	城镇居民
1978	5 834.32	800.77	155	288
1980	5 938.19	901.78	218	433
1985	6 213.48	1 099.79	493	766
1990	6 766.90	1 458.94	884	1 464
1995	7 066.02	1 929.09	2 457	4 634
2000	7 327.24	3 040.81	3 595	6 800
2002	7 380.97	3 299.29	3 996	8 178
2005	7 474.50	3 774.62	5 276	12 319
2006	7 549.50	3 918.19	5 813	14 084
2007	7 624.50	4 056.23	6 561	16 378
2008	7 676.50	4 168.48	7 357	18 680
2009	7 724.50	4 294.82	8 004	20 552

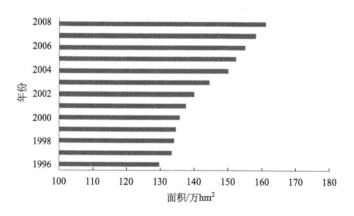

图 7-12　1996～2008 年江苏省居民点与工矿用地数量变化

2006 年,《招标拍卖挂牌出让国有土地使用权规范》和《协议出让国有土地使用权规范》的正式出台促使工业用地开始实行"招拍挂"制度。这一制度的实施,加速了工业土地市场性流转和工业地价的上升,促使工业用地结构向合理化发展。

图 7-13 是 2008 年江苏省三大区域地价水平图,从图中可以看到,当前江苏省工业地价还比较低,与商业、住宅地价差距大,这一现状是直接导致很多工业企业缺乏节约、集约用地意识的直接原因,也从很大程度上影响了工业用地集约

度的提高。2007 年，江苏省工业地价的环比指数达到 119.12，比 21 世纪初提高很多，说明江苏省工业地价已经受到工业"招拍挂"制度的影响，出现了一定程度的上涨趋势。

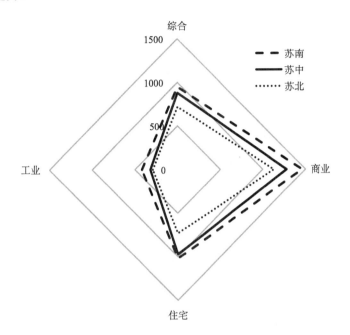

图 7-13　2008 年江苏省三大区域工业、商业、住宅地价水平对比（单位：元/m²）

表 7-7 是 2008 年我国东部各省（直辖市）土地利用现状情况的一个比较。江苏省所在的东部地区是全国经济发展水平最高、最开放的地区，包括北京、天津、辽宁、上海、浙江、广东在内的 12 个省、自治区以及直辖市。从表中我们可以看到，总体上来说江苏省的人均建设用地水平、地均工业增加值、地均固定资产投资水平都是高于全国平均水平的。人均建设用地面积达到 251.92m²/人，说明全省建设用地比重大，土地资源在区域工业发展中仍然起着关键性作用。另外，我们还能看到，在上海、北京的拉动下，2008 年江苏省地均工业增加值仅略高于东部的平均水平，地均固定资产投资额甚至略低于东部平均水平，可见区内土地的投入和产出水平与上海、浙江等地相比还有较大的差距。所以说，尽管江苏省工业用地水平在全国乃至东部地区来说都是比较高的，但是仍有很大的潜力待挖掘，尤其是土地的投资强度和产出水平都还有很大的提升空间，这也说明了江苏省工业用地集约利用水平存在进一步提高的可能。

表 7-7　　2008 年东部地区省（直辖市）土地利用水平比较

地区	人均建设用地 /（m²/人）	地均工业增加值 /（万元/hm²）	地均固定资产投资 /（万元/hm²）
全国	248.93	39.06	52.12
东部地区	238.79	77.53	78.87
上海	134.53	227.76	188.57
北京	199.41	65.04	112.86
天津	312.93	96.03	92.11
江苏	**251.92**	**77.92**	**77.87**
浙江	204.88	98.76	88.65
广东	187.55	96.39	60.53
广西	198.09	27.54	39.32
福建	179.52	73.50	80.26
山东	266.65	64.13	61.47
辽宁	324.22	48.15	71.60
河北	256.69	44.41	49.45
海南	348.95	10.78	23.69

注：人均建设用地人口指的是年末总人口，建设用地包括居民点与工矿用地、交通运输用地和水利设施用地。

资料来源：文献江苏省统计局（2009）；国家统计局（2010）。

2. 存在的问题

1）工业用地供求不平衡

从 20 世纪 90 年代到 21 世纪初是江苏省工业用地急速扩张的阶段，尤其是苏南地区，大量的耕地资源转化为非农用地以支撑城市扩张和工业发展。根据国内学者的相关研究表明，1996～2004 年江苏省 GDP 每增长 1 亿元，就要消耗 16.5hm² 的居民点、工矿用地和交通用地，长期发展下去必将远远超出江苏省的土地承载力。从城市内部用地结构来看，工业用地所占比例高，像苏州、无锡等苏南城市早已超过 30%。与之相对应的是省内后备耕地资源严重不足的现状和中央连年强调的实行最严格耕地保护制度。可以说，江苏省的发展面临着土地供需不平衡的巨大矛盾。

2）用地结构与用地强度不合理

许多工业企业、工业区是远离城区独立发展的，在规划与建设时常常存在一些不规范之处，例如工业区内大量土地被生活、绿化、公共设施等非生产性用地占用，可以建多层厂房的却只建了单层厂房，导致真正的生产性用地占工业土地总面积的比例低，从而影响到土地的产出，也限制了土地的集约利用水平的提高。此外，受多种因素的影响，很多工业区在吸纳国内外投资环节还很薄弱，利用投资的过程中也并没有充分考虑其所处的区域背景，产业定位与周边地区脱节，限制区域间产业的联动发展。

3）区域间存在过度竞争

随着工业投资对地区经济发展影响程度的加深，各地政府也是竞相出台各种优惠政策吸引投资。在此基础上，不少城市、工业区都形成了企业在空间上的集聚，这种集聚往往缺乏统筹安排和生产力布局，地区间、企业间也不存在内在关联机制，更多的是重复建设。从江苏省三大区域的开发区所确定的主导产业类型看，苏南有机械 29 家、电子 28 家、纺织 11 家，苏中有机械 19 家、纺织 13 家、化工 7 家，苏北有纺织 28 家、机械 23 家、轻工 7 家。这种产业结构乃至形态上的趋同，很大程度上导致全省范围的产业合理布局及专业化分工协作难以形成，更会引起各地区在低水平上展开重复建设与恶性竞争，影响到土地的合理利用。

4）土地浪费现象严重，利用率低

近年江苏省工业用地数量的过量增长导致全省出现工业土地存量多、增量少的现状。在土地供给总量有限的前提下，省内各地区所处的发展阶段与发展趋势显现出未来很长一段时间的城市建设、经济增长还需依托大量的建设用地。然而，由于我国工业用地的市场建设起步晚，很多地方尚未规范，政策上也存在一些漏洞，许多企业、项目就利用这些漏洞实行囤地、对土地占而不用或多占少用的投机行为。在当下土地资源越来越稀缺的形势下，对工业用地的闲置、浪费会直接影响工业土地的节约、集约利用，影响社会和谐可持续发展。

7.4　经济转型期江苏省工业用地集约利用实证分析

7.4.1　模型分析框架

如图 7-14 所示，工业用地集约利用是一个由多层次、多因素综合作用的过程。工业用地集约利用水平的变化是由土地利用行为的变化，如劳动力、资本、科技投入的变化，利用强度和利用意识的改变以及一些外部环境的变化共同引起的，这些影响因素能够直接作用于工业土地利用，是工业土地利用集约水平变化的直接影响因素。而工业土地利用过程中的外部环境变化、土地投入水平、利用结构等变化又是由转型时期社会经济发展阶段变化、产业结构调整、科学技术进步、制度完善以及其他一些变化引起的。换言之，经济转型时期经济发展水平提高、产业结构升级、技术进步及制度完善引导土地利用主体的土地利用行为发生变化，并使之直接对工业用地集约利用变化产生影响。

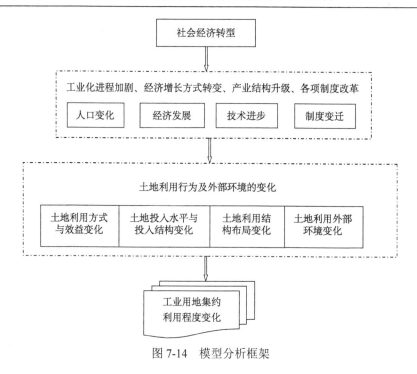

图 7-14　模型分析框架

　　同时，为了进一步并精准地了解区域间土地集约利用影响因素的差异性，本书将研究区域细化到县域，构建合适的面板数据模型，从多方面因素综合考虑，选取合适的指标，对转型时期江苏省工业土地集约利用影响因素进行实证分析。

7.4.2　一般模型的构建

1. 理论模型与变量说明

　　考虑不同社会经济发展时期，人们对工业土地集约利用在认知上还存在差异，目前学术界虽没有建立衡量工业土地集约利用程度的统一标准，但是土地产出水平作为衡量土地集约利用水平最重要的标准并未改变，加上相关研究数据难以获取，本书选用地均工业增加值来体现区域工业土地集约利用情况。因此，文章对美国数学家科布（C. W.Cobb）与经济学家道格拉斯（P. Douglas）所构建的科布-道格拉斯生产函数（C-D 生产函数）模型进行变化与拓展，用于研究江苏省工业土地集约利用效益水平的主要影响因素。

$$Y = AL^\alpha K^\beta \tag{7-1}$$

式中，Y 代表产出量，A 为技术水平，L 代表劳动投入量，K 代表资本投入量，α、β 分别表示劳动力弹性和资本弹性。

　　本书基于当前社会经济发展的实际情况，引入能源要素、环境要素，通过地区社会所处经济发展阶段、资本投入、劳动力投入、劳动力素质、科学技术投入、能源消耗以及外部环境变化相关指标，依据生产函数模型构建新的线性模型，同时为了消除异方差，模型中各变量均取对数形式，具体如下：

$$\ln IGDP_{it} = a_{it} + \beta_1 \ln IR_{it} + \beta_2 \ln CR_{it} + \beta_3 \ln WP_{it} + \beta_4 \ln TZ_{it} +$$
$$\beta_5 \ln FTZ_{it} + \beta_6 \ln PPR_{it} + \beta_7 \ln STI_{it} + \beta_8 \ln IPC_{it} + \qquad (7\text{-}2)$$
$$\beta_9 \ln IWW_{it} + \beta_{10} \ln IWG_{it} + \beta_1 \ln ISW_{it} + \mu_{it}$$

式中，i 是第 i（$i=1,2,3,\cdots,64$）个地区，t 为第 t（$t=1995,1996,1997,\cdots,2009$）年；参数 a_{it} 为模型常数项，即截距项；μ_{it} 表示随机误差项（残差项），满足相互独立、零均值、等方差的假设。参数 β_1，β_2，β_3，$\cdots$，β_k 反映的是第 k 个自变量的系数向量，表示自变量对因变量的敏感程度；各变量的含义及具体解释如下。

IGDP——地均工业增加值（万元/km^2），反映单位土地的工业产出效益，可以体现工业土地的利用强度与利用水平。使用地均工业增加值作为衡量工业土地集约利用水平的指标，虽然人们对工业土地集约利用没有达成统一认识，但追求单位面积土地产出最大化的目的长久以来并没有发生改变，所以土地的产出是最具代表性的土地集约利用水平的指标。

IR——工业化率（%），指工业增加值占全部生产总值的比重，它是反映社会经济发展水平和发展阶段的重要标准，一般情况下，工业化率对工业土地集约利用是有推动作用的，工业化水平越高，工业土地集约利用水平也会越高。

CR——城市化率（%），一般指的是城镇人口占总人口的比率，城市化率也是反映地区社会经济发展水平的指标之一，所以理论上讲，城市化水平与工业土地集约利用水平之间也存在正向相关。

WP——地均从业人员数（人/km^2），体现了单位面积土地上能够吸纳的劳动力数量，一般来说单位土地能够吸纳的劳动者数量越多，土地集约利用水平也会越高。

TZ——地均固定资产投资（万元/km^2），是单位土地资本投入的数额，依照土地报酬递减规律，在到达临界点前，对土地投入得越多，得到的回报也会越高，因此，一般情况下，地均固定资产投资对土地集约利用水平的提高有促进作用。

FTZ——地均实际利用外资（万元/km^2），指的是单位土地实际接受的外资投入量，它反映区域经济开放水平和利用外资水平，预期系数为正。

PPR——专业技术人员比重（%），是专业技术人员占从业人员总数的比重，不仅能够体现区域劳动力素质的变化，还间接反映了社会科学技术的进步，预期与工业土地集约利用水平正相关。

STI——地均科学技术投入（万元/km^2），指的是单位土地上用于科学技术支出费用，它体现了土地投入水平，也反映了土地投入结构的变化，预期与工业土

地集约利用水平为正相关。

IPC——工业耗电量（亿千瓦时），是工业部门消耗电力的数值，代表工业能源消耗情况，在相同产出的情况下，能源消耗越低，就表示土地集约利用水平越高。

IWW、IWG、ISW——工业废水排放量（万吨）、工业废气排放量（亿标立方米）和工业固定废弃物排放量（万吨）。工业"三废"排放量反映的是工业土地利用对区域外部环境的影响，理论上讲，对外部环境的破坏会造成工业土地利用的不集约。

关于变量的描述性统计量见表7-8。

表 7-8 变量的描述性统计

变量	均值	最大值	最小值	标准差
地均工业增加值/（万元/km²）	872.8062	12 730.06	11.03	1483.79
工业化率/%	0.4097	0.9227	0.0749	0.1193
城市化率/%	34.7113	91.93	7.44	17.6655
地均从业人员数/（人/km²）	414.9582	1437.5	15.81	203.3024
地均固定资产投资/（万元/km²）	788.8218	9853.43	7.28	1170.063
地均实际利用外资/（万元/km²）	15.5736	211.76	0.01	28.8659
专业技术人员比重/%	6.0555	41.0727	1.3282	4.2093
地均科技投入/（万元/km²）	2.5589	85.1248	0.009	6.9153
工业耗电量/亿千瓦时	18.8564	214.21	0.24	33.3494
工业废水排放量/万吨	3806.532	65852	51.65	7624.047
工业废气排放量/亿标立方米	240.5578	4676.53	0.03	490.3018
工业固体废弃物排放量/万吨	73.47784	1697.5	0.1	153.8055

2. 数据来源

本书构造面板数据模型所需要的江苏省所辖 64 个市县的数据来自于 1995～2009 年的《江苏统计年鉴》及江苏省 13 个地级市的社会统计年鉴和统计公报，除此以外还有部分土地数据来源于江苏省国土资源厅统计数据和部分年份的《中国城市统计年鉴》。其中，2006～2009 年的科学技术投入数据使用的是年鉴中财政支出里的科学技术投入，1995～2005 年使用的是财政支出中科技三项费用。

7.4.3 单位根检验与协整分析

协整分析是检验变量间是否存在长期稳定的均衡关系所用到的常用方法，进行协整分析前必须要进行单位根检验，保证各变量间有共同增长趋势，即为同阶单整。本书运用面板数据的协整检验来考察江苏省工业用地集约利用与转型时期社会经济环境变化之间的长期因果关系。

1. 单位根检验

面板的单位根检验是用于判定面板数据稳定性的检验方法。面板数据和时间序列一样，在非平稳时间序列对另一非平稳时间序列回归的情况下，标准 T 检验和 F 检验都是无效的。因此，为了降低制度、结构突变对回归结果的影响，时期较长的面板数据应当检验平稳性。进行面板单位根检验时往往是从下列向量自回归过程出发的：

$$y_{it} = \rho_i y_{it-1} + X_{it}\delta_i + \varepsilon_{it} \tag{7-3}$$

式中，i 代表的是截面个体，t 指时间；X 为模型中外生常数项以及时间趋势；δ_i 为第 i 个自变量的系数向量；ε_{it} 为随机误差项（残差项）ρ_i 为自回归系数，如果 $\rho_i < 1$，则称序列 y_{it} 是宽（趋势）平稳的，如果$|\rho_i|=1$，则序列 y_{it} 包含单位根，为不平稳序列。

面板单位根检验的方法很多，为了保证结论的稳健性，加之考虑计量软件的可行性，本书采用 LLC（Levin-Lin-Chu）检验、IPS（Im-Pesaran-Shin）检验、Fisher-ADF 检验和 Fisher- PP 检验对数据进行单位根检验。检验结果见表 7-9。

表 7-9　面板数据单位根检验结果

变量	方法数值	LLC 检验	IPS 检验	Fisher-ADF 检验	Fisher-PP 检验
ln*IGDP*	statistic	9.261 83	16.574 3	13.860 8	7.906 21
	P	1.000 0	1.000 0	1.000 0	1.000 0
Δ ln*IGDP*	statistic	−17.482 3	−15.525 6	459.269	520.356
	P	0.000 0	0.000 0	0.000 0	0.000 0
ln*IR*	statistic	−3.759 94	−1.209 48	151.333	146.255
	P	0.000 1	0.113 2	0.061 6	0.104 8
Δ ln*IR*	statistic	−23.190 4	−20.064 7	573.024	750.303
	P	0.000 0	0.000 0	0.000 0	0.000 0
ln*CR*	statistic	−4.128 66	3.920 18	66.817	71.936 5
	P	0.000 0	1.000 0	1.000 0	1.000 0
Δ ln*CR*	statistic	−24.572 4	−17.520 8	501.586	560.72
	P	0.000 0	0.000 0	0.000 0	0.000 0
ln*WP*	statistic	3.480 76	4.263 12	121.442	90.057 7
	P	0.999 8	1.000 0	0.598 1	0.993 5

续表

变量	方法数值	LLC 检验	IPS 检验	Fisher-ADF 检验	Fisher-PP 检验
$\triangle \ln WP$	statistic	−18.210 6	−12.842 8	405.490	466.057
	P	0.000 0	0.000 0	0.000 0	0.000 0
$\ln TZ$	statistic	9.943 1	16.736 5	19.832 6	18.212 6
	P	1.000 0	1.000 0	1.000 0	1.000 0
$\triangle \ln TZ$	statistic	−15.222 5	−11.714 2	362.056	391.079
	P	0.000 0	0.000 0	0.000 0	0.000 0
$\ln FTZ$	statistic	1.507 23	6.116 47	44.741 8	71.565
	P	0.934 1	1.000 0	1.000 0	1.000 0
$\triangle \ln FTZ$	statistic	−20.851	−16.091 3	481.634	682.152
	P	0.000 0	0.000 0	0.000 0	0.000 0
$\ln PPR$	statistic	−5.766 63	−0.672 45	153.045	164.331
	P	0.000 0	0.250 6	0.050 9	0.012 3
$\triangle \ln PPR$	statistic	−24.004 3	−16.929 3	485.456	573.413
	P	0.000 0	0.000 0	0.000 0	0.000 0
$\ln STI$	statistic	4.989 99	13.785 7	10.741 2	13.326 6
	P	1.000 0	1.000 0	1.000 0	1.000 0
$\triangle \ln STI$	statistic	−23.873 7	−19.123 2	550.02	705.321
	P	0.000 0	0.000 0	0.000 0	0.000 0
$\ln IPC$	statistic	2.079 74	11.098 9	28.414 4	12.873 1
	P	0.981 2	1.000 0	1.000 0	1.000 0
$\triangle \ln IPC$	statistic	−10.567 8	−7.604 52	263.19	287.681
	P	0.000 0	0.000 0	0.000 0	0.000 0
$\ln IWW$	statistic	−5.852 38	−3.114 01	179.587	172.827
	P	0.000 0	0.000 9	0.001 2	0.003 6
$\triangle \ln IWW$	statistic	−28.463 8	−22.664	644.34	786.406
	P	0.000 0	0.000 0	0.000 0	0.000 0
$\ln IWG$	statistic	−1.823 05	1.787 58	128.784	137.132
	P	0.034 1	0.963 1	0.414 5	0.234 7
$\triangle \ln IWG$	statistic	−29.189 3	−22.621 7	636.938	839.348
	P	0.000 0	0.000 0	0.000 0	0.000 0
$\ln ISW$	statistic	−3.304 89	1.398 55	149.703	168.12
	P	0.000 5	0.919	0.073 5	0.007 2
$\triangle \ln ISW$	statistic	−24.445	−22.524 4	637.266	806.624
	P	0.000 0	0.000 0	0.000 0	0.000 0

上述所有变量的单位根检验中都带有截距项。从表 7-9 检验结果可以看出，各个变量在 5%水平不平稳，经过一阶差分以后，均在 1%的水平上拒绝了原假设，所以，可以认为 ln$IGDP$、lnIR、lnCR、lnWP、lnTZ、lnFTZ、lnPPR、lnSTI、lnIPC、lnIWW、lnIWG、lnISW 均为一阶差分平稳变量，因此判断可以进行协整检验。

2. 协整检验

传统的时间序列协整检验方法主要有 Engle-Granger 两步法和建立在向量自回归（VAR）系统上的 Johansen 检验法，面板数据协整检验实际上就是把这两种方法推广到面板数据上。Pendroni 将 Engle-Granger 两步法推广到面板数据的协整检验，这一检验方法允许异质面板的存在。Pendroni 在零假设是在动态多元面板回归中没有协整关系的条件下，给出了 7 种基于残差的面板协整检验统计量，其中 Panel V、Panel Rho、Panel PP、Panel ADF 4 个统计量用联合组内维度（within-dimension）描述，是假设不同的截面具有相同的自回归系数，Group Rho、Group PP、Group ADF 3 个统计量用组间维度（between-dimension）描述，假设不同的截面具有不同的自回归系数。本书采用 Pendroni 的面板协整检验方法，对选取的各变量间是否存在长期稳定均衡关系进行检验，以便在此基础上对原方程进行回归，得到较精确的回归结果。结果如表 7-10 所示。

表 7-10　面板协整检验结果

统计量	全省		苏南		苏中		苏北	
	T 统计量	P	T 统计量	P	T 统计量	P	T 统计量	P
Panel V	55.5915	0.0000	−0.4514	0.6741	−0.6415	0.7394	−0.2129	0.5843
Panel Rho	−2.066 59	0.0194	−5.8575	0.0000	−11.8186	0.0000	−12.8425	0.0000
Panel PP	−3.268 86	0.0005	−12.2617	0.0000	−11.2780	0.0000	−12.0073	0.0000
Panel ADF	−0.414 19	0.0082	−14.2750	0.0000	−9.3656	0.0000	−11.0727	0.0000
Group Rho	5.7248	0.0000	−4.2263	0.0000	−9.6031	0.0000	−10.1093	0.0000
Group PP	3.2352	0.0000	−14.2739	0.0000	−11.9888	0.0000	−12.9276	0.0000
Group ADF	2.4644	0.0000	−14.1547	0.0000	−9.9074	0.0000	−12.1674	0.0000

注：滞后期由施瓦茨（Schwarz）准则自动选择，最大滞后阶数为 5，检验形式上只包括个体截距。

从表 7-10 的检验结果来看，全省数据经检验后除 Panel Rho 统计量在 5%显著水平下接受各变量之间存在协整关系，其他统计量均在 1%水平上显著。苏南、苏中、苏北则是除了假设不同截距具有相同自回归系数的 Panel V 统计量认为变量间不存在协整关系，而另外 Panel Rho、Panel PP、Panel ADF、Group Rho、Group PP、Group ADF 6 个统计量均在 1%水平上显著，表明变量间存在长期协整关系。

因此，可以基本判断转型时期江苏省及内部各区域工业化率、城市化率、固定资产投入、劳动力数量和质量、科技投入、电力能源消耗水平等与工业土地集约利用之间均存在着长期稳定关系。

7.4.4 模型估计与分析

为了分析工业土地集约利用影响因素在江苏省内各区域显现出的差异性，作者在对模型进行具体的估计时，也将江苏省分为苏南（19 个市县，共 285 组数据）、苏中（16 个市县，共 240 组数据）、苏北（29 个市县，共 435 组数据）三大区域，并分别对各区域要采用的面板数据模型形式进行判定再估计。另外，考虑到本书对于工业土地集约利用水平的衡量仅从土地产出经济效益上考虑，所使用的被解释变量为地均工业增加值，在现实中与工业"三废"排放量的三个解释变量指标相关性不是很强，因此，工业土地利用对外部环境污染与工业土地集约利用水平之间的关系在模型中不能得到很好的反映，所以以工业废水排放量、工业废气排放量和工业固体废弃物排放量这三个自变量将不代入本书面板数据模型进行估计。

1. 模型的判定

根据截距项 α 和系数项 β 的不同，面板数据模型的形式通常可以分为三类，即：无个体影响的不变系数模型、含有个体影响的不变系数模型以及含有个体影响的变系数模型。因此，为了保证模型的合适性，我们在研究面板数据分析前，都需要进行模型的检验判定，确定适合的模型后再进行相关分析。通常用到的检验类型分三种，分别是：①混合估计模型 VS 固定效应模型的 F 统计量检验；②固定效应模型 VS 随机效应模型的 Hausman 检验；③混合数据模型 VS 随机效应模型的 Breusch-Pagan 检验。本书主要用到的是第一种 F 统计量检验和第二种 Hausman 检验。

1）混合估计模型 VS 固定效应模型的 F 统计量检验

F 统计量的检验是用于判定选择混合模型还是固定效应模型时用到的检验方法，F 检验的原假设为混合模型的系数同固定效应模型的系数无差别，如果接受原假设，表明选择混合模型更合理，拒绝则说明选择固定效应模型更为有效。式（7-4）为 F 统计量的定义式。

$$F = \frac{(SSE_r - SSE_u) / [(NT - k - 1) - (NT - N - k)]}{SSE_u / (NT - N - k)} = \frac{(SSE_r - SSE_u) / (N - 1)}{SSE_u / (NT - N - k)} \quad (7-4)$$

式中，SSE_r 为混合估计模型的残差平方和；SSE_u 为固定效应模型的残差平方和；N 表示截面个体的个数；T 表示时期个数；k 为解释变量的个数。

2）固定效应模型 VS 随机效应模型的 Hausman 检验

Hausman 检验是在判定选择固定效应模型或是随机效应模型时用到的，检验结果可以在 EViews 软件中直接操作获取。Hausman 检验的原假设是随机效应模型的系数与固定效应模型的系数无差别，如果接受原假设，则表明应当选择随机效应模型，否则选取固定效应模型将更加合理。

（1）江苏省面板数据模型的判定。根据上一节的内容，首先对江苏省工业用地集约利用影响因素面板数据模型的选择进行判定。

①F 统计量检验。根据上文计算可得

$$F = \frac{(67.283\,83 - 16.181\,52)/(64-1)}{16.1852/(64\times15-64-8)} = 44.513\,69 \tag{7-5}$$

为了方便运算，本书运用 Stata11 软件直接计算临界值 disp invFtail(n_1,n_2,P)，其中 n_1 为 $N-1$；n_2 为 $NT-N-k$；P 为相伴概率。代入全省数据进行计算，可以得到临界值 disp invFtail（63,888,0.05）=1.3257。结合上文的计算，可得出 F 统计量的值为 44.513 69，明显大于设定的 5%显著水平下的临界值 1.3257，因此拒绝原假设，应选取固定效应模型。

②Hausman 检验。通过 EViews 6.1，可以直接得到全省面板数据的 Hausman 检验，结果见表 7-11。

表 7-11　Hausman 检验结果统计表

Correlated Random Effects - Hausman Test			
Pool: PANEL1			
Test cross-section random effects			
Test Summary	Chi-Sq. Statistic	Chi-Sq. d.f.	Prob.
Cross-section random	114.166 230	8	0.000 0

从表 7-11 可以看出，P 值明显小于 5%显著性水平的临界值，因此可以判定拒绝原假设，选择固定效应模型更合理。

综上所述，基于 F 检验和 Hausman 检验结果，混合估计模型与随机效应模型均拒绝了原假设，故全省的面板数据估计模型采用固定效应模型是较优选择。

（2）三大区域面板数据模型的判定。苏南、苏中、苏北三大区域 Panel Data 模型形式的判定过程与上文全省面板数据模型形式判定过程相似，此处不再列出详细的判定过程，三大区域的判定结果见表 7-12。

表 7-12　江苏省三大区域面板数据模型形式判定结果

区域	假设	H1：混合估计模型	H1：随机效应模型
		H2：固定效应模型	H2：固定效应模型
苏	检验	$F=35.625\ 211\ 98$	chi-Sq.Statistic=29.890 260
		d.f.（18,258,0.05）=1.643 96	Chi-Sq. d.f.=8
		Prob.=0.05	Prob.=0.000 2
南	结果	拒绝 H1	拒绝 H1
		固定效应模型	
苏	检验	$F=11.094\ 9$	chi-Sq.Statistic=6.297 988
		d.f.（15,216,0.05）=1.712 9	Chi-Sq. d.f.=8
		Prob.=0.05	Prob.=0.613 9
中	结果	拒绝 H1	接受 H1
		固定效应模型	
苏	检验	$F=33.245\ 06$	chi-Sq.Statistic=27.187 142
		d.f.（28,398,0.05）=1.504 7	Chi-Sq. d.f.=8
		Prob.=0.05	Prob.=0.000 7
北	结果	拒绝 H1	拒绝 H1
		固定效应模型	

　　表 7-12 的模型判定检验结果显示，苏南、苏北地区均在 5%显著水平上拒绝了随机效应模型和混合估计模型的假设，因此，苏南和苏北地区采用固定效应模型是合适的。苏中地区在 F 检验中 5%显著水平上拒绝了混合估计模型的假设，在 Hausman 检验中接受了随机效应模型的假设。但是 Hausman 检验是个比较特殊的检验，通常情况下当检验结果显著时，我们选择固定效应模型而抛弃随机效应模型；若不显著，只能表明固定效应模型与随机效应模型无明显差异，抛弃随机效应模型选择固定效应模型也没有错。同时，由于固定效应模型和随机效应模型对于抽样的假设存有本质的区别，因而通过它们得到的结果之间不具有本质上的可比性（韩雪亮，2011）。因此，本书考虑苏中地区估计结果与其他区域结果之间的可比性，对苏中地区的估计也采用固定效应模型。

　　2. 模型的估计

　　1）基于江苏省的 Panel Data 模型估计

　　由于本研究所涉及数据包括江苏全省所有市县，考虑到各时期外部环境对这 64 个市县影响的一致性，同时也考虑到省内不同区域间社会经济发展差异，所以全省的面板数据模型估计采用固定效应变截距模型，并选择截面加权（cross-section weights）进行估计。在 EViews 6.1 中运行 Proc 选项，选择 Estimate，得到表 7-13 所示的输出结果。

表 7-13　江苏省面板数据估计结果

自变量名称	模型系数	标准差	T 值	Prob.
C	1.437 848***	0.196 085	7.332 765	0.000 0
工业化率	0.874 463***	0.020 829	41.983 35	0.000 0
城市化率	0.007 032	0.016 572	0.424 32	0.671 4
地均从业人员数	0.456 714***	0.030 839	14.809 5	0.000 0
地均固定资产投资	0.356 754***	0.013 281	26.862 91	0.000 0
专业技术人员比重	0.187 475***	0.016 511	11.354 76	0.000 0
地均科技投入	0.117 976***	0.007 607	15.508 46	0.000 0
地均实际利用外资	−0.001 013	0.004 853	−0.208 68	0.834 7
工业耗电量	0.078 942***	0.012 934	6.103 569	0.000 0
R-squared=0.994 749		Adjusted R-squared=0.994 329		
F-statistic=2369.238		Durbin-Watson stat=0.730 5		

*表示显著水平 10%；**表示显著水平 5%；***表示显著水平 1%。

从表 7-13 可以看出，除了城市化率和地均实际利用外资，其他变量都比较显著。但是 DW 统计值十分低，只有 0.7305，表明误差项可能存在序列相关，因此为了消除自相关的影响，模型引入 AR（1）项进行修正。经过修正以后 DW 值为 1.6341，自相关得到修正，但地均实际利用外资这一变量 P 值为 0.546，显著水平大于 10%，在统计学上是没有意义的，为得到最优模型，故将其剔除，最终结果见表 7-14。

表 7-14　江苏省面板数据估计最优结果

自变量名称	模型系数	标准差	T 值	Prob.
C	3.285 46***	0.232 933	14.104 72	0.000 0
工业化率	0.981 403***	0.008 885	110.452 5	0.000 0
城市化率	−0.033 1***	0.010 203	−3.244 02	0.001 2
地均从业人员数	0.096 724***	0.020 948	4.617 425	0.000 0
地均固定资产投资	0.123 198***	0.010 724	11.487 72	0.000 0
专业技术人员比重	0.023 548**	0.010 786	2.183 158	0.029 3
地均科技投入	0.015 369***	0.004 652	3.303 878	0.001 0
工业耗电量	0.015 227*	0.008 017	1.899 248	0.057 9
AR（1）	1.047 869***	0.003 974	263.667 5	0.000 0
R-squared=0.998 705		Adjusted R-squared=0.998 594		
F-statistic=8950.898		Durbin-Watson stat=1.630 1		

*表示显著水平 10%；**表示显著水平 5%；***表示显著水平 1%。

在 10%显著水平下，江苏省面板数据最终的模型如下：

$$\ln IGDP = 3.285\,46 + 0.981\,403\ln IR - 0.0331\ln CR + 0.096\,7241\ln WP$$

$$(14.104\,72) \quad (110.4525) \quad (-3.244\,02) \quad (4.617\,425)$$

$$+0.123\,198\ln TZ + 0.023\,548\ln PPR + 0.015\,3691\ln STI \qquad (7\text{-}6)$$

$$(11.487\,72) \qquad (2.183\,158) \qquad (3.303\,878)$$

$$+0.015\,2771\ln IPC + \mu_{it}$$

$$(1.899\,248)$$

式（7-6）中 R^2=0.998 705，说明模型拟合度高，在统计上是有意义的，回归方程是有效的。从式（7-6）可以看出，在 10%显著水平下，有七个变量进入到回归方程，分别是工业化率、城市化率、地均从业人员数、地均固定资产投资、专业技术人员比重、地均科技投入以及工业耗电量，其中除了城市化率为负影响，其他变量均为正向影响，影响程度最大的是工业化率。

2）基于江苏省不同区域的 **Panel Data** 模型估计

苏南、苏中和苏北三大区域面板数据模型的估计方法与江苏省面板数据估计方法一致，为了消除序列相关，同样引入 AR（1）项，剔除不显著项。估计结果见表 7-15～表 7-17。

（1）苏南估计结果。用固定效应模型对苏南地区数据进行初步估计后发现地均实际利用外资和工业耗电量这两项不显著，同时 DW 值偏低，加入 AR（1）项后，城市化率、专业技术人员比重和地均实际利用外资水平不再显著，剔除后得到最优结果，见表 7-15。

表 7-15　苏南地区面板数据估计最优结果

自变量名称	模型系数	标准差	T 值	Prob.
C	1.390 055	1.363 37	1.019 573	0.309 0
工业化率	1.114 111***	0.051 259	21.735	0.000 0
地均从业人员数	0.275 012***	0.055 458	4.958 888	0.000 0
地均固定资产投资	0.084 264***	0.021 044	4.004 283	0.000 1
地均科技投入	0.022 533**	0.009 666	2.331 068	0.020 6
工业耗电量	0.109 466***	0.029 841	3.668 318	0.000 3
AR（1）	1.026 416***	0.008 344	123.007 8	0.000 0
R-squared=0.998 138		R-squared=0.997 952		
F-statistic=5381.735		Durbin-Watson stat=1.874 347		

*表示显著水平 10%；**表示显著水平 5%；***表示显著水平 1%。

在 10%显著水平下，工业化率、地均从业人员数、地均固定资产投资、地均科技投入和工业耗电量这 5 个变量进入最终模型，由此可得，苏南地区最优的模型形式如下：

$$\ln IGDP = 1.114\ 111 \ln IR + 0.275\ 012 \ln WP + 0.084\ 264 \ln TZ +$$

$$（21.735）\qquad （4.958\ 88）\qquad （4.004\ 283）\qquad\qquad (7\text{-}7)$$

$$0.022\ 533 \ln STI + 0.109\ 466 \ln IPC$$

$$（2.331\ 068）\qquad\qquad （3.668\ 318）$$

（2）苏中估计结果。苏中地区的固定效应模型初步估计结果为城市化率、地均实际利用外资这两个变量不显著，同时 DW 值偏小，将上述两个变量剔除后加入 AR（1）项进行自相关修正，得到如下最优结果（表 7-16）。

表 7-16　苏中地区面板数据估计最优结果

自变量名称	模型系数	标准差	T 值	Prob.
C	1.651 927***	0.481 706	3.429 326	0.000 7
工业化率	0.995 736***	0.020 171	49.363 60	0.000 0
地均从业人员数	0.445 430***	0.078 057	5.706 457	0.000 0
地均固定资产投资	0.394 388***	0.022 786	17.308 06	0.000 0
专业技术人员比重	0.108 383***	0.037 122	3.416 666	0.000 8
地均科技投入	0.089 690***	0.014 356	6.247 684	0.000 0
工业耗电量	0.047 270***	0.016 844	2.806 427	0.005 5
AR（1）	0.721 715***	0.037 965	19.010 12	0.000 0
R-squared=0.997 198		Adjusted R-squared=0.996 891		
F-statistic=3251.649		Durbin-Watson stat=1.692 906		

*表示显著水平 10%；**表示显著水平 5%；***表示显著水平 1%。

在 10%显著水平下，有工业化率、地均从业人员数、地均固定资产投资、专业技术人员比重、地均科技投入和工业耗电量这 6 个变量进入最终模型，由此可得苏中地区最优的模型形式如下：

$$\ln IGDP = 1.651\ 927 + 0.995\ 736 \ln IR + 0.445\ 430 \ln WP + 0.394\ 388 \ln TZ +$$

$$（3.429\ 326）\ （49.363\ 60）\ （5.706\ 457）\qquad （17.308\ 06）$$

$$0.108\ 383 \ln PPR + 0.089\ 690 \ln STI + 0.047\ 270 \ln IPC \qquad (7\text{-}8)$$

$$（3.416\ 666）\qquad\qquad （6.247\ 684）\qquad\qquad （2.806\ 427）$$

　　（3）苏北估计结果。运用固定效应模型初步估计后，所有自变量系数符号都为
"+"号，除城市化率和地均实际利用外资这两个变量不显著，其他 6 个变量均在 5%
水平上显著，*DW* 值远小于 2，加入 *AR*（1）项后，地均从业人员数、专业技术人员比
重、工业耗电量和地均实际利用外资在 10% 水平下不显著，所以将这 4 个指标剔除，
得到下面的最优结果（表 7-17）。

表 7-17　苏北地区面板数据估计最优结果

自变量名称	模型系数	标准差	*T* 值	Prob.
C	3.597 567***	0.222 544	16.165 67	0.000 0
工业化率	0.937 106***	0.016 149	58.030 43	0.000 0
城市化率	−0.066 653***	0.017 063	−3.906 338	0.000 1
地均固定资产投资	0.119 575***	0.015 486	7.721 582	0.000 0
地均科技投入	0.012 356*	0.007 283	1.696 433	0.090 7
AR（1）	1.057 758***	0.006 632	159.496 1	0.000 0
R-squared=0.997 000		Adjusted R-squared=0.996 732		
F-statistic=3728.245		Durbin-Watson stat=1.703 514		

*表示显著水平 10%；**表示显著水平 5%；***表示显著水平 1%。

　　因此，在 10% 显著水平下，苏北地区只有工业化率、城市化率、地均固定资
产投资、地均科技投入这 4 个变量进入最终模型，最优的模型形式如下：

$$\ln IGDP = 3.597\,567 + 0.937\,106 \ln IR - 0.066\,53 \ln CR +$$
$$(16.165\,67) \quad (58.030\,43) \quad (-3.906\,338)$$
$$0.119\,575 \ln TZ + 0.012\,356 \ln STI \quad\quad (7\text{-}9)$$
$$(7.721\,582) \quad (1.696\,433)$$

3. 结果分析

　　根据上一节的模型估计，对所有地区估计的结果进行相关汇总，可以得到
表 7-18 和表 7-19 所示的结果。

　　为了能够定性地判断解释变量对被解释变量的影响，表 7-18 对各变量预期的
影响方向以及实际估计结果中各个变量对不同区域工业土地集约利用的影响方向
及显著与否作了比较与汇总。表中"+"为正向影响，"−"则为负向影响。

　　从表中我们可以清楚地看到，阴影区域的三个变量，即工业化率、地均固定资
产投资和地均科技投入，估计结果的符号与预期符号相同，均为"+"，且对各区
域的影响都是比较显著的。这从一定程度上说明当前社会经济发展程度、资本以及
科技的投入强度均是促进江苏省各区域工业土地集约利用水平不断提高的因素。

表 7-18　不同区域面板数据模型估计符号汇总

自变量名称	预期符号	全省估计结果		苏南估计结果		苏中估计结果		苏北估计结果	
		符号	显著性	符号	显著性	符号	显著性	符号	显著性
工业化率	+	+	是	+	是	+	是	+	是
城市化率	+	−	是	−	否	+	否	−	是
地均从业人员数	+	+	是	+	是	+	是	+	否
地均固定资产投资	+	+	是	+	是	+	是	+	是
专业技术人员比重	+	+	是	+	否	+	是	+	否
地均科技投入	+	+	是	+	是	+	是	+	是
地均实际利用外资	+	+	否	+	否	+	否	+	否
工业耗电量	+	+	是	+	是	+	是	+	否

表 7-19　不同区域面板数据模型估计系数汇总

自变量名称	全省系数	苏南系数	苏中系数	苏北系数
工业化率	0.981 403***	1.114 111***	0.995 736***	0.937 106***
城市化率	−0.033 1***	—		−0.066 53***
地均从业人员数	0.096 724***	0.275 012***	0.445 530***	—
地均固定资产投资	0.123 198***	0.084 264***	0.394 388***	0.119 575***
专业技术人员比重	0.023 548**	—	0.108 383***	
地均科技投入	0.015 369***	0.022 533**	0.089 690***	0.012 356**
工业耗电量	0.015 227*	0.109 466***	0.047 270**	

*表示显著水平 10%；**表示显著水平 5%；***表示显著水平 1%。

　　城市化率、地均从业人员数、专业技术人员比重和工业耗电量四个自变量是各区域的主要分歧所在。其中，全省和苏北的估计结果显示城市化率对工业土地集约利用水平是有比较显著的负向影响，这与预期的正向影响相违背，并且苏南和苏中地区的估计结果显示城市化率对工业土地集约利用水平的影响并不显著；地均从业人员数除了对苏北地区影响并不显著，对其他地区都有显著的正向影响；另一个变量专业技术人员比重对苏中地区有比较显著的正向影响，但是对苏南和苏北地区的影响并不显著；关于工业耗电量，虽然各区域均为正向影响，但是其在苏北地区的影响力并不显著。

　　表 7-19 是各个区域最终估计结果的系数汇总，主要表示不同区域各个变量对因变量的解释强度。

　　1）工业化率

　　从前文分析可知，江苏省近十多年来工业化进程相当快，所处工业化阶段是苏南最高，苏中次之，苏北最低，但是总体上说，各地区的工业经济都得到了巨大的发展。从表中可以看到，全省各个区域，与被解释变量相关度最高的都是工业化率这一指标，从区域上看，影响度又是苏南最高，苏中次之，苏北最低，说明地区工业经济发展水平是当前影响工业土地集约利用水平最重要的因素。

2）城市化率

城市化包括人口城市化和土地城市化两个方面，本书所用的城市化率主要指的是人口城镇化率，即非农人口占总人口的比重。近 10 年来，江苏省无论是土地城市化还是人口城市化，扩张速度都极为迅速。但是从估计结果看，苏南和苏中地区人口城市化率这一变量对土地集约利用的影响效果并不显著，说明城市化率暂时还不是影响这些区域工业土地集约利用水平的根本因素。然而从人口城市化速度最慢、程度最低的苏北地区看，其城市化率对工业土地集约利用出现负向影响，这可能是因为苏北地区建设用地的增长速度高于人口城市化速度，导致该区域城市化水平越高城市用地弹性越大，从而拉低了单位土地面积上的产出水平，制约了工业土地的集约利用水平。

3）地均从业人员数

劳动力投入是生产的基本条件之一，但是受当前经济发展方式的限制，比较低端的劳动密集型产业和代加工型企业仍然在地区工业经济上占据很大的份额。因此，从表中看到，地均从业人员数仍然是目前影响苏南和苏中工业土地集约利用水平的重要因素。同时，这一因素对苏北地区影响却不显著，这主要是因为苏北地区闲置人口基数大，劳动力资源丰富，而工业发展相对苏南、苏中地区却比较滞后，因此，资本对此地区经济发展的重要性要远远大于劳动力。

4）地均固定资产投资

在 1%的显著性水平下，全省各区域单位土地固定资产投入与工业土地集约利用水平之间始终存在高度正相关关系，这与传统的高投入得高产出的集约用地的观念是一致的。从各区域弹性系数上看，地均固定资产投资是影响苏北地区工业土地集约利用的第二大因素，由此可见当前资本仍是制约苏北地区工业发展及工业土地利用的重要因素。而在苏南和苏中地区，资本投入的影响虽然存在，但是相对于其他影响因素，影响力度要小得多，这主要得益于苏南和苏中地区良好的经济基础以及较高的经济发展水平。

5）专业技术人员比重

随着经济增长方式转变、产业结构调整升级脚步加快，由劳动密集型、资本密集型产业向技术密集型产业过渡的要求也越来越紧迫，发展技术密集型产业必然需要培养大量专业技术人员，提高整体的劳动力素质。从全省来看，专业技术人员比重对工业土地集约利用的正向影响还是比较显著的，但是从影响力度上来说，相对于其他几个因素来说并不是很强，说明虽然劳动力素质对工业土地集约利用已经存在一定的影响，但显然目前还不是主要的影响因素。

6）地均科技投入

科学技术投入是伴随着社会经济技术进步出现的，越来越多的科学技术投入是转型时期我国社会经济发展的重要特征，同时也是加快工业土地集约利用的必要手段。从表中可以看到，江苏省三大区域的地均科技投入都与工业集约利用水平存在着比较显著的正向关系，虽然其弹性系数相对于资本投入、人力投入等来说并不是很高，但是相对于目前的科技投入量来说，以后一定会对社会经济发展及土地的集约利用发挥巨大作用。

7）工业耗电量

社会经济发展必然带来能源消费结构和水平的变化，然而能源的种类繁多，本书选取主要的能源种类之一的电力，并通过工业耗电量这一变量来大致反映能源消耗水平与工业土地集约利用水平的关系。在表 7-18 中，除去苏北地区，其他两个区域工业耗电量与被解释变量的关系都是比较显著的，这一方面说明当前江苏省的经济发展对能源消耗依然存在比较大的依赖性，当前苏南、苏中地区经济发展速度快，也带来了巨大的能源消耗，过多的能源消耗必然会引起土地投入产出比的变化，从而影响工业土地利用的集约化程度；另外，这也说明经济转型、产业结构升级对工业土地利用的影响暂时还比较弱，经济转型目前仍然需要不断深入下去。

第8章 循环经济发展方式对土地集约利用的影响机理研究

我国人口众多、资源相对贫乏、生态环境脆弱，传统经济增长模式对资源存量和环境承载力产生了很大的冲击，导致了资源的过度消耗和环境的严重污染。发展循环经济是转变经济发展方式的必然要求，是符合可持续发展理念的经济增长模式，抓住了当前我国资源相对短缺而又大量消耗的症结，对解决我国资源对经济发展的瓶颈制约具有迫切的现实意义。发展循环经济要求积极发展科技含量高、经济效益好、资源消耗低、环境污染少的绿色产业，必将对土地集约利用产生深刻的影响。

本章就循环经济对土地集约利用的影响机理进行了分析。在循环经济部分，首先对循环经济的概念与内涵、基本原则以及主要特征进行了理论分析，然后分别从循环经济的基本原则和循环经济的主要特征两个角度分析了循环经济的发展对土地集约利用的影响，分析表明：减量化原则、再利用原则和再循环原则能够对土地集约利用发挥积极的影响；尊重生态规律有利于提高土地利用的综合效益，尤其是生态效益，建立和谐的人地关系；循环经济中的"节约资源"思想有助于提高土地资源的利用效率、控制土地利用的规模；循环产业链的发展能够更加有效地实现企业内部规模经济、产业内部规模经济与区域内部规模经济等集聚经济效应，推动区域土地集约利用水平的提高；静脉产业的发展将极大改善土地利用的生态环境，有利于促进土地资源的可持续利用。本章最后的实证分析也表明，在大力发展循环经济的江苏昆山经济技术开发区，土地利用强度、土地利用效益、土地利用结构、土地利用管理创新、土地利用科技水平、土地利用生态环境等土地集约利用指标均取得了长足进步。

8.1 循环经济对土地集约利用的影响机理研究

以"高消耗、高污染"为主要特征的传统经济发展方式往往片面追求经济增长，造成了资源枯竭、环境污染和生态退化等一系列生态环境问题，而且在一定程度上带来了经济增长的低效和重复建设。人类不仅为已有的经济增长付出了沉重的代价，而且这种经济增长方式的延续将会严重威胁人类社会经济的可持续发展。循环经济则以尽可能小的资源消耗和环境成本，获得尽可能大的经济和社会效益，从而使经济系统与自然生态系统的物质循环过程相互和谐，促进资源永续利用。为了加快推进经济发展方式转变，我们应当充分认识发展循环经济的重要性和紧迫性，自觉以循环经济理念指导经济实践，努力走出一条生产发展、生活富裕、生态良好的文明发展道路。

8.1.1　循环经济的理论分析

1. 循环经济的概念与内涵

循环经济的思想萌芽诞生于 20 世纪 60 年代的美国。"循环经济"这一术语在中国出现于 20 世纪 90 年代中期，学术界在研究过程中已从资源综合利用的角度、环境保护的角度、技术范式的角度、经济形态和增长方式的角度、广义和狭义的角度等不同角度对其作了多种界定。当前，社会上普遍推行的是国家发改委对循环经济的定义："循环经济是一种以资源的高效利用和循环利用为核心，以'减量化、再利用、资源化'为原则，以低消耗、低排放、高效率为基本特征，符合可持续发展理念的经济增长模式，是对'大量生产、大量消费、大量废弃'的传统增长模式的根本变革。"这一定义不仅指出了循环经济的核心、原则、特征，同时也指出了循环经济是符合可持续发展理念的经济增长模式，抓住了当前中国资源相对短缺而又大量消耗的症结，对解决中国资源对经济发展的瓶颈制约具有迫切的现实意义。

以人为本是科学发展观的本质和核心。坚持以人为本，要求我们在发展中不能只见物不见人，而是要一切以改善人的生存条件，提高人的物质生活、政治生活、精神生活的质量和推进人的全面发展为转移。我们必须坚持以科学发展观统领经济社会发展全局，促进经济发展与人口、资源、环境相协调。从长远来看，循环经济本质上是一种生态经济，是可持续发展理念的具体体现和实现途径。它要求遵循生态学规律和经济规律，合理利用自然资源和环境容量，以"减量化、再利用、再循环"为原则发展经济，按照自然生态系统物质循环和能量流动规律重构经济系统，使经济系统和谐地纳入到自然生态系统的物质循环过程之中，实现经济活动的生态化，以期建立与生态环境系统的结构和功能相协调的生态型社会经济系统。循环经济发端于生态经济。从美国经济学家肯尼思·鲍尔丁在 1966 年发表《一门科学——生态经济学》，开创性地提出生态经济的概念和生态经济协调发展的理论后，人们越来越认识到，在生态经济系统中，增长型的经济系统对自然资源需求的无止境性，与稳定型的生态系统对资源供给的局限性之间必然构成一个贯穿始终的矛盾，围绕这个矛盾来推动现代文明的进程，就必然要走更加理性的强调生态系统与经济系统相互适应、相互促进、相互协调的生态经济发展道路。生态经济就是把经济发展与生态环境保护和建设有机结合起来，使二者互相促进的经济活动形式。它要求在经济与生态协调发展的思想指导下，按照物质能量层级利用的原理，把自然、经济、社会和环境作为一个系统工程统筹考虑，立足于生态，着眼于经济，强调经济建设必须重视生态资本的投入效益，认识到生态环境不仅是经济活动的载体，还是重要的生产要素，要实现经济发展、资源节约、环境保护、人与自然和谐四者的相互协调和有机统一。

2. 循环经济的基本原则

循环经济要求以"3R"原则为经济活动的行为准则。所谓"3R"原则即"减量化（reduce）原则"、"再利用（reuse）原则"和"再循环（recycle）原则"。

1）减量化原则

减量化原则是指在输入端所使用资源的减量化，旨在减少进入生产和消耗过程的物质流量，从源头节约资源使用和减少污染物的排放。在生产中，减量化表现为产品生产的小型化和轻型化，产品包装的简单适用而不是豪华浪费。如制造轻型汽车替代重型汽车，采用可再生资源替代石油、煤炭等作为燃料等。在满足消费者需求的同时，又可以节省资源、能源，减少甚至消除汽车尾气排放量，降低尾气的治理费用，控制或缓解"温室效应"。减量化原则在消费中主要体现为适度消费、层次消费而不是过度消费，如改革产品的过度包装、淘汰一次性物品不仅可以减少对资源的浪费，同时也达到了减少废物产生和排放的目的。"减量化"是循环经济的第一原则，它主张在生产源头就充分考虑资源的替代与节省、提高资源的综合利用率、预防废弃物的产生，而不是将重点放在生产过程的末端治理上。德国 1996 年颁布实施的《循环经济·废物管理法》就明确规定对待废物的优先顺序为：避免产生—循环利用—最终处置。该法规的主旨是：在生产和消费中首先要避免产生废物，尽量减少经济活动中的废物生产量；对不可避免产生的废物，有回收利用价值的要尽可能加以回收利用；当避免产生和回收利用都不可能实现时，才可以将最终废弃物进行环境无害化处理。因此，减量化是一种预防性措施，在"3R"原则中具有优先权。

2）再利用原则

再利用原则属于过程性方法，即通过对生产余料、废料，报废、淘汰物品以及消费领域的消费品的再利用来延长产品和服务的时间强度，使物品不会过早地成为废弃物。循环经济提倡将该原则用于生产的全过程和消费的各个领域，要求生产的产品要质量可靠、使用寿命长，要求尽量按照广泛统一的行业标准进行设计和生产，以便产品进入消费领域后可以可靠地使用较长的时间而不会因质量因素被废弃，或者产品在发生部件故障或损耗时可以广泛选择可更换部件进行维护并继续使用，而不是整体性废弃。另外，产品在设计时就应该考虑到再利用的问题，如把易损耗的部分设计成便于拆卸和更换的部件，以便消费者在使用的时候只更换易损耗部件而不是更换整个产品。在日常消费中，我们应该培养再使用的习惯，如不提倡使用未涉及卫生安全的一次性用品，生活中一些日常用品不被任意淘汰丢弃，尽量发掘其新用途予以利用等。在许多发达国家，有相当数量的环境友好人士和消费者喜欢到各类慈善组织或跳蚤市场购买廉价的二手产品或稍有损坏但仍可使用的物品，这种行为对节约资源、减少废物的产生具有重要的意义。

3）再循环原则

再循环原则属于末端输出方法，要求从材料选取、产品设计、工艺过程、产品使用到废物处理，实行全过程清洁生产，力争做到废物排放的无害化和资源化，以实现再循环使用。该原则要求生产出来的产品在完成其使用功能后重新变成可以利用的资源，而不是不可恢复的垃圾。通过再资源化的循环，一方面减少了传统生产模式下对原始资源的消耗，从而进一步强化了循环经济的减量化原则；另一方面也减少了各种产品废弃时填埋和焚烧等处理压力，减轻人类活动对环境的负面影响。再循环一般有两种情况，一种是原级再循环，即废品被循环用来产生同种类型的新产品，例如报纸再生报纸、易拉罐再生易拉罐等；另一种是次级再循环，即将废物资源转化成其他产品的原料。原级再循环在减少原材料消耗上面达到的效率比次级再循环高得多，是循环经济追求的理想境界。再循环的过程实质是资源化的过程，一方面减少了经济活动对资源的消耗，另一方面还可以减少最终填埋、焚烧的垃圾数量。再循环表现在生产上，一是生产者不仅要提供产品，而且要提供产品变成废品后的处理方案；二是产品原料选择无毒的、可以进行再利用的。

从循环经济三个原则被人类利用的顺序上看，"减量化原则"出现的时间最晚。而从循环经济三个原则的作用来看，以预防为主的"减量化原则"则是最重要的法则。这是因为循环经济的根本目标是在经济流程中系统地避免和减少废物，而废物的再生利用只是减少废物最终处理量的方式之一，废物的再生利用在本质上仍是末端治理而不是源头预防，它虽然可以减少废弃物的最终处理量，但不一定能够减少经济过程中的物质流动速度及物质使用规模。

3. 循环经济的主要特征

循环经济是集经济、技术和社会于一体的系统工程，其主要特征包括以下方面。

1）尊重生态规律

发展循环经济不仅要求经济活动遵循一般自然规律、经济规律和社会规律，而且要求按照生态规律组织整个生产、消费和废物处理过程，力图把经济活动纳入生态系统的运行轨道。要想使人类社会经济发展完全不改变自然是不可能的，但人类必须尊重生态规律，尽量减少资源消耗和保护生态环境。作为生产要素，自然生态环境不能再免费使用，而应当作为社会共有财产进行定价，使生产者按照费用最小化的原则节约使用它们。

2）最大限度地节约资源

发展循环经济要求建设"节约型社会"。能源和资源的节约不仅包括少用资源，降低消耗，而且包括资源的综合使用、多次使用、循环使用，提高资源的利用效率和再生化率。因此，与高消耗、低效益、高排放的粗放经济相反，循环经济以低消耗、高效率、低排放为基本特征，以资源的高效利用和循环利用为核心，是对"大量生产、大量消费、大量废弃"的传统增长模式的根本变革。传统经济是"资源→产品→污染排放"单向性生产流程的线性经济，循环经济则实行"资源→产品→废弃物→再生资源"的反馈式生产流程，通过开采资源→生产产品→回收废旧物品→重新利用，实现资源循环利用和综合利用。循环经济理念改变了重开发、轻节约，重速度、轻效益，重外延发展、轻内涵发展，片面追求 GDP 增长、忽视资源和环境的倾向，符合可持续发展的理念。

3）形成相对封闭的循环产业链条，以实现可持续发展

循环经济依据生态规律，通过工业或产业之间的代谢和共生关系，依靠技术系统，在相关企业间构建资源共享、副产品互用的循环圈，大幅度降低输入和输出经济系统的物质流，形成相对封闭的循环产业链条，使尽可能多的物质和能源在不断进行的经济循环中得到合理和持久的利用，尽可能实现物尽其用，达到节约资源和保护环境的目的。

4）带动静脉产业的发展

在循环经济体系中，根据物质流向的不同，可以分为两个不同的过程：从原料开采到生产、流通、消费、废弃的过程和从生产或消费后产生废物的收集、运输、分解、资源化及最终安全处理的过程。从事前一过程的产业称为动脉产业，从事后一过程的产业被称为静脉产业。循环经济通过动脉产业和静脉产业的有机结合，把经济活动组织成"资源→产品→再生资源"的反馈式流程，使进入系统的自然资源得到最大限度的利用。静脉产业主要以产业废物和城市生活垃圾为原料，经过先进的生产技术和设施将废物转化为再生资源，促进资源的再次利用和循环利用。

8.1.2　发展循环经济对土地集约利用的影响

从循环经济的基本原则来分析，减量化原则、再利用原则和再循环原则能够对土地集约利用发挥积极的影响。①减量化原则主要运用在农用地转为建设用地方面：要控制农用地转为建设用地的总量和速度，强化建设用地预审管理，从源头上减少土地开发使用的供应量，要采取"三个集中"（工业向园区集中、农民向城镇集中、土地向规模经营集中）等措施，实现土地的节约利用与集约利用。

②再使用原则主要针对农用地质量而言，要扩大耕地地力调查范围，全面开展农用地分等定级、土壤肥力和环境检测，及时掌握耕地质量变化状况，要采取有效措施，严禁破坏与损毁土地，注重用地与养地相协调，使土地资源能够多次使用、永续利用。③再循环原则在土地集约利用中的应用体现在：采取土地整理、生态恢复等综合整治措施，对各地因土地沙化、水土流失、地质灾害导致使用价值丧失的土地进行治理与恢复。

　　从循环经济的主要特征来看，以下几点至关重要。①尊重生态规律有利于提高土地利用的综合效益尤其是生态效益，建立和谐的人地关系。早在多年前，恩格斯就告诫我们："我们不要过分陶醉于我们对自然界的胜利，对于每一次这样的胜利，自然界都报复了我们。"这话其实并不是危言耸听，四大文明古国之一的巴比伦文化的覆灭，根源就是土地利用的不合理。可是，人类并未接受教训，19 世纪 30 年代美国由于盲目开垦西部土地酿成 1934 年骇人听闻的黑风暴；我国黄土高原原本为林草茂密、土壤肥沃之地，在秦、汉之后由于滥垦乱伐，破坏了自然生态系统的平衡，导致了今日的沟壑纵横、黄土漫天。人们越来越清醒地认识到，要从根本上解决环境危机，首先就要改变那种人与自然对立的观点，重新认识人与自然的关系。循环经济的思想，有利于改变现代社会中人与自然对立的态度，从而树立人与自然的统一观。在土地利用中，人类应当尊重自然、尊重客观规律，把人和土地放在一个平等的地位，与土地和谐相处。只有这样，人类才能合理地利用土地，既有益于现代人，有益于子孙后代，又有益于地球上其他生命的利益。②循环经济中的"节约资源"思想有助于提高土地资源的利用效率、控制土地利用的规模。循环经济"低消耗、高效率、低排放"的基本特征能够促使土地资源的高效利用和循环利用。在发展循环经济过程中，要实现经济增长模式由粗放型向集约型转变，走科技含量高、资源消耗低、环境污染少的集约型工业化道路，制止土地的闲置和浪费行为，通过税收、补贴等激励机制，促进土地的集约利用。③循环产业链的发展将在一定层次上带来区域产业结构的重组和优化，从而实现资源利用效率高、生态环境胁迫性弱的产业部门的空间集聚，这将更加有效地实现企业内部规模经济、产业内部规模经济与区域内部规模经济等集聚经济效应，推动区域土地集约利用水平的提高。④静脉产业的发展将极大改善土地利用的生态环境。发展静脉产业有利于提高资源的回收利用率、提升行业再生技术和污染防治技术水平，有利于促进土地资源的可持续利用。在土地利用中，我们不仅要利用土地，更要保护土地，保护的目的是为了更好地利用，为了可持续利用。土地可持续利用的实质就是要经营好一个庞大复杂的土地生态经济系统，充分合理地利用土地资源，通过生物转化、社会生产等各种方式，创造人类所需要的财富——生产资料和生活资料。中国传统农业之所以能够维持土地高利用率的"秘诀"之一就是土地的用养结合、保护地力，通过寓养于用的巧妙结合，以土壤肥力的农作补给形式，建立了新的平衡，既做到了土地连种、复种，提高了土地利用率，又使土地保持"新沃"，实现了人类需求与绿色生物系统平衡的和谐统一。

8.2　实证分析——以昆山经济技术开发区为例

8.2.1　实证区域概况

1. 区位和自然条件

昆山经济技术开发区地处长江沿岸、东南沿海，位于沪宁铁路沿线三个经济带之中，又是长江三角洲范围内苏州、无锡、常州经济区沿海和沿江两个经济带的结合部，形成工商业发展速度快、经济增长幅度大的优越条件。昆山经济技术开发区属于长江三角洲冲积平原，地势平坦，土地承载力较好，无大的水系或山体，土地资源质量较高，适合工矿仓储用地的开发建设。昆山经济技术开发区位于北亚热带和中亚热带过渡地带，季风明显，四季分明；冬冷夏热，春温多变，秋高气爽；雨热同季，降水充沛，光能充足，热量富裕，为各行各业的投入产出提供了有利的自然条件。

2. 开发区发展历程

昆山经济技术开发区创办于 1985 年，1991 年 1 月被江苏省人民政府列为省重点开发区，1992 年 8 月经国务院批准成为国家级开发区（国函〔1992〕104 号）。2004 年 11 月 17 日，国土资源部 2004 年第 17 号公告公布了包括昆山经济技术开发区在内的第一批通过开发区清理整顿审核的国家级开发区名单。2006 年 1 月 23 日，国土资源部发布 2006 年第 2 号公告，明确了第三批通过审核的各开发区"四至"范围和面积，其中昆山经济技术开发区"四至"范围为：东至金沙江路西，南至沪宁铁路，西至青阳港、前进东路、青阳北路，北至太仓塘，总面积1000.00hm^2。昆山经济技术开发区自设立以来，未进行扩区。

经过 20 多年的开发建设，昆山经济技术开发区已基本形成一个具有现代化气息的综合园区。建区以来，昆山经济技术开发区经历了启动发展、全面发展、提升发展三个阶段，始终坚持艰苦创业、勇于创新、争先创优，开创了多个全省乃至全国第一：第一个经国务院批准的县级自费开发区，开创了县级自费开发区进入国家级开发区序列先例；引进了全省第一家中外合资企业，创建了全省第一家外商独资企业。2001～2009 年在国家商务部公布的全国 54 个国家级开发区评比中，昆山经济技术开发区连续 9 年进入前四名。如今，昆山经济技术开发区已成为全市对外开放的窗口、经济发展的龙头、科技创新的先导、辐射带动的基地、城市化建设的品牌，成为昆山最具发展实力、发展活力和发展潜力的经济增长极。

开发区基本信息见表 8-1。

表 8-1　昆山经济技术开发区基本信息表

项目	内容
开发区名称	昆山经济技术开发区
开发区级别	国家级
开发区类型	经济技术开发区
开发区设立时间	1992-8-22
开发区审批单位	中华人民共和国国务院
开发区管理机构	昆山经济技术开发区管委会
开发区管理机构地址	江苏省昆山市前进东路 369 号
开发区依法审批土地总面积/hm²	1000.00
土地开发率/%	96.04

3. 开发区经济社会发展情况

昆山经济技术开发区建区 20 多年来,经济和社会呈现又好又快的良好发展态势，成绩显著，主要体现在以下几方面。

1）投资环境日趋完善

昆山经济技术开发区坚持科学规划，合理布局，严格实施高起点、高标准建设区域环境。建区 20 多年来，先后投入上百亿元资金，用于交通、电讯、供水、能源、环保等基础设施建设，基本达到"七通一平"要求。区内主次干道线均为 4～6 车道黑色路面，与沪宁高速公路、312 国道、虹桥国际机场、浦东国际机场、沪宁铁路线相连接，水陆空交通十分便捷。还创办了国际学校，新建了外资医院，构筑了良好的投资环境。

2）招商引资成果丰硕

开发区视项目开发为生命线，不断加大招商引资力度。开发区吸引了欧美、日韩、中国港澳台等 30 多个国家和地区的客商在此投资，其中以台商投资最为密集，并有 20 多家世界 500 强企业入驻。开发区引进项目呈现规模大、独资多、层次高、技术新的特点。

3）区域经济快速发展

2009 年实现 GDP 437.97 亿元，工业（物流）企业总收入 978.99 亿元，财政收入达 83.91 亿元，累计完成工业（物流）企业固定资产投资 330.30 亿元，在昆山市经济发展中龙头作用明显，进出口和出口总量持续领先于全省、全国各开发区。工业生产形成了较为完整的电子信息产业链和以高科技为支柱的民生用品企业群，机械工业正逐渐向汽车零部件和整车生产靠拢，三大主导产业优势凸现。

4）转型升级步伐加快，竞争优势积蓄提升

开发区明确了"巩固提升制造业、注重发展服务业，巩固完善主导产业、注重拓展新兴产业，巩固外贸、注重内销，巩固外资、注重内资"的"四巩固四注重"思路。围绕产业规划布局，有效开展"腾笼换凤"工作，主导产业集聚度持续提升，招商引资质量与项目结构更趋优化，服务业招商稳步推进，高新技术产业集聚效应更加突出。倡导节能减排，促进国家生态工业园、循环经济试点园区创建工作，树立一批低碳经济、循环经济典型。

5）科技创新亮点频现

开发区着力推进科技工作，自主创新成果显著，载体建设步伐加快。区内设有国家知识产权试点园区、国家企业博士后科研工作站、国家级实验室和各类研发机构；科技融资渠道继续拓宽；大力引进科技企业，加速高端人才集聚；积极组织申报科技项目，科技成果不断涌现。在省级科技支撑计划、省级中小企业创新基金项目、省国际科技合作项目争取上取得历史性突破。

6）社会事业协调推进

保民生、促和谐，切实提高群众幸福指数。富民强村卓有成效，截至 2009 年，农民人均纯收入 16 000 元，同比增长 10.3%。民生工程持续推进，文教卫生与社会保障工作深入开展。提前完成缴纳农村养老保费的任务，农村居民基本养老保险实现应保尽保。平安法治建设向纵深推进，各类创建和专项整治行动扎实开展，社会稳定预警机制得到完善，大调解大防控体系作用明显，劳动关系和谐企业创建工作积极推进，劳资稳控和安全生产态势总体平稳，社会治安状况继续好转。

8.2.2 实证区域循环经济发展状况

昆山经济技术开发区的循环经济发展迅速，成效显著。循环经济包括三个层次：第一层次是企业内部资源循环利用，可以称其为小循环。第二层次是企业与企业之间资源的循环利用，即上游企业的废弃物成为下游企业的资源，提取可用之物后，再生的废弃物再被下游企业综合利用，直至吃光用尽，变废为宝，这一层次的循环称为中循环，如昆山长江造型材料有限公司是区内一家铸造废砂再生企业，该企业积极地和区内生产铝合金轮毂的丰田工业、富士和机械等企业开展合作，将这些企业产生的铸造废砂再生为原砂，然后重新返回使用。第三层次是区域性的资源循环综合利用，可以称其为大循环。就昆山现阶段的循环经济情况来看，还主要以第一层次和第二层次为主。

2005 年，开发区管委会与江苏省环境科学研究院签订技术咨询合同，正式启动开发区创建全国首批生态工业园区工作。在国家实施宏观调控、各地贯彻落实科学发展观的大背景下，昆山经济技术开发区正在积极筹划经济结构调整，努力实现经济增长方式转变。实施生态园区规划，就是要求以循环经济理念指导区域开发建设，对开发区调整产业布局、加强功能规划、完善载体配套具有明确的指导作用，进一步提升开发区综合投资环境水平。同时，开发区作为昆山重要的形象品牌，创建生态工业园区也是昆山市创建首批国家生态市重要的一部分，对全市创建工作意义重大。2006 年，昆山经济技术开发区专题举办清洁生产、循环经济培训。开发区有 5 家单位被命名为循环经济示范企业，7 家企业通过清洁生产审核。南亚集团公司从设计开始即重视循环利用，引进国际先进的设备、生产技术及管理方法，将电子材料相关产业垂直整合，从电子级玻纤维到高端电路板，构建了合理的生态工业加工链，成为全球首家垂直整合集团公司。2006 年 10 月，原国家环境保护总局下发了关于同意昆山经济技术开发区创建国家生态工业示范园区的复函。

近几年，昆山经济技术开发区在经济高速发展的同时，始终坚持把生态建设作为开发区发展全局的重要取向进行有限统筹，坚持把绿色产业作为经济持续跨越的必然路径进行优先发展，坚持把环境质量作为宜居家园的第一目标进行优先发展。同时，开发区强化循环经济理念，在实施"绿色招商"的同时，狠抓产业链建设。昆山经济技术开发区生态工业建设以区内现有的电子信息业、精密机械加工业、民生用品业 3 大门类 1000 多家企业作为生态系统的结构成员，通过构建开放的柔性生态网络加以实现。柔性生态网络的形成、丰富和完善在开发区建设过程中通过市场机制构建产业链、减量化措施及绿色招商等重点工程因地制宜逐步形成。以南亚工业园为例，该园区总投资 26.7 亿美元，占地面积 112hm^2，有 12 家关系企业，构建了从电子级玻璃纤维丝→玻纤布→环氧树脂→铜箔→覆铜板→印刷电路板的电子材料垂直整合生态产业链。南亚工业园区内部建有放流水回用、中水回用系统，DMF 废气、固体废物、有机溶剂回收系统等环保设施，形成了资源、能源集约利用，环境基础设施资源共享的生态工业园。生态工业园区建设从环境准入、项目准入，到整个项目生产过程中的污染控制、清洁生产，最后通过集中的污染治理设施，削减园区外排的废物，不断削减污染物总量。根据园区产业特征，昆山经济技术开发区制定鼓励发展的产业、技术及产品名录，制定园区各行业企业入园技术及设备最低要求、限制及鼓励发展的技术规定等，并注重把清洁生产、绿色招商、废弃物资源化等技术和管理模式，贯穿到开发区生产和消费的各个环节，从而最大限度地提高生产和消费过程中的资源能源利用效率。制定环境报告及信息公开制度、建立园区环境风险管理系统是昆山经济开发区发展循环经济的一大亮点。生态工业园区全面推行生态工业园区宣传教育工作；制定园区研发企业优惠办法，增强园区研发能力，提高园区产业科技含量和产品附加值；同时还建立了危险废物处置管理系统，强化危险废物处置的监督管理。2010 年，昆山经济开发区顺利通过了由国家环境保护部、商务部、科学技术部组成的联合验收组的验收，成为国家生态工业示范园区。

纵观昆山经济技术开发区的发展，可以发现两大新变化：一是发展理念的转变。从环保从属到环保优先，从环境换取增长到环境优化增长，从"只要金山银山，不顾绿水青山"到"有了绿水青山，才有金山银山"，这是发展理念的根本性转变。二是增长方式的转变。有了新的发展理念，才有新的增长方式。在新的发展理念指引下，自觉地加强环保生态建设，大力发展循环经济，双轮驱动，推进增长方式、发展模式的根本转变。发展率先和环保优先从理念到行动上的辩证统一，标志着昆山已开始进入科学、协调、和谐、可持续发展的新阶段。今后，昆山经济技术开发区将按照生态工业园区建设标准，进一步加强产学研合作，提升自主创新能力，优化生态产业网络，提高中水回用、加大固废的资源化和无害化力度，发挥更大的示范和引领作用。

8.2.3　实证区域土地集约利用水平分析

昆山经济技术开发区发展循环经济，对土地集约利用水平发挥了积极的影响，主要体现在土地利用强度、土地利用效益、土地利用结构、土地利用管理创新、土地利用科技水平、土地利用生态环境等方面。

1. 土地利用强度分析

土地利用强度能反映土地集约化利用水平，主要涉及综合容积率、建筑密度、工业用地综合容积率和工业用地建筑系数四项指标。

根据用地单位的土地证、房产证、总平图和规建部门提供的资料，分别将已建成地块的建筑面积、基底面积和土地面积加总得到开发区评价范围内已建成地块的总建筑面积、总基底面积和总土地面积；同样地，将已建成工业用地的建筑面积、建筑物构筑物基底、露天堆场和露天操作场地面积与土地面积加总得到开发区评价范围内已建成工业用地地块的总建筑面积、总建筑物构筑物基底、露天堆场和露天操作场地面积与总土地面积，结果见表 8-2。

表 8-2　2009 年昆山经济技术开发区建筑工程状况统计表

项目	面积/万 m²
已建成城镇建设用地内的总建筑面积	639.67
其中：工矿仓储用地上的总建筑面积	366.45
已建成城镇建设用地内的建筑基底总面积	293.28
其中：工矿仓储用地上的建筑物构筑物基底、露天堆场和露天操作场地总面积	266.39
已建成城镇建设用地面积	828.63
其中：工矿仓储用地面积	451.21

依据以上统计结果，用已建成城镇建设用地内的总建筑面积除以已建成城镇建设用地面积得到综合容积率；已建成城镇建设用地内的基底总面积除以已建成城镇建设用地面积得到建筑密度；城镇已建成工矿仓储用地上的总建筑面积除以城镇已建成工矿仓储用地面积得到工业用地综合容积率；城镇已建成工矿仓储用地上的总建筑物构筑物基底、露天堆场和露天操作场地面积除以城镇已建成工矿仓储用地面积得到工业用地建筑系数，结果见表 8-3。

表 8-3   2009 年昆山经济技术开发区土地利用强度表

项目	数值
综合容积率	0.77
建筑密度	35.39%
工业用地综合容积率	0.81
工业用地建筑系数	59.04%

昆山经济技术开发区的行业分类，以电子信息、精密机械和民生用品为主。根据国土资发〔2008〕24 号文，开发区主导行业工业项目的容积率控制指标为 ≥0.7～1.0，由表 8-3 可以看出，开发区评价范围内的工业用地综合容积率为 0.81，符合国家标准。根据《江苏省建设用地指标体系（2006 版）》，开发区主导行业工业项目的建筑系数控制指标为 ≥38%～50%，工业用地建筑系数为 59.04%，大幅高于江苏省标准，同时也高于国家标准。与 2007 年相比，昆山经济技术开发区综合容积率上升了 10%，工业用地综合容积率增加了 14.08%，建筑密度也提高了 1.26 个百分点。由此可见，随着循环经济的发展，昆山经济技术开发区土地利用强度得到了提高。

2. 土地利用效益分析

土地利用效益反映开发区已建成城镇建设用地的经济效益情况，用地效益调查主要针对评价范围内已建成城镇建设用地中工矿仓储用地的投入产出情况开展调查，主要包括工业（物流）企业总收入、工业企业固定资产投资总额等。

依据开发区评价范围内开发区工业企业情况调查表，对每家企业的工业产值、销售收入、利税总额、预计总投资、实际投资额等进行汇总得到工业（物流）企业总收入、工业企业固定资产投资总额等数据，并由开发区管委会统计部门根据相关统计数据进行汇总、剥离、换算等处理后，得到评价范围内的数据，将两种途径获得的数据对比分析，经开发区管委会确认，得到开发区评价范围内的各项经济数据，并计算出用地效益指标值，见表 8-4。

表 8-4　2009 年昆山经济技术开发区用地效益情况表

项目	数值
工业（物流）企业固定资产投资总额/万元	3 302 952
工业（物流）企业总收入/万元	9 789 948
工业用地固定资产投入强度/（万元/hm^2）	7 320.21
工业用地产出强度/（万元/hm^2）	21 697.10

由表 8-4 可知，昆山经济技术开发区现有项目的投入水平远远超过了国家标准和江苏省标准，达到了苏南乃至全国的一流水平，这与昆山市的经济发展水平也是相符的。与 2007 年相比，昆山经济技术开发区工业用地固定资产投入强度上升了 14.84%，工业用地产出强度增加了 22.35%。总之，纵向比较和横向比较均表明：随着循环经济的发展，昆山经济技术开发区土地利用效益水平大大提升，土地集约利用水平进一步提高。

3. 土地利用结构分析

通过整理分析，得到昆山经济技术开发区已建成城镇建设用地的土地利用结构情况，见表 8-5 和图 8-1。

表 8-5　2009 年昆山经济技术开发区现状土地利用结构分析表

类别	面积/hm^2	占已建成城镇建设用地总面积比例/%
已建成城镇建设用地	828.63	100.00
其中：住宅用地	124.82	15.06
工矿仓储用地	451.21	54.45
交通运输用地	154.38	18.63
其中：街巷用地	154.38	18.63
商服用地	31.49	3.80
公共管理与公共服务用地	64.45	7.78
其中：公园与绿地	26.65	3.22
其他城镇建设用地	2.28	0.28

资料来源：昆山市国土资源局开发区分局 2009 年土地利用现状数据。

从表 8-5 和图 8-1 可以看出，昆山经济技术开发区以工矿仓储用地为主，面积为 451.21hm^2，占已建成城镇建设用地的 54.45%；其次为交通运输用地，面积为

154.38hm^2，占已建成城镇建设用地的 18.63%；住宅用地面积为 124.82hm^2，占已建成城镇建设用地的 15.06%；公共管理与公共服务用地面积为 64.45hm^2，占已建成城镇建设用地的 7.78%；商服用地面积为 31.49hm^2，占已建成城镇建设用地的 3.80%。开发区内工业用地分布广泛，住宅用地、商服用地和公共管理与公共服务用地在开发区中北部和西南部分布相对集中。

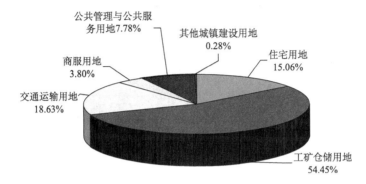

图 8-1　2009 年昆山经济技术开发区现状土地利用结构图

按规划用途，对开发区内所有地块进行整理，得到开发区规划用地结构情况，见表 8-6 和图 8-2。

表 8-6　昆山经济技术开发区规划用地结构分析表

类别	面积/hm^2	占规划城镇建设用地总面积比例/%
规划城镇建设用地	929.05	100
其中：　住宅用地	233.35	25.12
工矿仓储用地	392.91	42.29
交通运输用地	154.38	16.62
其中：街巷用地	154.38	16.62
商服用地	39.48	4.25
公共管理与公共服务用地	106.63	11.48
其中：公园与绿地	55.94	6.02
其他城镇建设用地	2.28	0.25

通过对开发区现状土地利用结构和规划用地结构进行对比，可以看出，现状土地利用结构和规划用地结构中均以工业用地为主体，交通运输用地比重适中，并有住宅、公共设施及商服等配套用地，用地结构符合开发区规划和发展定位。与用地现状相比，开发区规划住宅用地和公共管理与公共服务用地规模相对较大，

比重相对较高。这是由于开发区成立较早，紧邻老城区，根据规划，随着市区建成区的外扩，将对开发区部分项目用地实行"退二进三"。总体上来看，现阶段昆山经济技术开发区的土地利用状况符合规划要求，土地利用结构合理。

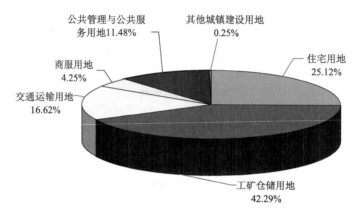

图 8-2　2009 年昆山经济技术开发区规划用地结构图

4. 土地利用管理创新分析

多年来，昆山经济技术开发区在发展循环经济过程中，在土地利用管理上不断进行制度创新，积极探索土地资源管理新模式，在全国率先实行投资强度定额管理标准，率先尝试进行工业用地挂牌出让。一系列的"率先"做法，使昆山成为全国节约集约用地的表率和模范。

进入经济发展转型期，昆山市更加深刻地认识到加强资源的科学高效配置的迫切性。昆山市结合地区发展实际，进一步贯彻落实国家宏观调控政策，集思广益，深入调研，继续从体制、机制、法制上进行大胆的探索和有益的尝试，全市上下形成了"依法管地、集约用地、科学发展"的土地管理思路。

在招商方面，昆山实现了两个转变：首先是由招商引资向招商选资转变。在招商选资时，一看科技含量，二看投资强度，三看产出效益，包括利税、对就业的贡献度和对群众致富的带动力，四看对生态环境的影响。由此建立项目评审筛选机制，不断提高引进项目的质量。其次是由招商引资向无地招商、增资扩股转变。在招商选资的同时，昆山大力鼓励企业无地招商，增资扩股。鼓励企业在符合城市总体规划，不影响城市景观、城市消防、城市生态的前提下，适当提高容积率和建筑高度，提高土地空间利用率。对于一些不符合集约用地标准的老企业，通过增资或收地的形式提高集约用地水平。

除严格执行国家和江苏省有关土地利用标准规定外，昆山还提出了"企业投资要有强度、土地开发要有进度、配套用地要有限度、地上建筑要有高度、产业转移要有梯度、盘活存量要有力度、村庄整理要有深度、市场化运作要有透明度"
"八个度"来加强引导和监管，进一步提高了土地资源的利用效率和产出效益，
促进了昆山经济社会全面、协调、可持续发展。

1）企业投资要有强度

昆山市进一步提高投资强度定额标准，昆山经济技术开发区工业项目投资强
度标准调整为外资工业项目60万美元/亩及以上，内资工业项目400万元/亩及以
上。凡不符合上述用地定额标准的项目，在建设用地预审时一律核减用地规模，
有效地提高了土地的利用率。同时，对投资规模在1000万美元以下的外资项目、
4000万元人民币以下的民资项目，不单独供地，鼓励进驻原创型企业基地，租赁
标准厂房取得生产经营场所。

2）土地开发要有进度

为确保有限的土地资源得到最充分、最有效的开发利用，昆山市实行建设用
地的全程管理，明确开发进度，避免了土地资源的闲置和浪费。第一，加强用地
预审，从源头上把好集约用地关。明确各类建设规划方案必须经市政府批准后方
可组织实施；各类项目建设用地必须向市规划、国土部门预报，由规划部门审定
项目选址，国土部门核定用地面积后供地，有效地规范用地秩序。第二，实行建
设用地全程监管。对所有签约项目，都在合同中明确项目开工的时限和进度。对
已经供地的建设项目，建立用地跟踪管理制度，定期查验，随时了解每宗建设用
地的建设进度和用地情况。从2006年10月开始，对新批工业项目在取得土地使
用权后3个月内未动工的发预告书，满6个月仍未动工的，将报市政府审批收回
土地使用权，采取切实措施，提高土地利用率。

3）配套用地要有限度

第一，从2005年下半年起，工业项目的容积率要求从原来的0.6提高到0.8
以上，建筑系数从30%提高到50%，工业项目所需行政办公以及生活服务设施用
地面积不得超过总用地面积的7%，建筑面积不得超过总建筑面积的15%。对容
积率偏低、绿化率偏高的现有工业企业，鼓励业主经规划审批后在原厂房上加层，
或利用厂区内的绿化用地、空地建造厂房。第二，严禁在工业项目用地范围内建
造成套住宅、专家楼、宾馆、招待所和培训中心等非生产性配套设施，对需建设
员工宿舍或住宅的大型企业，由开发区、各镇统一择地按规划建造，用于安置企
业员工。第三，对具体建设项目的绿化控制指标适当下调，由市规划行政主管部
门在审批规划设计方案时严格控制，不允许在工业开发区（园区）或工业项目用
地范围内建造"花园式工厂"。

4）地上建筑要有高度

鼓励企业用地向空中发展，对企业建造多层厂房的，第二层减半收取基础设
施配套费，第三层起免收基础设施配套费。与此同时，企业对于土地的使用理念

也发生了根本的转变,纷纷向上争取"空中优势",很多厂房都在三层以上。

5)产业转移要有梯度

土地的集约利用首先需要土地利用结构的合理,要与优化产业结构、促进产业发展结合起来,寻求区域产业发展与土地资源的合理配置。第一,进一步强化规划的导向作用,科学制定产业功能片区规划,合理安排产业布局,积极倡导"工业向园区集中、农民向城镇集中、农业向规模集中"的"三集中"思路,不断优化用地结构。认真落实国家产业政策,严格执行国家《限制用地项目目录》和《禁止用地项目目录》,对限制类产业严把供地关,对禁止类产业不予供地。积极整合土地资源,打破建制镇行政区域界限,将小而散的工业企业归并整合,使集聚效应达到最优,形成了"数镇一区""数镇一带"的发展新格局,从根本上改变了昆山城市发展的模式,实现了中心城区的发展从单向扩张转向城镇之间的双向对接,减少了基础配套设施建设用地,提高了土地利用率,促进了土地资源的合理配置和高效利用。第二,通过产业结构调整提高土地集约利用程度。2003年以来,昆山市国土局与江苏省社科院先后联合开展了《昆山实现"两个率先"与土地保障战略》和《昆山市土地集约利用和可持续发展》方面的课题研究,通过对全市1800多家现有工业企业土地利用现状调查,开展了从优化产业结构、进一步整合产业区域布局的角度,提出了提高产业和企业集聚程度的政策建议,为实践工作提供了宝贵的理论依据。积极通过政策引导,重点发展电子及通信设备制造业等投资密度大、土地集约利用程度高的行业,有计划地把那些投资强度低、占用土地多、排放量大的劳动密集型企业转移出去,腾出空间发展更高层次的产业,引入研发机构等入驻。

6)盘活存量要有力度

为确保土地资源的高效利用,2004年以来,昆山加大了闲置土地的处置力度。一方面,通过征收土地闲置费,督促企业按时开工建设,防止土地资源闲置浪费;另一方面,对被认定的闲置土地,区分不同情况,分别采取无偿收回、协议收回和法律法规确定的其他处置方式进行处置,对依法收回的土地重新进行市场化配置。

7)村庄整理要有深度

随着工业化、城市化的加快推进,昆山市农村每年都有大量农户需要动迁。在实际操作中,把农民动迁工作与村庄整理、小城镇建设、现代化示范村建设和集约用地有机结合,凡在城市化建设和工业项目建设过程中,涉及农民宅基地动迁的,不再安排独家宅基地,而是统一建设高标准的多层公寓小区,并鼓励农民动迁安置房建设向小高层、高层方向发展,实行"拆一补一"的安置办法。通过动迁安置,一是改变农村"脏、乱、差"的局面,完善配套设施,提高农民生活质量,同时,还避免在城镇化进程中出现"二次动迁";二是一户农民一般可以补偿到2~3套商品公寓房,且可自住、出租或出售,既有长期的房屋租金收入,又有一次性的房屋出售收入,促进农民增收致富;三是通过村庄整理,节约了大量的土地资源。据调查测算,全市农村平均每户宅基地面积(包括公共用地和失去利用价值的边角地等)约为 0.8 亩,通过建设农民动迁小区集中进行安置,平均每户用地仅为 0.3 亩左右,每户可节约用地 0.5 亩左右,节地率达到 62.5% 以上。

　　8)市场化运作要有透明度

　　每一宗土地的出让具体由国土管理部门负责实施,出让信息全部在国土资源局外网、中国地产交易网和《苏州日报》上发布,市纪检委、监察局负责监督,市公证处全程参与,做到了程序清楚、操作规范、监督到位,实行"阳光操作"。2009 年,昆山经济技术开发区土地有偿使用实现率和土地招拍挂实现率均为100%,土地供应完全实现市场化运作。

　　5. 土地利用科技水平分析

　　近年来,昆山经济技术开发区认真实施"科教兴市"战略和技术创新工程,进一步优化配置科技资源,在科技创新平台、科技研发机构、科技队伍建设、高新技术产业、知识产权工作等方面取得了优异成绩。昆山经济技术开发区建立了昆山留学人员创业园、出口加工区、保税物流园、光电产业园、企业科技园、精密机械产业园、现代服务业集聚区等一批科技含量高的功能性园区。微软技术中心、光电产业专利信息平台等一批公共技术服务平台相继启动,三一重工股份有限公司、奈普光电(昆山)有限公司等重点企业研发中心、工程中心相继建成,2009 年新增外资研发机构 13 家,区内研发中心数量比 2008 年增加了 30 家,增长幅度达到 30%;新设省级博士后工作站 1 个,引进博士团队 3 个、博士硕士 30名,领军人才博士团队加速集聚,2 人入选"国家千人计划",4 人入围"江苏省高层次创新创业人才引进计划",2 人当选"姑苏创新创业领军人才引进计划",3 人当选昆山市首批领军人才,领军人才数量占全市的 1/3。新增国家中小企业创新基金项目、省重大科技成果转化项目、省工业支撑计划项目各 2 项。2009 年,经济开发区各类专业技术人员比上一年度增加了 4500 人,增长 4.2%。2009 年,新增省级高新技术企业 28 家、高新技术产品及软件产品 90 项,新增中国驰名商标 1 件,申报 5 个国家级重点新产品;申请专利 3178 件,授权专利 2086 件,是2008 年的 3.17 倍。在发展循环经济过程中,昆山紧紧依托科学技术,全力促进产业转型升级和企业自主创新,推动土地集约利用。

　　6. 土地利用生态环境分析

　　循环经济的发展,使昆山经济技术开发区形成了良好的生态经济体系、可持续利用的资源保障体系、山清水秀的生态环境体系和绿色文明的生态文化体系。昆山经济技术开发区环境质量得到全面提升,全部符合功能区要求:万元单位工业增加值综合能耗 0.25 吨标准煤、COD 排放量 0.274 千克、SO_2 排放量 0.510 千克，均低于国家生态工业示范园区的相应标准。2009 年，规模以上工业产值能耗比上一年度明显下降，下降幅度超过 10%；全区规模以上工业企业用电量 47 亿千瓦时，同比下降 7.1%，每亿千瓦时电产出达到 75 亿元，同比提高 14.26 亿元。2009 年，全区绿化覆盖率达到 50%，城在林中，路在绿中，房在园中，人在景中，生态城市的美好憧憬，已经在昆山经济技术开发区人的手中变成现实。

第9章 低碳经济发展方式与土地集约利用的影响机理研究

本章分别分析了产业结构与低碳经济发展和土地集约利用的关系，并以产业结构为纽带，试图寻求低碳经济发展和土地集约利用的内在联系及相互作用机理。通过分析可知，低碳经济发展和产业结构调整均对实现经济方式的转变具有重要作用，两者发展互促互进；而产业结构和土地利用方式之间相互影响，相互作用，产业结构调整胁迫土地利用结构变化，土地通过不同的功能支撑了产业结构的优化，两者之间形成了正反馈循环机制。通过产业结构构建的链接桥梁可以发现，低碳经济发展通过调整产业结构作用于土地利用，胁迫和优化土地利用模式，促进土地利用向"低排放、高效益、高价值"的趋势调整；土地集约利用则对低碳经济发展具有反馈作用，通过合理资源分配，充分利用土地功能，约束产业结构，增加高效产业用地，降低高碳产业用地，优化工业布局，在实现经济增长的同时减少碳排放或降低碳排放强度，促进低碳经济发展的实现。

根据所构建的低碳经济发展和土地集约利用评价指标体系，详细统计了各项指标体系的数据，选用全局主成分分析法，实现了对多指标项的降维，有效地解决了数据信息浓缩问题，使各个年份的低碳经济发展和土地集约利用的时序性立体数据通过全局主成分变换到同一个全局主超平面上，实现了系统的动态变化特征和演化趋势的反映。根据评价结果，本书分析了 2000～2010 年全国各省份的低碳经济发展水平和土地集约利用水平随时间变化情况。我国各省份的低碳经济发展与土地集约利用均向着良好的方向发展，地区之间存在差异，低碳经济发展水平和土地集约利用水平得分较高的地区主要分布在东部地区，得分较低的地区主要位于西部地区，发展呈现阶梯型。能源结构、产业结构以及国家和地方政策对低碳经济发展和土地集约利用具有重要影响，在碳排放增长不可避免的大趋势下，通过产业结构的调整可以实现低碳经济发展和土地集约利用水平的共同提高。

本书构造了低碳经济发展和土地集约利用的耦合协调发展度模型和相对发展度模型，利用标准化的数据的平均值和标准差对耦合协调阶段和类型进行了划分，在低碳经济发展水平和土地集约利用水平的评价结果的基础上，分析了 2000～2010 年全国各省份的低碳经济发展水平和土地集约利用水平的耦合协调发展度和相对发展度时间变化情况。结合耦合协调发展度和相对发展度计算结果，进行了聚类分析，研究我国耦合协调发展度和相对发展度空间分布状况。我国各省份的低碳经济发展与土地集约利用的耦合协调发展度呈现逐年上升的趋势,对东部、中部和西部整体比较可以看出,低碳经济发展与土地集约利用的耦合协调发展度水平为东部＞中部＞西部,耦合协调发展度地域空间分布具有聚类特性;不同于耦合协调发展度,全国各省份的低碳经济发展与土地集约利用的相对发展度没有呈现上升的发展趋势,而且相对发展度随时间变化情况无明显的地域特性,呈现空间随机状态,不具有集聚特性;全国大部分省市区的耦合协调阶段处于Ⅴ类型,说明了土地低碳经济和土地集约利用还处于磨合发展阶段,两者的发展既有平衡性,也存在波动性。

9.1　低碳经济发展与土地集约利用耦合机理研究

耦合的前提条件是各方存在某种关联,且耦合使得各方的属性发生变化,低碳经济发展和土地集约利用之间恰好符合上述条件,两者之间存在着某种关联。因此,本书以产业结构为纽带衔接低碳经济发展与土地集约利用,通过分析产业结构与发展低碳经济之间的关系研究,结合前文中产业结构调整对土地集约利用的影响机理,理论演绎证明低碳经济发展与土地集约利用的耦合作用机理,并构建评价模型定量评估全国各城市低碳经济发展水平和土地集约利用水平及其之间的协调发展状况。

9.1.1　低碳经济理论分析

1. 低碳经济的概念与内涵

"低碳经济"一词虽然是在 2003 年出现,但是关于它的早期探索是在 20 世纪 90 年代后期。由全球气候变化引发的《联合国气候变化框架公约》到《京都议定书》的生效,有关碳排放权和发展权的争辩不断升级(郑林昌等,2011),美国著名学者莱斯特·R·布朗(2002)在 2002 年《生态经济——有利于地球的经济构想》一书中提出经济发展由碳基能源向太阳能、氢能等新能源的转变是十分必要和迫切的。由此,世界各国对经济发展方式转变和碳排放有了不同的认识和实践。

英国能源白皮书中指出,"低碳经济是通过更少的自然资源消耗和更少的环境污染获得更多的经济产出;低碳经济是创造更高生活标准和更好生活质量的途径,为发展、应用和输出先进技术创造了机会,同时创造新的商机和更多的就业机会"(张坤民等,2008)。概括来说,低碳经济是在保证经济发展的同时减少自然资源消耗和环境污染物的排放。中国学者虽然起步较晚,但对其也进行了大量的研究。著名经济学家张坤民等(2008)提出,"低碳经济是以低能耗、低污染、低排放为基础的经济模式"。夏堃堡（2008）认为，低碳经济包括两个部分：一是低碳生产，二是低碳消费，他认为低碳生产是维持现代经济可持续发展的生产方式。

总结国内外对低碳经济的研究，所谓低碳经济，是指在可持续发展理念指导下，通过技术创新、制度创新、产业转型、新能源开发等多种手段，尽可能地减少煤炭、石油等高碳能源消耗，减少温室气体排放，达到经济社会发展与生态环境保护双赢的一种经济发展模式。低碳经济是以低能耗、低污染、低排放为基础的经济模式，是人类社会继农业文明、工业文明之后的又一次重大进步。本书延续英国能源白皮书中对低碳经济的阐述，界定低碳经济是一种经济发展模式。

低碳经济是经济发展的碳排放量、生态环境代价及社会经济成本最低的经济，是一种能够改善地球生态系统自我调节能力的可持续性很强的经济。低碳经济有两个基本点：其一，它是包括生产、交换、分配、消费在内的社会再生产全过程的经济活动低碳化，把二氧化碳（CO_2）排放量尽可能减少到最低限度乃至零排放，获得最大的生态经济效益；其二，它是包括生产、交换、分配、消费在内的社会再生产全过程的能源消费生态化，形成低碳能源和无碳能源的国民经济体系，保证生态经济社会有机整体的清洁发展、绿色发展、可持续发展。在一定意义上说，发展低碳经济就能够减少二氧化碳排放量，延缓气候变暖，所以就能够保护我们人类共同的家园。

低碳经济与循环经济既有联系，又有区别。两者在内容上是互相重合、彼此交织的。它们具有相同的系统观，即人类和自然界相互依赖、互相影响；也具有相同的发展观，即经济发展要在资源环境的承载力范围内；同时也具有相同的生产观，即节省资源的投入，提高利用效率，清洁生产；更具有相同的消费观，即物质适度消费，废物尽可能地循环使用。它们都没有停留在对资源和环境问题的一般性关注上，而是深入剖析传统经济发展模式的弊端，揭示资源和环境问题与传统线性经济发展模式的内在联系，探究人与自然关系的传统理念对资源和环境问题的深刻影响，寻求通过发展模式的创新与人类环境价值观念的革新，实现经济发展与环境保护的双赢。但是，两者之间也存在区别，它们在内涵的核心、研究的侧重点、实现途径等方面存在不同，有各自的特点。循环经济的核心是物质的循环，使各种物质循环更好地被利用起来，以提高资源效率和环境效率。低碳经济是以低能耗、低污染、低排放为基础的经济，创新是核心，包括制度创新、能源技术创新和人类生存发展观念的根本性转变，制度创新和能源技术创新重在改变现行的生产方式，促进低碳生产，人类生存发展观念的转变在于改变人类的生活方式和价值观念，从人类发展根源处掀起一场革命，传播低碳消费的观念，使其深入人心，最终创造可持续的人居环境。目前低碳经济的基本目标在于既能满足经济的可持续发展，又能降低 CO_2 的排放。低碳经济重在低碳，意在可持续发展。

2. 低碳经济的特征

低碳经济的特征主要表现在以下几个方面。

（1）低碳经济是相对于无严格约束的碳密集能源获取方式、能源利用方式以及其他碳密集活动的高碳排放经济模式而言的。所以，发展低碳经济的关键在于降低单位能源利用或降低经济产出的碳排放量，通过碳捕捉、碳封存、碳积蓄降低碳强度，控制乃至减少二氧化碳的排放量（黄贤金，2009）。

（2）低碳经济不同于基于化石能源的经济发展模式，它推行新能源经济发展模式。能源合理开采及利用是实现低碳排放的主要途径。因此，发展低碳经济的关键在于促进经济增长与由能源消费引发的碳排放"脱钩"，实现经济与碳排放错位增长（低增长、零增长或负增长）。通过能源替代、发展低碳能源和无碳能源控制经济体的碳排放弹性，并最终实现经济增长的碳脱钩（谢军安等，2008）。

（3）低碳经济是经济发展方式、能源消费方式、人类生活方式的一次新变革，它将全方位地改造建立在化石燃料（能源）基础之上的现代工业文明，转向生态经济和生态文明（鲍健强等，2008）。

（4）低碳经济是相对于人为碳通量而言的，是一种为解决人为碳通量增加引发的地球生态圈碳失衡而实施的人类自救行为。因此，发展低碳经济的关键在于改变人们的高碳消费倾向和碳偏好，减少化石能源的消费量，减少碳足迹，实现低碳生存（谢军安等，2008）。

其特征可总结为：①低能耗、低污染、低排放；②高效能、高效率、高效益；③实现可持续发展的经济发展模式。

3. 低碳经济的发展途径

从各国低碳经济发展的经验来看，推动低碳经济发展的关键手段是技术进步与能源结构调整，在技术进步方面实现新能源与可再生能源的开发利用、碳储存、清洁生产与废弃物循环利用、环境保护等技术革命性突破；在能源结构调整方面普及节能技术，大规模发展利用可再生能源。实现低碳经济发展主要有以下几个途径。

1）调整产业结构，发展具有低碳特征的产业

同等规模或总量的经济，处于同样的技术水平，如果产业结构不同，则碳排放量可能相去甚远。知识密集型和技术密集型产业属于低碳行业，如信息产业的能耗和物耗是十分有限的，对环境的影响也是微乎其微。IT产业是低碳经济中最具发展潜力的产业，不论是硬件，还是软件都具有能耗低、污染小的特点。而传统的农业生产几乎不使用商品能源，就是现代农业生产，也改变不了农作物和动物生长过程及对光、热、土地等自然因素的依赖，商品能源的使用只是辅助性的，

或是对劳动力的替代，因而较为有限。第三产业提供的产品主要是服务，虽然在服务过程中为了提高效率需要一些办公和运行设备，需要消耗商品能源，但其单位产值消耗的能源也非常有限。真正需要大量消耗能源的是工业制造业、建筑业和交通运输业。优化产业结构，努力推进经济发展方式的转变，加快发展第三产业，尤其是现代服务业，提高高碳产业准入的市场门槛，积极发展低碳产业，减少国民经济对工业增长的过度依赖，可以有效降低单位 GDP 碳排放量，实现低碳经济发展。

2）优化能源结构，提高能源效率

传统的工业发展离不开化石燃料提供的能源，能源结构的高碳化是传统工业化的必然结果。当地球温室效应不断地影响和威胁人类赖以生存的自然生态系统时，人类就必然要反思工业文明所依赖的化石能源基础。在三种化石能源中，煤的含碳量最高，石油次之，天然气的单位热值碳密集只有煤炭的 60%，其他形式的能源如核能、风能、太阳能、水能、地热能等属于无碳能源。从保证能源安全和保护环境的角度看，发展低碳和无碳能源，促进能源供应的多样化，是减少煤炭消费、降低对进口石油依赖度的必然选择。尽管能源结构的调整可以大量减少二氧化碳排放量，但能源结构调整由于受到资源禀赋和技术条件的限制，短期内不容易实现。因此，必须处理好常规能源与新能源开发的关系。在确保煤炭能源基础地位的前提下，抓紧对煤变油、水浆煤等煤炭深度利用技术和高效清洁煤利用技术的研究和推广，以降低单位煤耗二氧化碳排放量。同时充分利用我国自然资源的优势，从战略高度扶持新能源和可再生能源的开发利用。

3）增强自主创新能力，积极发展低碳技术

从本质上看，低碳经济是能源技术创新和能源结构调整的问题。低碳技术和清洁发展机制是实现低碳经济主要方式，要实现低碳发展，技术创新是关键，因为能源效率的提高、低碳新能源的开发、化石能源的低碳化都要依赖于技术创新。随着技术发展，碳排放的总量限制会约束经济发展的速度；只有通过改善能源结构、调整产业结构、提高能源效率、增强技术创新能力、实现低碳技术等措施，才能实现碳排放总量和单位排放量的减少。低碳技术主要包括三种：低碳或零碳新能源技术，如太阳能、风能、光能、氢能、燃料电池等替代能源和可再生能源技术；通过节能（节能电器、节能建筑、节能交通工具等）来减少温室气体排放的减碳技术，碳捕捉和封存技术等。目前，很多低碳技术仍处于研发阶段，像中国这样的发展中国家还处于起步阶段。由于出于商业化利用的考虑以及发展中国家技术吸收能力的限制，低碳技术的国际间转移进展缓慢。所以，在引进国外发达国家低碳技术的同时，还需要加强自主创新能力建设，积极提升技术研发能力，推动低碳经济的良性发展。

9.1.2　低碳经济发展与产业结构关系研究

低碳经济发展和产业结构调整都是我国在目前的发展所面临挑战的形势下提出的，低碳经济发展重在碳排放和经济发展，而经济发展影响了产业结构，同时，产业结构决定了能源消费结构，进一步影响了碳排放，因此，经济发展、产业结构和碳排放构成了一个相互关联相互影响的整体，经济发展和产业结构的调整必然对碳排放量产生影响。

1. 经济发展决定产业结构

经济发展与产业结构存在内在联系，两者互为因果关系。不同经济发展阶段，产业结构不同，且产业结构需适应经济发展水平（李莉，2009）。可以说，经济发展是产业结构调整的内因，产业结构是经济发展的结果，同时也是推动经济发展的重要因素。

首先，经济发展决定产业结构调整。经济发展必然引起投入、产出、消费等结构的变化，因此，产出结构是经济发展的结果之一，不同的经济发展阶段，对应的产业结构不同（表 9-1）。在传统的经济发展阶段，三次产业结构模式为"一二三"，农业占据主导产业；进入工业化初期阶段，经济增长方式发生改变，农产品出现剩余，部分农业生产要素转向工业，第一产业比重下降，纺织、采矿等第二产业成为主导产业，产业结构模式向"二一三"发展；当进入全面工业化阶段，三次产业比重分别为第二产业最高，第三产业次之，第一产业最低，化工、钢铁等第二产业成为主导产业，城市化、工业化速度加快，经济出现明显增长；进入工业化后期，高新技术等第三产业成为主导产业，产业结构模式向"三二一"转变。

表 9-1　不同经济发展阶段产业结构特点

经济发展阶段	三次产业结构模式	产业结构特征
传统经济阶段	第一产业>第二产业>第三产业	农业为主导产业，工业比重低
工业化初期	第二产业>第一产业>第三产业	纺织、采矿等第二产业为主导产业
全面工业化阶段	第二产业>第三产业>第一产业	第一产业比重低于 20%，第二产业比重高于第三产业
工业化后期	第三产业>第二产业>第一产业	第一产业比重低于 10%，第三产业比重达到最高，高新技术等第三产业成为主导产业

其次，产业结构优化促进经济发展。从三次产业结构调整进程来看，主导产业是从第一产业向第二产业转移，进而再向第三产业发展（张丽峰，2008）。在三次产业内部，第一产业结构由粗放型农业向集约型农业发展，绿色农业、生态农业成为发展趋势；第二产业结构则是沿着轻纺工业—基础性重化工业—加工重

化工业方向演进发展；第三产业结构是由传统的服务业向多元的服务业发展，由现代的服务业向信息产业和知识产业方向调整演进。而第一产业对经济的贡献最小，第二产业、第三产业贡献较大，其中，第三产业不仅保证经济增长的量，同时也促进经济质的提高，促进经济效益、社会效益和生态效益的统一，真正符合经济发展的内涵。因此，三次产业调整优化促进了经济发展由量向质的转变，促进了经济发展。

综上所述，经济发展阶段决定了产业结构调整的方向，促使产业结构优化升级；产业结构的优化又促进了经济发展，加快了经济增长。从不同经济发展阶段进程来看，经济发展和产业结构是相互促进，相互优化的协同发展过程。

2. 能源结构和产业结构影响碳排放

我国固有的可利用能源储备结构决定了能源生产结构，而生产结构又进一步决定了能源消费结构，产业结构又进一步决定了产业能源消费结构，而能源是主要的二氧化碳排放源，因此，碳排放与产业结构和能源结构有着密切的关系。

1）能源结构与碳排放

从能源生产量构成方面来看，原煤比重波动不大，基本上保持在 70%以上，并逐年有微量增加；原油比重由 1978 年的 23.7%下降到 2008 年的 10.4%，天然气所占比重虽有所增长，但比重较小；清洁能源包括核电、水电和风电的总比重增加到 2008 年的 9%，增长了 5.9 个百分点。由此可见，我国能源生产结构总体上仍然是以煤炭为主，生产结构基本上保持不变。

从能源消费构成来看，煤炭所占比重变化不大，从 2005 年以后，比重略有升高；石油所占比重 1978 年为 22.7%，2008 年下降到 18.7%，降幅不大；天然气所占比重有微量增加，到 2008 年达到 3.8%；水电、核电和风电的比重则呈现了明显的递增趋势，从 1978～2008 年上升了 5.4 个百分点，达到了 8.9%。综合来看，我国能源消费结构一直以来都是以煤炭为主，这主要是由于我国矿产储量决定了我国能源生产结构，生产结构又进一步制约了能源消费结构，因此，在未来的一段时间，我国的能源消费结构仍以煤炭为主要能源。

相关研究表明，以煤为主的能源结构是影响碳排放的主要原因（刘红光等，2009），根据我国能源结构，我国能源消费增长速度正逐步大于能源生产量的速度，且差距逐年增大，而能源是主要的碳排放源，综合我国能源消费结构，我国的能源结构决定了我国未来碳排放量还会增加，能源结构是制约我国节能减排的关键。

2）产业结构与碳排放

产业结构决定了产业能源消费结构，产业能源消费结构随着产业结构的调整而发生相应的变化。从表 9-2 可以看出，我国第一产业能源消费比重呈现逐年减少趋势，相比 2000 年的 2.69%，2010 年第一产业能源消费比重减少了 0.7 个百分点，2008～2010 年减少幅度微弱，并保持在 2% 左右；第二产业能源消费比重总体保持平稳，1995～2010 年始终高居 70% 以上，由此可见，第二产业仍是我国主要的能源消费产业；相对于第二产业，第三产业能源消费比重则不到第二产业的 1/5，1995～2000 年有明显增幅，但是 2000～2010 年增长幅度微弱，2010 年第三产业能源比重仍不超过 15%。

表 9-2　我国历年三次产业能源消费结构　　　　　　（单位：%）

年份	第一产业能源比重	第二产业能源比重	第三产业能源比重
1995	4.20	74.35	9.45
2000	2.69	72.80	13.78
2005	2.57	72.94	13.77
2006	2.45	72.95	13.87
2007	2.22	72.96	13.83
2008	2.06	73.12	13.87
2009	2.04	72.97	13.96
2010	1.99	73.04	14.33

资料来源：文献国家统计局能源统计司（2011）。

与此同时，我国工业中高耗能行业的发展加大了能源需求，由表 9-3 可以看出，能源消耗量呈现高增长趋势。这些都表明我国在节能减排方面面临着严峻的挑战。就三次产业而言，各个产业与碳排放之间的关系如下：

表 9-3　高耗能行业能源消耗量　　　　　　（单位：万吨标准煤）

行业	2000 年	2005 年	2007 年	2008 年	2009 年	2010 年
石油加工	7 220.12	11 923.57	13 445.30	13 747.01	15 328.29	16 582.66
化学原料	14 326.13	23 848.69	28 621.16	28 961.13	28 946.07	29 688.93
非金属矿物	13 768.08	21 310.46	23 111.66	25 460.52	26 882.28	27 683.25
黑色金属冶炼	18 962.27	39 544.25	50 186.53	51 862.92	56 404.37	57 533.71
有色金属冶炼	4 079.30	7 403.80	10 867.61	11 287.99	11 401.37	12 841.45
电力蒸汽	10 812.32	16 326.50	18 892.27	18 676.48	19 574.86	22 584.11
纺织业	3 014.37	5 281.32	6 528.30	6 396.38	6 251.01	6 204.53
造纸业	2 269.30	3 574.91	3 791.56	3 643.36	3 998.65	4 101.00
合计	74 451.89	129 213.5	155 444.4	160 035.8	168 786.9	177 219.6

资料来源：文献国家统计局能源统计司（2011）。

（1）第一产业与碳排放。第一产业主要是指农业生产，而农业生产既是碳汇又是碳源，其通过土地整治和集约利用可以增加碳汇，降低碳排放（张维阳等，2012）。方精云等（2007）通过对 1981～2000 年中国森林、草地、灌草丛以及农作物等陆地植被碳汇进行估算，认为 20 年间中国陆地植被年均总碳汇为 0.096～0.106Pg C/a，相当于同时期中国工业 CO_2 排放量的 14.6%～16.1%。同时，土地利用过程中又产生碳排放，不同的生产结构和农业生产方式如农业机械化程度、化肥和农药的使用、农产品加工等通过化石燃料消费与碳排放量发生作用（刘慧等，2002）。

（2）第二产业与碳排放。第二产业是能源消耗和碳排放的主要部门，第二产业中，工业所占比重最大，能耗和碳排放量相应最大。刘卫东等（2010）通过研究认为工业是最主要的耗能行业，主要的能源转换部门电力行业是主要的能源消耗部门，而最主要的碳源是建筑业和机械设备制造业。

（3）第三产业与碳排放。第三产业主要包括交通运输、现代物流、金融保险、房地产、科研机关、文教体卫等行业。其中，交通运输业直接碳排放量较大，除此之外，其他服务业的碳排放量较小。

相关研究表明，第三产业的能源消耗最小，第一产业、第二产业次之；第二产业、第三产业经济贡献较大，第一产业贡献最小（王修华等，2012）。产业结构变动（段莹，2010）是单位产出碳排放量变动的格兰杰成因[①]，第二产业为主导产业的产业结构是导致碳排放增加的主要原因，产业结构优化升级可以缓解经济增长引起的碳排放压力（马艳等，2010），对实现低碳经济发展具有显著作用，在保障第一产业满足耕地保护和粮食安全的基础上，发展第三产业是实现产业结构优化的有效途径，有利于促进低碳经济发展。因此，加快产业结构调整优化是实现 2020 年减排目标的前提。

3. 研究评述

由上述低碳经济发展和产业结构表现来看，低碳经济发展要求产业结构优化调整，而产业结构调整又进一步促进低碳经济发展，两者形成正反馈作用。

发展低碳经济能够减少碳排放，在一定意义上实现高碳产业转向低碳产业，将社会生产过程低碳化，在获得经济效益的同时也兼顾生态效益。在具体的实施过程中，应通过试点开展低碳业务，重点扶持少数一部分企业或部门进行低碳生产，以此形成示范作用，从而引导更多的企业参与到低碳经济发展中来，实现整体产业结构调整，而产业结构调整同样会对低碳经济发展形成反哺（图 9-1）。

---

① 格兰杰成因：判断在对其他变量（包括自身的过去值）回归时，把 X 的滞后值包括进来能否显著地改进对 Y 的预测，如果可以显著地改进对 Y 的预测，则认为 X 是 Y 的格兰杰成因，类似的可以定义 Y 是 X 的格兰杰成因。

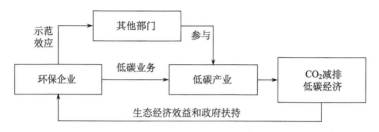

图 9-1　低碳经济发展与产业结构调整的驱动机制

9.1.3　低碳经济发展与土地集约利用互动关系研究

1. 低碳经济发展对土地集约利用的作用机理研究

低碳经济发展包含两层含义，首先是经济增长，经济增长是低碳经济发展的前提和基础，其次是低碳，即减少因经济增长高度依赖化石燃料所带来的高强度碳排放（赵玉霞，2011）。因此，低碳经济发展是在保证经济发展的同时减少对化石燃料的依赖，降低碳排放，实现经济、社会、生态三效统一。

低碳经济是应对气候变化的必然选择，是社会经济发展的必然趋势，对土地集约利用必然会产生重要的影响，本研究首先从土地利用强度和投入水平、土地产出综合效益、土地利用结构和布局、土地利用主体行为与意识等方面来分析这种影响。①对土地利用强度和投入水平的影响。从本质上来说，低碳经济是能源技术和能源结构调整问题。推动低碳经济实践，意味着各类能源利用技术的研发和采用，以及可再生能源的开发和利用，这种实践包括两种：一是调整能源产业结构，即减少传统化石能源的使用比重；二是发展节能产业，节约资源，提高资源和能源的利用效率，归根结底，发展低碳经济的关键就是要发展低碳技术。因此，低碳经济的发展必然会带来土地利用中科技投入、创新投入以及管理投入等的增加，促使土地利用集约度的提高。②对土地产出综合效益的影响。发展低碳经济不仅能够产生可观的经济效益，而且能够产生重大的生态效益和社会效益。由于低碳产业具有科技含量高、资源能耗低、环境污染少的特征，所以低碳经济的发展，能够大大降低土地利用的能源消耗水平和环境污染水平，保护土地利用的生态环境，留给后代人更多的生存和发展机会。同时，随着低碳经济的发展，"低碳技术""低碳发展""低碳生活方式""低碳社会""低碳城市""低碳世界"等一系列新概念逐渐深入人心，引导社会公众反思哪些习以为常的消费模式和生活方式是浪费能源、增排污染的不良嗜好，从而充分发掘服务业和消费生活领域节能减排的巨大潜力。③对土地利用结构和布局的影响。土地利用变化对全球大气二氧化碳含量的增加起着重要的作用，据世界资源组织的碳排放计算器和著名碳循环研究专家的估算：1850~1998 年的全球碳排放中，土地利用变化及其引起的碳排放是人类活动影响总排放量的 1/3。土地利用碳排放包括直接碳排放和间接碳排放。直接碳排放又可以细分为土地利用类型转变的碳排放和土地利用类型保持的碳排放，前者是指土地利用/覆被类型转变，导致生态系统类型更替造成的碳排放，如采伐森林、围湖造田、建设用地扩张等；后者是指土地经营管理方式转变或生态系统碳汇所驱动的碳排放，包括农田耕作、草场退化、养分投入、种植制度改变。土地利用的间接碳排放主要指的是各土地利用类型上所承载的全部人为源碳排放，包括聚居区的取暖、交通用地的尾气、工矿用地的工艺排放等，是不同用地类型上的人为源碳排放的空间强度和分布效果。随着低碳经济的发展，我国必然会加强对土地利用碳排放和土地利用结构的管理，提高林地面积规模，控制耕地、牧草地、沼泽和滩地面积减少速度以及建设用地的扩展速度，促进其他未利用地向林地、牧草地和耕地转换，对中国生态系统碳蓄积产生更加积极的效果。黄贤金（2009）研究表明：从各类土地管理政策的碳增汇减排效果来看，土地利用结构优化的碳减排潜力最大，达到 84TgC；而造林、农地管理和建设用地规模控制的碳减排潜力也不容忽视。因此，低碳经济的发展及低碳观念的普及将会引起土地利用结构的优化，促进土地集约利用水平的提升。④对土地利用主体行为与意识的影响。随着低碳经济的发展及低碳工作的宣传教育，低碳理念愈加深入人心，使土地利用主体自觉养成节能减排、低碳生活的习惯，包括戒除以高耗能源为代价的"便利消费"嗜好，以"关联型节能环保意识"戒除使用一次性用品的消费嗜好，戒除以大量消耗能源、大量排放温室气体为代价的"面子消费""奢侈消费"的嗜好，加强以低碳饮食为主导的科学膳食平衡等。土地利用主体低碳生活、节能减排的意识与行为必将推动土地利用制度的进步，进一步推进土地集约水平的提高。

在低碳经济发展的视角下，土地利用的经济、社会、生态效益要实现统一。低碳经济发展通过调整产业结构作用于土地利用，胁迫和优化土地利用模式，促进土地利用向"低排放、高效益、高价值"的趋势调整，促进土地集约利用。

1）低碳经济发展要求土地利用低排放

到 2020 年，我国要实现单位 GDP 碳排放强度比 2005 年下降 40%～50%的目标，而加快产业结构调整优化是实现这一目标的前提，产业结构调整又进一步胁迫和优化土地利用结构，影响土地集约利用水平。

低碳经济发展要求产业结构优化演进，使产业结构向"三二一"模式转变，减少高碳产业比重，增加低碳高效产业，而产业结构调整和经济发展必然带来土地利用结构变化，第二产业用地中高碳产业用地相应减少，取而代之的是高效低碳的产业，形成高效产业集聚，土地供应向第三产业用地倾斜，适当地调整第一产业比重保证生态安全和粮食安全，推行"退二进三"模式，从而优化土地利用结构，实现土地节约集约利用。

从本质上来说，低碳经济是能源技术和能源结构调整问题。推动低碳经济实践，意味着各类能源利用技术的研发和采用，以及可再生能源的开发和利用。这种实践包括两种：一是调整能源产业结构，即减少传统石化能源的使用比重；二是发展节能产业，节约资源，提高资源和能源的利用效率。归根结底，发展低碳经济的关键就是要发展低碳技术。因此，低碳经济的发展必然会带来土地利用中科技投入、创新投入以及管理投入等的增加，促使土地利用集约度的提高。

2）低碳经济发展强调土地利用高效益

低碳经济发展要求经济高效发展，反映在产业和土地上就是三次产业产值和地均 GDP。就经济贡献率而言，第二产业、第三产业经济贡献率较大，第一产业贡献率最小，相关研究表明第一产业、第二产业、第三产业土地的单位面积产值之比为 1∶100∶1000。因此，通过降低第一产业用地比例，提高第二产业、第三产业用地比重，在推动经济发展实现经济高效的同时，产业用地量也有所降低，提高了土地集约利用水平。

3）低碳经济发展注重土地利用高价值

低碳经济发展注重经济、社会、生态效益三效统一，强调土地利用的经济效益和生态效益，反对以环境为代价的粗放型的土地利用，减少土地闲置等浪费行为，加强土地开发、复垦和整理，保证耕地数量和质量，增加生态用地，加强生态用地管理，以低资源低成本推进生态环境建设，促进土地集约利用（张维阳等，2012）。

2. 土地集约利用对低碳经济的反馈机理研究

土地集约利用与经济发展密切相关，土地利用结构反映产业结构，进一步反映了经济发展结构，土地利用效率体现了经济效益，土地利用结构与管理制约和引导着经济发展方式（朱道林等，2010）。

与发达国家相比，中国的土地减排潜力巨大，国土资源部通过研究认为我国土地利用通过集约优化和结构调整的碳减排潜力约为常规低碳政策的 1/3，而且实现成本较低；赖力在全国碳排放研究的基础上，通过情景分析发现，中国若要实现"2020 年单位 GDP 碳排放强度比 2005 年下降 40%～50%"的目标，节能减排、产业结构调整和土地利用结构优化是三大有效途径，其中通过土地利用结构优化可以实现 9.6% 的减排量。由此可见，通过土地集约利用可有效地降低碳排放强度。主要碳减排潜力可归纳为两方面。

1）增加碳汇用地，提高用地效率

基于当前土地利用结构，未来中国增加碳汇的主要途径是通过土地集约利用实现，适当增加林地比例，调整和优化耕地和建设用地比重，加强水土保持和生态保护，注重天然湿地等碳汇功能。在植树造林方面，可供造林的面积有限，因此，加强林地管理显得至关重要，通过提高林地成活率和科学地管理林地来提高林地碳汇。在农地管理方面，调整耕作制度的同时，通过配制科学施肥配方减少增施有机肥带来的碳排放。就建设用地而言，其碳排放量比重最大，是主要的碳源，因此，在城市建设规划时，政府应适当提高城市绿化率，增加公共绿地和防护绿地，通过增加碳汇将碳固定在生态系统中，降低城市环境污染度。另外，我国有限土地资源中可利用的土地资源相对贫乏，土地复垦具有巨大潜力，我国可以通过土地复垦增加碳汇，进一步加强固碳能力。

目前，降低第一产业比重是我国产业结构优化的必然趋势，在低碳经济发展和土地集约利用过程中，农业虽然利用效率较低，但确实为我国粮食安全提供了保障，同时也肩负着减少碳排放、增加碳汇的任务。为此，在农业发展过程中，创新和技术是农业发展的关键，通过创新农业发展制度，推广循环农业模式和农业技术来提高农业土地的集约利用（李健等，2012），更重要的是充分发挥农业的碳汇功能，实现减排的目标。

2）减少碳源占地，加强用地管理

建设用地是能源消耗和碳排放强度最高的用地类型，同时也是碳减排的重点，通过限制建设用地扩张、实行总量控制、规范用地行为、实行土地节约集约利用，建设用地碳排放总量和排放速度可以得到控制。有效措施包括控制工业用地规模，优化工业用地布局，形成产业集聚，强调产业功能定位，实现土地高效利用，对于高碳产业则采取集中收集、处理、再利用等措施，共同利用基础设施，降低生产成本，减少资源浪费造成的碳排放。

同时，优化居民点及工矿用地也是碳减排的重点，根据游和远等（2010）研究，在东部及中部地区，居民点及工矿用地变化趋势与碳排放变化最为一致。当前，我国正处于城镇化时期，在满足城镇居民用地的同时，可以通过土地整理控制城镇扩张，减少居民点用地的碳排放；结合产业结构调整，优化工矿用地结构和布局，推进"退二进三"措施迫使低效用地用途转换，用地供应向低碳高效的产业倾斜，加强工业产业链，加快实现独立工矿用地的碳减排任务。

增加碳汇和减少碳源是碳减排的有效途径，通过以上的土地利用结构优化，不仅能将部分碳固定于生态系统中，还可从源头出发，减少碳源，进一步降低碳排放量，从而加快实现低碳经济发展。

3. 研究评述

低碳经济发展要求土地集约利用，而土地集约利用则有效促进土地利用的经济、社会和生态效益的结合，加快实现低碳经济。从历史发展演进过程来看，两系统的耦合关联作用主要体现在以下两方面：一方面，低碳经济发展通过经济增长、碳排放、技术进步、环境保护对产业结构进行调整，而产业结构又对土地集约利用的投入强度、利用强度、经济效益、可持续度四个要素产生胁迫和优化作用，因此低碳经济发展对土地集约利用具有胁迫和优化作用；另一方面，土地对低碳经济发展具有反作用，低碳经济发展所涉及的经济发展和碳排放均是在土地上进行的，通过合理分配和利用资源，约束产业结构，增加高效产业用地，降低高碳产业用地，优化工业布局，减少碳源并增加碳汇，加快实现低碳经济发展（图9-2）。

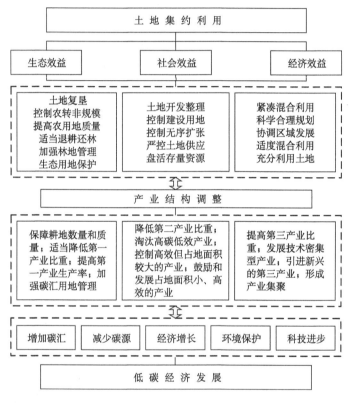

图 9-2　低碳经济发展与土地集约利用耦合机理图

9.2　低碳经济发展和土地集约利用水平评价方法

9.2.1　评价指标体系构建

为了量化低碳经济发展和土地集约利用之间的作用关系，本书以低碳经济发展和土地集约利用的内涵为基础，依据指标体系构建原则分别确定低碳经济发展指标体系和土地集约利用指标体系。

1. 指标体系构建原则

指标体系应充分反映评价对象的特点，评价对象所涉及的各个方面均应考虑在内，合理的指标体系能够更真实更精确地反映评价对象的水平。构建评价对象指标体系时应遵循以下原则。

1）综合性原则

低碳经济是经济发展的新型模式，在实现低碳发展的过程中涉及经济、能源、碳排放等方面因素。因此，在选取指标体系时应考虑综合性原则，从系统的角度出发，确保指标体系的全面性，使其能全方位多角度地反映低碳经济的发展水平（王淑敏，2011）。同理，土地集约利用评价指标体系需综合考虑经济、社会和生态效益，能够充分反映土地集约利用。

2）可操作性原则

构建指标体系目的是定量评价低碳经济发展水平和土地集约利用水平，因此，所选指标应能够进行量化，所需统计数据具有可获得性，尽量避免选择难以量化的指标，或者用其他相关的指标替代，使得指标体系具有可操作性。

3）动态性原则

低碳经济发展和土地集约利用均是随着时间不断演进的，是动态发展的过程。因此，本书通过选取一个时间段，观察低碳经济发展和土地集约利用水平的动态变化趋势。

在评估低碳经济发展水平时，除了考虑经济发展的基本要素外，还应着重考量碳排放、环境保护所涉及的要素，在此基础上，根据构建的原则筛选指标，最终确定合理的低碳经济发展评价指标体系；同样地，在选择土地集约利用评价指标体系时，不仅要考虑土地的投入产出效益，也要注重环境和生态效益，从多方面可持续发展的角度选取指标体系。

2. 低碳经济发展评价指标体系构建

目前，国内外学者关于低碳经济评价方法的研究还没有形成系统的理论（庄贵阳等，2011），在进行低碳经济发展水平评价时，学者多从社会、经济、碳排放、环境等层面来构建指标体系，重在碳排放和经济发展，忽略了产业结构、能源结构等影响因素。

本书在构建低碳经济发展评价指标体系的过程中，以"低碳经济"为核心，从"低碳""经济发展""环境保护"三方面选取相关指标。所建指标体系多角度评价低碳经济的发展水平，更加客观地反映不同区域低碳经济发展水平。

1）指标的选择

本书在选取指标时充分借鉴了各位专家学者的研究成果，结合指标选取原则，构建了低碳经济发展评价指标体系。指标体系包含目标层、准则层和指标层三个层次，以碳排放、经济发展、科技进步、环境保护为准则，从总量、强度、结构、效率等多角度多方面设立相应指标，并遵循指标体系的构建原则，建立了包括20个单项指标的低碳经济发展评价指标体系（表9-4）。

表9-4 低碳经济发展评价指标体系

目标层	准则层	指标层	代码
低碳经济发展	碳排放	碳排放总量	X_1
		人均碳排放量	X_2
		碳排放强度	X_3
		能源强度	X_4
		第二产业碳排放强度	X_5
		第三产业碳排放强度	X_6
	经济发展	碳生产力	X_7
		地区生产总值	X_8
		人均地区生产总值	X_9
		第三产业产值比重	X_{10}
	科技进步	高技术产业产值比重	X_{11}
		高技术产值	X_{12}
		R&D 投资强度	X_{13}
		科研投入额	X_{14}
		科研人员数	X_{15}
		科研人员比重	X_{16}
	环境保护	工业"三废"综合利用率	X_{17}
		环保投资指数	X_{18}
		单位碳森林密度	X_{19}
		碳汇密度	X_{20}

注：$X_1 \sim X_{20}$ 是低碳经济发展单项指标在本书中的代码。

2）指标的解释

（1）衡量碳排放方面的指标包括碳排放总量、人均碳排放量、碳排放强度、能源强度、第二产业碳排放强度、第三产业碳排放强度。

碳排放总量从总量角度反映了一个地区的碳排放。人均碳排放量排除了人口密度的影响，使地区之间更具有可比性，该指标也是国际上常用的比较指标之一。碳排放强度是指单位 GDP 的碳排放量，强度越小低碳水平越高，反之则越低。而能源强度即能源生产力（熊鹰等，2007），是低碳经济发展的重要影响因素，指产生单位 GDP 的能源消耗量，能源强度越小，则低碳经济发展水平越高，反之则越低。由于不同的地区自然条件、生活方式等有一定的差异，因此，碳排放和能源消耗也有一定差异，另外生产与消费的分离也使得一个地区真实的消费排放在贸易中隐藏，因此，从消费的角度更有利于从源头上推进低碳发展（庄贵阳等，2011）。能源消费情况和碳排放指标可以在一定程度上直观地反映该区域低碳经济发展水平（唐笑飞等，2011）。第二产业、第三产业碳排放强度是指第二产业、第三产业的碳排放量与其对应的产值的比值，其综合反映了产业结构对碳排放的影响，也解释了产业结构对低碳经济发展的影响和产业碳排放差异。

（2）经济发展选择了碳生产力、地区生产总值、人均地区生产总值、第三产业产值比重作为指标。

碳生产力是指每排放一单位的碳所产出的 GDP 总量，其可从侧面反映一个经济体的效率水平和合理化程度，是衡量低碳经济发展状态的指标之一。而地区生产总值（GDP）也从总量上体现了一个地区的总体的经济发展水平。国土资源是经济发展的自然条件，人口是发展的驱动因素。在低碳经济发展中，人均 GDP 能够直接反映经济发展水平，选择第三产业产值比重指标间接说明了经济增长方式，体现经济发展的驱动力，从经济增长的另一个角度衡量低碳经济发展水平。

（3）科技进步涉及的具体指标包括高技术产业产值比重、高技术产值、R&D 投资强度、科研投入额、科研人员数、科研人员比重。

技术的进步对低碳经济具有重要的影响，现有的减排新技术包括：节能、二氧化碳捕获与埋存、可再生能源与新能源利用技术、煤的清洁高效利用等（庄贵阳等，2011）。这就要求我国加强对科技创新的投入，从技术角度减少碳排放。R&D 投资强度指科技研发投入占财政支出比重，其值越高，则越有利于低碳的技术创新，低碳经济发展水平越高（熊鹰等，2007）。科研人员投入也是技术进步的一项指标，科技人员比重反映了我国科研和技术人员在从业人口中所占比重，而高技术产业产值和比重进一步反映了我国科技投入的产出水平，比重越大，说明我国技术发展得越好，低碳经济水平则越高。

（4）环境保护指标包括工业"三废"综合利用率、环保投资指数、单位碳森林密度、碳汇密度。

工业"三废"治理综合利用率说明了一个地区的技术水平和治理水平的高低。环保投资指数是指用于环保治理的投入占 GDP 比重，其代表了一个地区对于环保的重视程度。碳汇是指从大气中清除二氧化碳的过程和机制（齐敏，2011），是与碳排放相反的过程。碳汇密度是指绿地、草地、湿地等碳汇面积占土地总面积的比重，碳汇密度和单位碳森林密度均反映了一个地区对大气中二氧化碳的吸收能力。

3. 土地集约利用评价指标体系构建

1）指标的选择

土地集约利用评价涉及资源、经济、社会等多方面因素，因此，在选取指标时，应综合考虑土地集约利用的影响因素，使得指标具有代表性、典型性。目前，国内外学者对土地集约利用的指标体系也进行了深入的研究，常见的指标体系主要有投入-产出型、基于系统论以及基于 PSR 框架建立的土地集约利用评价指标体系，涉及的指标多包括土地、经济、社会等因素，其重在经济效益；在相关的定量研究中多集中在构建指标体系进行单一的横向对比或纵向对比。本书遵照指标选取的原则，兼顾经济效益和生态效益，建立的指标体系分为三个层次，土地集约利用是目标层，依据投入强度、利用强度、经济效益和可持续度准则，建立16 个指标层，多角度全面地评价土地集约利用水平（表 9-5）。

表 9-5　土地集约利用水平评价指标体系

目标层	准则层	指标层	代码
土地集约利用	投入强度	地均固定资产投资强度	Y_1
		地均财政支出额	Y_2
		地均从业人员数	Y_3
		地均技术投入强度	Y_4
	利用强度	人均建设用地面积	Y_5
		人均居住用地面积	Y_6
		城市人均道路用地	Y_7
		人口与用地增长弹性系数	Y_8
		GDP 与建设用地增长弹性系数	Y_9
		固定资产投资与建设用地增长弹性系数	Y_{10}
	经济效益	地均 GDP	Y_{11}
		单位建设用地非农产值	Y_{12}
		第三产业产值比重	Y_{13}
	可持续度	绿化覆盖率	Y_{14}
		地均环保投入强度	Y_{15}
		工业"三废"综合处理率	Y_{16}

注：Y_1~Y_{16} 是各项指标在文中的代码。

2）指标的解释

（1）投入强度包括地均固定资产投资强度、地均财政支出额、地均从业人员数、地均技术投入强度，共 4 个指标。

地均固定资产投资强度是衡量城市土地的投入强度，指建成区单位面积上的固定资产投资额；地均财政支出额指单位面积上的财政支出；地均从业人员数指单位面积上的从业人数（常艳妮，2011）；地均技术投入强度指科研经费投入与用地面积的比值（赵小风等，2011），这些指标体现了对土地的投入状况。

（2）利用强度包括人均建设用地面积、人均居住用地面积、人口与用地增长弹性系数、GDP 与建设用地增长弹性系数、固定资产投资与建设用地增长弹性系数、城市人均道路用地，共 6 个指标，其从各个方面体现了土地利用的强度状况。

人均建设用地面积指城市人均拥有的建设用地面积（黎一畅等，2006）；人均居住用地面积指地区用于居住的总面积与地区总人口的比值；城市人均道路用地指城市道路总面积与城市总人口之比；人口与用地增长弹性系数指人口增长百分比与建设用地增长百分比的比值；GDP 与建设用地增长弹性系数指 GDP 增长百分比与建设用地增长百分比的比值；固定资产投资与建设用地增长弹性系数指固定资产投资增长百分比与建设用地增长百分比的比值。

（3）经济效益指标包括地均 GDP、单位建设用地非农产值、第三产业产值比重，共 3 个单项指标。

地均 GDP 指单位面积产生的 GDP；单位建设用地非农产值是指单位城市建设用地上第二产业、第三产业产值之和；第三产业产值比重是指第三产业产值与总产值的比值，这些指标从强度和结构角度反映了土地利用的产出效益。

（4）可持续度包括绿化覆盖率、地均环保投入强度、工业"三废"综合处理率，共 3 个指标。

绿化覆盖率指绿地面积占城市建成区面积比率（黎一畅等，2006），用于衡量环境对城市的约束；地均环保投入强度指环境治理投资与 GDP 的比值；工业"三废"综合处理率是指工业"三废"的综合处理量与排放量的比值。

4. 数据来源

1）经济、社会和土地利用相关数据来源

根据研究目的和选取的指标体系，本书选取 2000～2010 年全国 30 个省域的低碳经济发展与土地集约利用的时间序列数据。原始数据来源于《中国统计年鉴》（2001—2011）《中国环境统计年鉴》（2001—2005）《中国能源统计年鉴》（2001—2011）《国土资源统计年鉴》（2003—2009）《中国科技统计年鉴》（2001—2011），另外还包括个别省域的统计年鉴，数据较多，主要采用相应年份的历史资料。本书所用的统计分析软件主要有 SPSS、Excel。

2）碳排放相关数据来源

低碳经济发展评价涉及碳排放数据，需要根据相关统计资料进行测算。根据本书研究区域和区间，选取《中国能源统计年鉴》（2001—2011）中 30 个地区能源平衡表作为原始数据。由于碳排放绝大部分是由能源直接或间接产生的，因此，本书所述碳排放是指能源碳排放，IPCC（2006）详细介绍了碳排放计算参考方法，本书从能源使用的角度，选用终端能源消费排放系数法，采用式（9-1）进行测算，其中涉及核算电力、热力等二次能源消耗，其碳排放系数参照相关文献（刘竹等，2011）。能源消费的碳排放可以表示为

$$CE = \sum(C_t + C_e + C_h) \tag{9-1}$$

式中，CE 为能源碳排放总量，C_t 表示终端能源碳排放量（电力、热力除外），C_e 表示电力消费碳排放量，C_h 表示热力消费碳排放量。其中终端能源消费碳排放量为

$$C_t = \sum(Q \times D \times f) \tag{9-2}$$

式中，Q 表示各种终端能源消费量，D 表示各种能源碳排放系数，f 为氧化率，一般默认氧化率为 1。

$$C_e = Q_e \times D_e \times E_e \tag{9-3}$$

式中，Q_e 表示年度电力的消费量，D_e 表示电力碳排放系数，E_e 表示电力的折标准煤系数。C_h 计算方法同电力，其中电力的碳排放系数采用 2796.94 kgC/GJ，热力碳排放系数设为 9.46 kgC/GJ。

表 9-6 是我国各种能源的碳排放系数，我国能源燃料净发热值参照《中国能源统计年鉴》附录提供的系数，碳排放系数参照 IPCC（2006）指南中默认数值。其中：碳排放系数=二氧化碳排放系数×（12/44）×1 000 000/净发热值。

表 9-6 各种能源的碳排放系数

能源种类	净发热值	CO_2 排放系数	碳排放系数/（kgC/GJ）
原煤	20 908kJ/kg	1.98（$kgCO_2$/kg）	25.8
型煤	20 908kJ/kg	2.04（$kgCO_2$/kg）	26.6
洗精煤	26 344kJ/kg	2.49（$kgCO_2$/kg）	25.8
其他洗煤	8363kJ/kg	0.79（$kgCO_2$/kg）	25.8
焦炉煤气	16 726kJ/m^3	0.74（$kgCO_2$/m^3）	12.1
其他煤气	182 700kJ/m^3	8.11（$kgCO_2$/m^3）	12.1
炼厂干气	46 055kJ/kg	2.65（$kgCO_2$/kg）	15.7
焦炭	28 435kJ/kg	3.04（$kgCO_2$/kg）	29.2
其他焦化产品	28 200kJ/kg	3.02（$kgCO_2$/kg）	29.2
原油	41 816kJ/kg	3.07（$kgCO_2$/kg）	20
汽油	43 070kJ/kg	3.19（$kgCO_2$/kg）	20.2

续表

能源种类	净发热值	CO₂排放系数	碳排放系数/（kgC/GJ）
煤油	43 070kJ/kg	3.10（kgCO₂/kg）	19.6
柴油	42 652kJ/kg	3.16（kgCO₂/kg）	20.2
燃料油	41 816kJ/kg	3.24（kgCO₂/kg）	21.1
液化石油气	50 179kJ/kg	3.16（kgCO₂/kg）	17.2
其他石油制品	38 369kJ/kg	2.81（kgCO₂/kg）	20
天然气	38 931kJ/m³	2.18（kgCO₂/m³）	15.3

9.2.2　评价模型简述

前文构建了低碳经济发展和土地集约利用评价指标体系，单项指标共有 36 个，总数据共 9720 个，数据量大，变量与变量之间可能存在相关关系，不适合直接用来分析问题，且本书的研究区域涉及 2000～2010 年全国 30 个省市区，主观性的方法难以适用于多个地区，而全局主成分分析正是解决此类问题最有效的统计方法，其通过提取信息使变量简化降维，使问题变得简单客观。

1. 全局主成分分析法

全局主成分分析法是建立在主成分分析基础上，主成分分析法是一种降维方法，用于解决数据信息浓缩等问题，该方法的特点主要是客观科学，在确定权重方面减少了人为主观意识，提高了评价结果的科学性和可靠性（黎一畅等，2006）。但主成分分析只适用于对某一年静态的水平进行评价，其难以反映系统的动态变化特征和演化趋势，如果运用主成分分析法对各个年份进行计算和分析，由此每个年份产生的主成分构成不同造成了年份分析结果的不可比性。因此，本书引入全局主成分分析（GPCA），该方法在保留主成分分析优点的基础上实现了对立体数据的评价，其原理是将各个年份的时序性立体数据通过全局主成分变换到同一个全局主超平面上，其可以对指标、空间、时间三维时序立体数据表进行分析，找到一个简化子空间来统一表示所有的数据，进而得到统一的主成分公共因子，并以此来对样本数据进行评价分析，保证了系统分析的统一性和可比性（费罗成等，2008）。

2. 建立全局主成分分析模型的步骤

运用全局主成分分析法（任若恩等，1997）评价模型构建过程如下：

（1）建立全局数据表。全局数据表又被称作时序立体数据表，其是一组按时间顺序排列的平面数据表序列，时间表均有相同的样本点和变量指标。若统计 t 年的 n 个地区的 m 个评价指标 $x_1, x_2, \cdots, x_m$ 的信息，则会形成一张 t 年份的 $(x_{ij})_{n \times m}$

的数据表,将 T 张数据表按时间顺序从上到下排列则构成一张 $nT \times m$ 的矩阵,该矩阵即为全局数据表,记为

$$X = (X_1, X_2, \cdots, X_T) = (x_{ij})_{nT \times m} \tag{9-4}$$

式中,X 为全局数据表;$X_1, X_2, \cdots, X_T$ 分别为各年的单张年份数据表;x_{ij} 为全局数据表中的指标元素。

(2)数据有效性检验。应用全局主成分分析方法之前首先要对数据进行检验,本书选择 KMO 和 Bartlett 球形检验。KMO 用于检验变量的偏相关性,且 0<KMO<1,KMO 值越接近 1,分析效果越好,在实际操作中,当 KMO>0.7 时效果较好,当 KMO<0.5 时则可考虑采用其他方法分析;Bartlett 球形检验用于判断变量间的相关性,当显著性小于 0.01 时,则应拒绝各个变量独立的假设,该数据适合全局主成分分析。

(3)数据标准化。将全局数据表中的数据进行标准化:

$$zx_{ij} = \frac{(x_{ij} - \bar{x}_j)}{s_j}, i = 1, 2, \cdots, nT; j = 1, 2, \cdots, m \tag{9-5}$$

式中,$\bar{x}_j = \frac{1}{n} \sum_{i=1}^{nT} x_{ij}$;$s_j^2 = \frac{1}{n} \sum_{i=1}^{nT} (x_{ij} - \bar{x}_j)^2$;标准化后构成的数据表为 ZX。

(4)计算 ZX 的相关系数矩阵 $\boldsymbol{R}$,$\boldsymbol{R} = (r_{ij})_{n \times n}$,其中,

$$r_{ij} = \frac{1}{n} \frac{\sum_{k=1}^{n} (x_{kj} - \bar{x}_i)(x_{kj} - \bar{x}_j)}{s_i s_j} \tag{9-6}$$

(5)计算贡献率。主成分 F_i 的方差贡献率 μ,λ_i 为矩阵 $\boldsymbol{R}$ 中对应指标的特征值。

$$\mu_i = \frac{\lambda_i}{\sum_{i=1}^{p} \lambda_i} \tag{9-7}$$

选取对应特征值大于 1 的前 p 个主成分 $F_1, F_2, \cdots, F_p$,选取的主成分所对应的累计方差贡献率一般应大于 80%。

(6)计算各主成分得分。$\boldsymbol{A}$ 为对应的特征向量,F_i 表示为

$$F_i = ZX_i A_i \quad (1 \leqslant i \leqslant p) \tag{9-8}$$

(7)计算全局主成分综合得分。ZS 为全局主成分综合得分,ω_i 表示各主成分对应的权重值,$\omega_i = \dfrac{\mu_i}{\sum_{i=1}^{p} \mu_i}$。

$$ZS = \sum_{i=1}^{p} \omega_i F_i \tag{9-9}$$

9.2.3　全局主成分分析法的应用

为了地区比较需要，本书按照传统的区划方法，将全国划分为东、中、西部三大地区。该方法始于 1986 年通过的"七五"计划，后经两次修改，最终确定东、中、西三大地区区划范围。由于数据等原因，本书所研究区域不包括港、澳、台等地区。根据传统区域划分，东部地区包括北京、天津、河北、辽宁、上海、江苏、浙江、福建、山东、广东、海南；中部地区包括山西、吉林、黑龙江、安徽、江西、河南、湖北、湖南；西部地区包括内蒙古、广西、重庆、四川、贵州、云南、西藏（无数据）、陕西、甘肃、青海、宁夏、新疆。

本书以 2000～2010 年我国 30 省（市）地区为研究对象，运用全局主成分分析法客观地评价比较低碳经济发展水平和土地集约利用水平。根据全局主成分分析的原理，可将全局主成分的计算过程概括为以下几步：①建立全局数据表；②KMO 和 Bartlett 球形检验；③计算相关系数矩阵、计算主成分贡献率和累计贡献率；④计算因子载荷矩阵和特征向量；⑤计算各主成分得分和综合得分。

9.2.4　评价结果及分析

1. 低碳经济发展水平评价结果

（1）KMO 和 Bartlett 球形检验（表 9-7）。

表 9-7　KMO 和 Bartlett 球形检验

KMO 取样适当性度量	Bartlett 球形检验		
	近似卡方分布	自由度	显著性
0.795	8321.100	190	0.000

经检验，KMO=0.795>0.6，Sig.为 0.000<0.05，表明指标体系之间有较多的共同因素且球形检验拒绝单位相关的原假设（陈权宝等，2005），因此该数据适合全局主成分分析评价低碳经济发展水平。

（2）主成分提取的原则是对应特征值大于 1 的前 m 个主成分。特征值在某种程度上可以被看成是表示主成分影响力度大小的指标，若特征值小于 1，说明该主成分的解释力度还不如直接引入原变量的平均解释力度大，因此，一般可以用特征值大于 1 作为提取标准。根据式（9-5）和式（9-6），计算得到相关矩阵的特征值与贡献率（表 9-8）。

表 9-8　各主成分贡献率及累计贡献率

编号	特征值	方差贡献率/%	累计方差贡献率/%	编号	特征值	方差贡献率/%	累计方差贡献率/%
1	9.173	45.864	45.864	11	0.271	1.353	97.738
2	3.103	15.516	61.380	12	0.176	0.878	98.616
3	2.182	10.912	72.292	13	0.080	0.398	99.014
4	1.251	6.253	78.545	14	0.066	0.330	99.344
5	1.060	5.302	83.847	15	0.044	0.218	99.562
6	0.742	3.708	87.554	16	0.031	0.157	99.719
7	0.625	3.124	90.678	17	0.025	0.124	99.843
8	0.474	2.371	93.049	18	0.015	0.077	99.920
9	0.360	1.798	94.847	19	0.011	0.053	99.972
10	0.308	1.538	96.385	20	0.006	0.028	100.000

注：提取方法为全局主成分分析。

从表9-8可以看出，前5个主成分的贡献率依次为45.864%、15.516%、10.912%、6.253%和5.302%，5个全局主成分的累计贡献率达到了80%以上，表明这5个主成分对原始变量的解释力度较强，能够代表原指标体系的20个指标来体现低碳经济发展的水平。因此，最终选定前5个特征值为主成分。

（3）通过 SPSS 输出初始载荷矩阵，从初始因子载荷矩阵（表 9-9）可以看出，碳生产力、地区生产总值、人均地区生产总值、高技术产业产值比重、高技术产值、R&D 投资强度、科研投入额、科研人员数等指标在第一主成分上有较高的载荷值，体现了经济发展水平和科技进步水平；第二主成分上载荷值较高的对应的是人均碳排放量、碳排放强度、能源强度、第二产业碳排放强度、单位碳森林密度等，主要反映了碳排放水平；第三主成分上，碳排放总量、人均地区生产总值、第三产业产值比重、科研人员比重等对应的载荷值较大，综合反映了低碳经济发展水平；第四主成分主要反映环境保护水平，相应的工业"三废"综合利用率、环保投资指数、单位碳森林密度、碳汇密度对应的载荷值较大；而人均碳排放量在第五主成分上对应的载荷值较大，体现了碳排放水平。

表 9-9　主成分载荷矩阵

指标	1	2	3	4	5
ZX_1	0.537	0.184	−0.738	0.042	−0.146
ZX_2	0.289	0.593	0.084	0.056	−0.692
ZX_3	−0.716	0.638	−0.048	0.187	0.041

续表

指标	1	2	3	4	5
ZX_4	−0.723	0.623	0.001	0.142	0.071
ZX_5	−0.719	0.596	−0.024	0.193	0.044
ZX_6	−0.668	0.421	0.021	0.279	0.279
ZX_7	0.839	−0.339	0.178	0.073	0.041
ZX_8	0.774	0.099	−0.592	0.154	−0.016
ZX_9	0.827	0.210	0.225	0.106	−0.386
ZX_{10}	0.517	0.226	0.704	0.124	0.098
ZX_{11}	0.744	0.259	0.165	0.062	0.236
ZX_{12}	0.731	0.211	−0.335	0.309	0.225
ZX_{13}	0.758	0.278	0.308	−0.138	0.289
ZX_{14}	0.882	0.249	−0.128	0.231	0.077
ZX_{15}	0.876	0.214	−0.225	0.179	0.196
ZX_{16}	0.686	0.328	0.589	0.022	−0.008
ZX_{17}	0.702	0.007	−0.059	−0.289	−0.071
ZX_{18}	0.239	0.327	−0.196	−0.647	0.267
ZX_{19}	−0.364	−0.610	0.095	0.423	0.015
ZX_{20}	0.435	−0.535	0.027	0.367	0.049

（4）由初始载荷矩阵除以其对应特征值的平方根得到低碳经济发展评价的特征向量 A，在此基础上，依据式（9-8）得到 5 个全局主成分的表达式，结合式（9-9）最终可得 2000～2010 年全国 30 个省市区的低碳经济发展综合得分，具体见表 9-10。

表 9-10　2000～2010 年全国 30 个省市区低碳经济发展综合得分表

省市区	2000 年	2003 年	2004 年	2005 年	2006 年	2007 年	2008 年	2009 年	2010 年
安徽	−1.302	−1.012	−0.912	−0.657	−0.499	−0.450	−0.222	−0.032	0.158
北京	2.696	2.899	3.535	4.754	4.622	5.040	5.010	5.323	5.622
福建	−0.484	−0.123	0.089	0.180	0.389	0.555	0.764	1.017	1.394
甘肃	−1.957	−1.756	−1.809	−1.456	−1.258	−1.271	−1.183	−1.123	−0.992
广东	0.394	1.374	1.749	2.364	3.022	3.528	4.104	4.754	5.809
广西	−1.430	−1.387	−1.384	−1.104	−0.958	−0.883	−0.748	−0.616	−0.409
贵州	−2.579	−2.378	−2.200	−1.845	−1.626	−1.509	−1.351	−0.987	−0.845
海南	−1.011	−1.263	−1.230	−0.992	−0.869	−0.750	−0.660	−0.437	−0.202

续表

省市区	2000 年	2003 年	2004 年	2005 年	2006 年	2007 年	2008 年	2009 年	2010 年
河北	−1.237	−1.001	−0.948	−0.730	−0.461	−0.343	−0.165	0.070	0.270
河南	−1.232	−0.985	−0.920	−0.778	−0.468	−0.370	−0.135	0.118	0.395
黑龙江	−1.138	−1.005	−0.955	−0.708	−0.530	−0.507	−0.295	−0.095	0.112
湖北	−0.896	−0.530	−0.526	−0.265	−0.041	0.089	0.292	0.620	0.916
湖南	−0.972	−0.868	−0.806	−0.721	−0.497	−0.382	−0.133	0.256	0.536
吉林	−1.374	−1.167	−1.059	−0.821	−0.530	−0.430	−0.308	−0.039	0.130
江苏	0.317	1.103	1.542	1.971	2.419	2.928	3.685	4.385	5.342
江西	−1.307	−1.358	−1.260	−1.086	−0.871	−0.847	−0.707	−0.433	−0.172
辽宁	−0.725	−0.185	−0.015	0.048	0.152	0.302	0.507	0.816	1.143
内蒙古	−2.069	−1.940	−1.989	−1.366	−1.088	−0.935	−0.751	−0.306	−0.049
宁夏	−1.747	−2.634	−1.940	−1.586	−1.417	−1.221	−1.181	−0.810	−0.655
青海	−1.522	−1.823	−2.017	−1.908	−1.765	−1.711	−1.650	−1.397	−1.216
山东	−0.417	0.130	0.328	0.669	0.999	1.438	2.120	2.452	3.032
山西	−1.913	−1.808	−1.639	−1.160	−0.908	−0.807	−0.585	−0.326	−0.168
陕西	−0.594	−0.554	−0.571	−0.488	−0.228	−0.182	−0.134	0.317	0.516
上海	1.470	1.754	2.104	2.516	2.799	3.390	3.621	4.280	4.611
四川	−0.412	−0.736	−0.659	−0.455	−0.232	−0.166	−0.059	0.195	0.411
天津	0.790	1.114	1.411	1.719	1.957	2.092	2.084	2.394	2.831
新疆	−1.732	−1.668	−1.662	−1.514	−1.432	−1.327	−1.225	−1.105	−1.009
云南	−1.769	−1.832	−1.744	−1.594	−1.397	−1.320	−1.150	−1.045	−0.894
浙江	−0.436	0.312	0.650	1.058	1.548	1.949	2.404	2.582	3.243
重庆	−1.475	−0.886	−0.761	−0.576	−0.286	−0.354	−0.329	−0.101	0.107

2. 结果分析

通过表 9-10 可以看出，我国各省市区的低碳经济发展水平呈现逐年上升的趋势，且存在地区差异，各地区低碳经济发展水平不一。

图 9-3～图 9-5 是根据东部、中部、西部的区域划分方式对各省市区低碳经济发展进行了时间序列画图描述。对东部、中部和西部整体比较可以看出，低碳经济发展整体水平为东部地区最高，中部地区次之，西部地区最低。

1）东部地区

东部地区总体呈现上升趋势，其中，广东和江苏的低碳经济发展水平较快，广东省 2010 年总得分超过北京，排名第一。广东省低碳经济发展的水平优于其他省份的原因主要在以下几点：2010 年广东省的碳排放总量虽然较大，但是人均碳排放量相对较小，碳排放强度较小，能源消耗强度最小；在经济发展方面，GDP总量全国最高，人均 GDP 位于前列，且第三产业比重占 45%以上；技术发展在全国较为突出，高技术产值全国第一，高技术产业产值比重占 45.7%，科研人员数 34 万人，居全国第一；在环境保护方面，广东省 2010 年环保投资指数达到 26%，碳汇密度达到 58.7%，居于全国前列。而海南省在东部地区排名一直落后于其他省份，究其原因，主要是在经济发展和技术投入方面。海南省人口较少，森林覆盖率较高，碳汇密度达到 60%，海南属于热带气候，冬季不需要取暖，在碳排放和能源消耗总量上，海南省 2010 年碳排放总量为 791.18 万吨，远远低于其他省份，在产业结构和经济发展方面，海南省是旅游城市，因此，第三产业是海南省主导产业，低碳方面海南省均优于东部其他地区，但是在经济总量发展和技术发展方面，海南省 2010 年地区生产总值为 2064.5 亿元，研究与发展投入为7.02 亿元，远远低于东部其他地区，以上两个因素使得海南省的低碳经济发展水平较低。

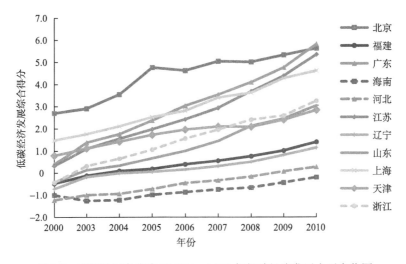

图 9-3　东部地区各省市区 2000～2010 年低碳经济发展水平变化图

2）中部地区

从变化趋势来看，中部地区呈现波动发展的状态。2000 年，中部地区低碳经济发展前三位的是湖北、湖南、黑龙江，经过发展和波动变化，到 2010 年，河南超过黑龙江居于第三位。2000～2010 年，山西省提升幅度最大，但是仍然落后于其他地区。山西省矿产资源丰富，是我国主要的煤田分布区之一，因此能源消费和碳排放均较高。就碳排放而言，2000 年，碳排放总量已达到 4158.74 万吨，人均碳排放量为 1280kg/人，高居全国第一位，受能源结构影响，山西省的主导产业是第二产业，占国民经济的 50%以上，而煤炭、冶金、电力等高耗能产业占第二产业比重较高，进一步加大了能源消耗。2000 年山西省的第二产业碳排放强度为 3.79 吨/万元，仅次于贵州，而碳生产力则较低，仅高于贵州，低于全国其他大部分地区。与此同时，山西省森林覆盖率较低，单位碳森林密度较低，且工业废弃物综合利用率仅为 22.5%，加重了对环境的压力。到 2010 年，第二产业碳排放强度为 1.44 吨/万元，较 2000 年下降了 2.35 吨/万元，但仍然高于全国其他地区，工业废弃物综合处理率提高到 66%，这些因素均拉动了低碳经济发展水平，但 2010 年山西省第二产业比重达到 56.9%，碳汇密度下降到 17.5%，加重了环境的负担，从总体来看，山西省横向是增长的，纵向比较却一直落后于其他中部地区。

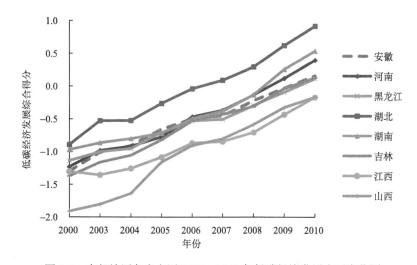

图 9-4　中部地区各省市区 2000～2010 年低碳经济发展水平变化图

3）西部地区

2000 年，西部地区低碳经济发展水平从高到低依次为：四川、陕西、广西、重庆、青海、新疆、宁夏、云南、甘肃、内蒙古、贵州。2000～2010 年，各地区低碳经济发展水平均有所提高，且发展速度不一，呈波动增长，到 2010 年，低碳经济发展水平从高到低变为：陕西、四川、重庆、内蒙古、广西、宁夏、贵州、云南、甘肃、新疆、青海。期间，四川、青海、宁夏均在 2003 年出现拐点，低碳经济发展水平有所下降。2003 年，四川省第二产业碳排放强度增大，碳生产力下降，技术投入强度减弱；宁夏是中国的煤炭输出省份，煤炭能源消耗远高于其他省份，碳排放总量增加了近 4 倍，碳排放强度达到了历史最高，第二产业碳排放强度达到了 9.09 吨/万元，是 2010 年的 6 倍，而 GDP 增长速度明显低于碳排放增长速度，第二产业比重加大，综合碳生产力刚达到 2 元/kg，为历史最低；青海省经济增长速度低于碳排放速度，碳生产力较弱，单位碳森林密度明显弱于其他年份，而碳排放总量却一直增长。总结这三个地区的特点，碳排放速度过快，经济增长速度明显弱于碳排放速度，碳生产力减弱是三个地区低碳经济发展水平下降的主要原因。

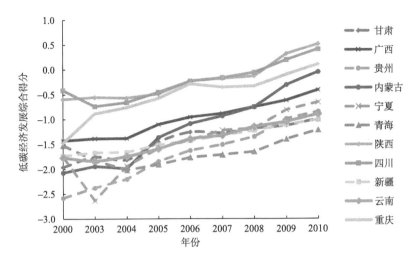

图 9-5　西部地区各省市区 2000～2010 年低碳经济发展水平变化图

4）空间比较

2000～2010 年，全国各地区的低碳经济发展水平是逐年提高的，综合得分总体呈现逐年波动上升的趋势，均是向着低碳化的方向发展的。2000 年，低碳经济发展水平综合得分大于 0 的地区有 5 个，到 2010 年增加到 19 个，其中东部地区有 10 个，占东部地区的 91%；中部地区共有 8 个省市区，其中低碳经济发展水平综合得分大于 0 的地区有 6 个，占中部地区的 75%；西部地区发展较为缓慢，仅有 3 个地区综合得分大于 0，占西部地区的 27%。东、中、西部中占总得分大于 0 的地区总量的比重各为 52.6%、31.6%、15.8%。

2000 年，低碳经济发展水平综合得分前十位的地区为上海、江苏、浙江、广东、福建、北京、天津、山东、山西、四川，到 2010 年，发展水平较高的前十位为上海、江苏、浙江、广东、福建、北京、山东、天津、辽宁、湖北，集中在珠三角、长三角和环渤海经济区，这些地区的碳生产力强，科技投入和环保投入较高，碳汇密度大，产业结构不断调整优化，缓解了碳排放增长速度，进一步转变了经济发展方式，并向着低碳化的方向发展。而山西、江西、宁夏、内蒙古、甘肃、青海等地区的综合得分一直较低，这些地区的碳排放强度大，能源强度较高，碳汇密度均较低，且这些地区的能源结构主要以煤为主，调整困难较大，相应的产业结构也面临着巨大的压力，减排相对困难，调整能源结构和产业结构是该类地区面临的重要问题。

2000～2010 年，结合图 9-6 从地区分布来看，我国低碳经济发展水平东部沿海地区综合得分高于中西部地区，这与我国南北地区的能源结构和产业结构有关。就平均水平而言，东部地区最高，中部地区次之，西部地区最低。

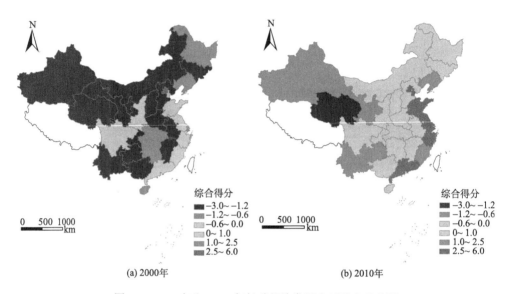

图 9-6　2000 年和 2010 年低碳经济发展水平综合得分图

结合上述低碳经济发展水平评价结果和分析，本书关于低碳经济发展得出以下结论。

1）低碳经济发展水平地区差异明显

由于各地区资源禀赋不同，能源结构、产业结构存在较大差异，经济发展水平和科技投入不同，因此，各地区低碳经济发展水平肯定存在差异。从低碳经济发展水平综合得分来看，得分较高的地区主要包括广东、福建、上海、北京、江苏，主要分布在东部沿海地区，而综合得分较低的地区包括山西、江西、宁夏、内蒙古、甘肃、青海，主要分布在中西部地区，两类地区的得分相差悬殊。

2）能源结构、产业结构对低碳经济发展具有重要影响

我国产业结构不断调整，2000 年，我国产业结构第一产业：第二产业：第三产业为 15.27：47.10：37.63，第二产业是主导产业，到 2010 年，第一产业有所下降，第三产业增长到 40.37%，第二产业也有所增长，达到 50.35%。就全国各地区而言，2000 年仅有北京、广西、海南、江西、上海五个地区的第三产业超过第二产业成为主要产业，同期对应的碳排放总量明显低于其他地区，其中海南的碳排放量最少。北京、海南、上海等均处于低碳经济发展较高水平，而广西、江西虽然第二产业比重稍低于第三产业，但第二产业的碳排放强度却明显高于其他地

区，导致低碳经济发展水平偏低。2010 年，甘肃、贵州、河北、宁夏、青海、山西、内蒙古、云南等地区的第二产业碳排放强度均大于 1 吨/万元，明显高于其他地区，第二产业比重明显高于第三产业，这些地区对应的低碳经济发展水平综合得分均处于下游。因此，能源结构和产业结构共同对低碳经济发展产生影响。

3）碳排放增长不可避免

2000～2010 年，我国经济发展较快，伴随而来的是碳排放总量的增长。2000年，我国 30 个地区的 GDP 总量达到 97 091.9 亿元，到 2010 年增长到 436 534.53亿元，增长了 349.6%，同期，碳排放总量由 93 294.97 万吨增长到 238 557.99 万吨，增长了 155.7%。从各地区来看，经济发展也伴随着碳排放量的增长，GDP较高的地区主要集中在北京、上海、福建、广东、江苏、山东、浙江等地区，而相应的碳排放总量较往年有明显增高，总量上虽低于山西等具有能源结构特点的地区，但较一般地区，碳排放总量均较高，且东部发达地区的碳排放量远高于中西部地区碳排放量。我国正处于城市化、工业化发展阶段，第二产业的发展不可避免地带来一定的能源消耗，碳排放量的增长不可避免，然而，如何保证发展的同时来减小碳排放速度和强度，甚至是减少碳排放是我们要解决的问题，因此，转变经济增长方式、调整产业结构势在必行。

3. 土地集约利用水平评价结果

（1）KMO 和 Bartlett 球形检验（表 9-11）。

表 9-11　KMO 和 Bartlett 球形检验

KMO 取样 适当性度量	Bartlett 球形检验		
	近似卡方分布	自由度	显著性
0.832	5677.618	120	0.000

经检验，KMO=0.832>0.6，Sig.为 0.000<0.05，表明指标体系之间有较多的共同因素且球形检验拒绝单位相关的原假设，因此该数据非常适合全局主成分分析评价土地集约利用水平。

（2）相关矩阵的特征值与贡献率。根据主成分选取的原则，土地集约利用评价共选择 4 个主成分，从表 9-12 各主成分贡献率及累计贡献率可以看出，前 4个主成分的贡献率依次为 48.257%、13.561%、11.222%、7.197%，4 个全局主成分的累计贡献率达到了 80%以上，表明这 4 个主成分对原始变量的解释力度较强，能够代表原指标体系的 16 个指标来体现低碳经济的发展水平。因此，最终选定前4 个特征值为主成分。

表 9-12　各主成分贡献率及累计贡献率

编号	特征值	方差贡献率/%	累计方差贡献率/%	编号	特征值	方差贡献率/%	累计方差贡献率/%
1	7.721	48.257	48.257	9	0.239	1.493	96.272
2	2.170	13.561	61.817	10	0.209	1.306	97.578
3	1.795	11.222	73.039	11	0.171	1.070	98.648
4	1.152	7.197	80.236	12	0.093	0.581	99.229
5	0.908	5.673	85.910	13	0.050	0.312	99.541
6	0.577	3.606	89.516	14	0.042	0.264	99.805
7	0.493	3.084	92.600	15	0.028	0.177	99.982
8	0.349	2.179	94.779	16	0.003	0.018	100.000

注：提取方法为全局主成分分析。

（3）从表 9-13 主成分载荷矩阵可以看出，地均固定资产投资强度、地均财政支出额、地均从业人员数、地均技术投入强度、地均 GDP、地均环保投入强度等指标在第一主成分上有较高的载荷值，主要从投入强度体现土地集约利用水平。第二主成分上对应载荷值较高的是绿化覆盖率、工业废弃物综合利用率，主要反映了可持续发展的水平。第三主成分上，GDP 与建设用地增长弹性系数、固定资产投资与建设用地增长弹性系数等对应的载荷值较大，其主要从利用强度角度反映土地集约利用水平。第四主成分进一步主要反映利用强度水平，相应的人均建设用地面积、人均居住用地面积、人均道路用地面积等指标对应的载荷值较大。

表 9-13　主成分载荷矩阵

指标	1	2	3	4
ZY_1	0.938	−0.079	0.018	−0.109
ZY_2	0.924	−0.241	0.058	−0.179
ZY_3	0.926	−0.081	−0.142	−0.082
ZY_4	0.929	−0.277	0.138	0.023
ZY_5	0.597	0.018	0.099	0.658
ZY_6	0.670	0.290	−0.300	−0.323
ZY_7	0.073	0.767	−0.341	0.234
ZY_8	0.216	−0.162	0.194	0.436
ZY_9	0.212	0.414	0.814	−0.037

续表

指标	1	2	3	4
ZY_{10}	0.010	0.498	0.783	−0.126
ZY_{11}	0.949	−0.185	0.013	−0.155
ZY_{12}	0.700	0.470	0.004	−0.320
ZY_{13}	0.695	−0.268	0.194	0.314
ZY_{14}	0.466	0.619	−0.141	0.222
ZY_{15}	0.957	−0.191	0.036	−0.006
ZY_{16}	0.600	0.397	−0.404	0.165

（4）根据初始载荷矩阵除以其对应特征值的平方根得到特征向量，在此基础上，依据式（9-8）和式（9-9），可得 2000～2010 年全国 30 个省市区的土地集约利用综合得分，具体见表 9-14。

表 9-14　2000～2010 年全国 30 个省市区土地集约利用综合得分表

省市区	2000 年	2003 年	2004 年	2005 年	2006 年	2007 年	2008 年	2009 年	2010 年
安徽	−1.335	−1.062	−0.870	−0.778	−0.859	−0.756	−0.061	0.188	0.270
北京	1.489	1.935	3.315	4.812	4.035	4.182	4.456	5.500	6.189
福建	−0.747	−0.527	−0.048	−0.115	−0.082	0.293	0.510	0.885	0.898
甘肃	−2.298	−1.862	−1.689	−1.375	−1.333	−1.384	−1.288	−1.150	−0.943
广东	−0.330	−0.397	−0.309	0.198	0.683	0.528	1.468	1.055	1.820
广西	−1.338	−1.229	−0.941	−1.054	−0.672	−0.427	−0.285	−0.247	−0.062
贵州	−1.969	−1.788	−2.046	−1.706	−1.453	−1.416	−0.937	−0.932	0.254
海南	−0.969	−1.192	−0.988	−0.790	0.002	−0.160	0.207	0.331	0.663
河北	−1.179	−0.965	−0.719	−0.564	−0.396	−0.079	0.289	0.559	1.162
河南	−1.329	−1.037	−0.736	−0.825	−0.520	−0.309	0.084	0.257	0.328
黑龙江	−1.256	−1.203	−1.164	−1.159	−0.910	−0.765	0.091	−0.379	−0.295
湖北	−0.783	−0.600	0.099	−0.366	0.197	−0.146	0.161	0.396	0.518
湖南	−1.254	−0.919	−0.556	−0.932	−0.250	−0.214	−0.009	0.510	0.562
吉林	−1.548	−1.297	−1.190	−1.010	−0.823	−0.550	−0.589	−0.382	−0.082
江苏	−0.247	0.144	0.661	0.926	1.085	1.460	1.897	2.210	2.626
江西	−1.730	−1.293	−1.118	−1.029	−0.981	−0.791	0.005	0.081	0.218
辽宁	−1.072	−0.782	−0.394	−0.353	−0.365	−0.162	0.384	0.274	0.397
内蒙古	−1.817	−1.694	−1.362	−1.309	0.168	−0.751	0.098	−0.303	−0.123
宁夏	−1.744	−1.632	−1.530	−1.075	−0.786	−0.431	−0.315	0.162	0.114

省市区	2000 年	2003 年	2004 年	2005 年	2006 年	2007 年	2008 年	2009 年	2010 年
青海	-2.015	-1.741	-1.100	-1.444	-1.289	-0.431	0.016	1.009	0.662
山东	-0.505	-0.374	-0.008	0.118	0.470	0.692	1.082	1.423	1.687
山西	-1.752	-1.550	-0.839	-0.744	-0.812	-0.707	0.352	-0.176	0.301
陕西	-1.830	-1.338	-1.322	-1.061	-0.926	-0.475	1.288	0.282	0.118
上海	2.157	3.669	4.060	4.981	5.721	6.484	7.355	8.240	8.470
四川	-1.823	-1.399	-0.939	-0.779	-0.973	-0.704	-0.431	-0.288	-0.276
天津	0.443	0.547	1.295	1.438	2.008	1.859	2.373	3.554	4.406
新疆	-1.310	-1.309	-1.098	-0.728	-1.167	-0.856	-0.948	-0.789	-0.601
云南	-1.578	-1.567	-1.346	-1.409	-1.364	-0.934	-0.737	-0.579	-0.516
浙江	-0.210	0.143	0.582	0.783	1.083	1.012	1.726	1.676	2.237
重庆	-1.364	-1.284	-0.970	-0.686	-0.613	-0.243	0.086	0.261	0.494

4. 结果分析

图 9-7～图 9-9 是根据东部、中部、西部的区域划分方式对各省市土地集约利用水平进行了时间序列画图描述。对东部、中部和西部整体比较可以看出，土地集约利用整体水平和平均水平均为东部地区＞中部地区＞西部地区。通过图 9-10 可以看出，我国各省份的土地集约利用水平同低碳经济发展类似，整体呈现逐年上升的趋势，且存在地区差异。

1）东部地区

从发展趋势来看，东部地区不论是整体还是单个地区都呈现上升趋势。除 2005 年以外，上海一直位居第一，增幅最高。上海市是我国金融中心，也是新兴的旅游城市，自 2000～2010 年，产业结构不断调整优化，由 1.83：47.54：50.63 调整为 0.67：42.05：57.28，同期，受产业结构调整的胁迫和优化作用，土地利用情况也发生较大的转变，农用地由 2000 年的 37.5 万 hm^2 下降到 2008 年的 36.70 万 hm^2，下降了 2.1%，平均每年下降 0.1 万 hm^2，而耕地也由 25.96 万 hm^2 减少到 24.40hm^2，平均每年减少近 0.20 万 hm^2，减少的耕地部分转化为其他农用地，部分转变为建设用地。相应地，建设用地年均增长近 0.14 万 hm^2，到 2008 年，建设用地达到 25.4 万 hm^2，而非农建设用地的产出效益明显高于农用地，因此，上海市的土地利用产出效益远远高于其他地区，地均 GDP 由 2000 年的 55.24 万元/ hm^2 增至 2010 年的 208.35 万元/ hm^2，产出效益一直高居第一位，2010 年产出效益是辽宁的 16.7 倍，单位建设用地非农产值是辽宁的 2.25 倍。除此之外，上海在投入强度、利用强度、可持续度方面也均处于全国领先地位，2010 年地均固定资产投资达到 62.01 万元/hm²，地均环保投入达到 1.62 万元/hm²，远高于全国其他地区；在政策方面，上海积极出台产业用地指南，以推进产业转型升级，以便尽快落实产业用地节约集约利用政策，并坚持"控制总量、用好增量、盘活存量、提高质量"的用地方针，积极推进产业用地"退二进三"，促进土地集约利用，实现可持续发展。以上这些因素使得上海市土地集约利用水平一直处于全国最高水平。

2005 年，北京土地集约利用综合得分中出现一个拐点，通过对数据分析发现，2005 年人口发展速度明显大于建设用地增长速度，导致人口与建设用地增长弹性系数在前后几年中较高，且 2005 年北京市第三产业比重达到近 10 年最高，产业结构调整优化了土地利用结构，促使土地集约利用水平综合得分较高。

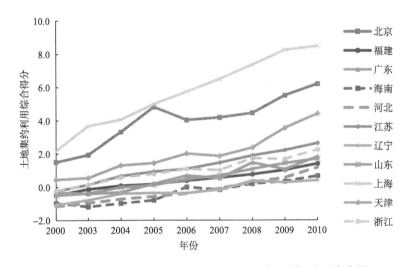

图 9-7　2000～2010 年东部地区各省份土地集约利用水平变化图

2）中部地区

2000～2010 年，中部地区土地集约利用呈现波动变化，形成较明显的"N"形阶段特征，整体发展趋势是向着集约化发展的。中部地区土地集约利用综合得分增幅相较于东部地区较大，其中，山西省增幅最大，由原来的–1.752 增长到 0.301，增长了 2.053。2000～2010 年 11 年间，山西省各项指标均有所增长，地均固定资产投资额增长了 20.5 倍，地均 GDP 从 1.05 万元/hm² 增长到 5.87 万元/ hm²，增幅达到 459%，单位建设用地非农产值翻了两番，地均环保投入较 2000 年增长了 0.11 万元/hm²。山西省 2011 年大力推进土地利用类型调整，在城市利用方面，山西省将严格限制宽马路，并在保证"菜篮子工程"用地的基础上，建设高标准基本农田，努力开展土地整治工作，与此同时，保护生态环境用地也是不可忽视的一部分，山西省是煤矿大省，因此，加强生态环境保护、增加环保投资是必要的，其通过采取"临时用地-采矿-复垦-换地"的模式来形成矿山环境补偿机制，这些措施都大大提高了土地集约利用的水平。

从阶段特征来看，2000～2007 年是波动较大的时间段，湖北、湖南的"N"形阶段特征较为明显，这主要是由于 2004 年、2006 年两年的人口、GDP 等增长速度大大超过了建设用地增长的速度，导致人口与建设用地弹性系数等反映用地强度的指标偏高，使得综合得分出现波浪式增长。

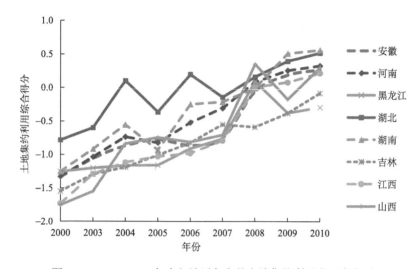

图 9-8　2000～2010 年中部地区各省份土地集约利用水平变化图

3）西部地区

2000～2010 年，西部各地区土地集约利用水平均有所提高，且发展速度不一，呈波动增长，到 2010 年，土地集约利用水平从高到低变为：青海、重庆、贵州、陕西、宁夏、广西、内蒙古、四川、云南、新疆、甘肃。其中，青海增幅最大。

同中部地区类似，西部地区土地集约利用水平也出现了"N"形阶段，其中内蒙古、陕西、青海相继在 2006、2008、2009 年出现了拐点。2006 年，内蒙古在各项指标上均有所发展，但发展速度不一，GDP 增长速度远远大于建设用地增长速度，GDP 与建设用地增长弹性系数是 2000 年的 8.5 倍。同内蒙古类似，陕西省在 GDP 和固定资产投资方面的增长大大拉动了 2008 年土地集约利用综合水平。而 2009 年，青海单位建设用地非农产值比 2008 年增长了 13.05%，第三产业比重达到 36.86%，对土地集约利用综合水平贡献最大的是固定资产投资，较 2008 年增幅达到了 289.38%。

2000～2010 年，甘肃省基本上得分最低，2004～2007 年，甘肃省有所发展，摆脱了最后一名，但 2008～2010 年，其发展速度一直落后于西部的其他地区。2009年，甘肃省提出了五条措施来保护耕地，推进土地节约集约利用，虽然较往年土地集约利用有所增长，但整体水平仍落后于其他地区。2010 年，在投入强度方面，甘肃省地均固定资产投资、地均从业人员仅为重庆市的 9.60%、15.08%，投入强度相对较弱；在经济效益方面，甘肃省地均 GDP 刚达到 1.02 万元/hm²，第三产业比重刚突破 37%，但仍然处于"二三一"阶段，单位建设用地非农产值远远低于其他地区；可持续方面，其投入强度一直低于西部平均水平，工业废弃物处理率刚达到 47.6%，绿化覆盖率不到 30%，以上这些因素综合拉低了甘肃省土地集约利用综合得分。

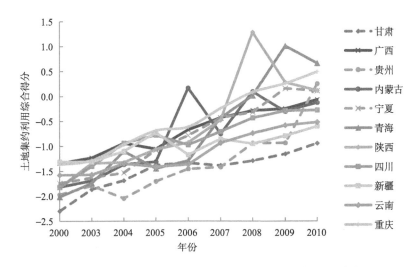

图 9-9　2000～2010 年西部地区各省份土地集约利用水平变化图

4）空间比较

2000～2010 年，全国土地集约利用总体趋势和各地区的土地利用趋势均是向着集约化发展的。结合图 9-10，从地区分布来看，我国土地集约利用水平东部沿海地区综合得分高于中西部地区，这与我国土地资源配置有关。就平均水平而言，东部地区最高，中部地区次之，西部地区最低。

2000 年，土地集约利用综合得分大于 0 的地区包括北京、上海、天津，到 2010 年增至 22 个，其中，东部的 11 个地区的综合得分均大于 0，中部 8 个地区中有 6 个，西部 11 个地区中有 5 个地区综合得分大于 0，东、中、西部各占 50.0%、27.3%、22.7%。

从综合得分来看，2000 年，我国 30 个地区中土地集约利用水平综合得分前十位的地区为：上海、北京、天津、浙江、江苏、广东、山东、福建、湖北、海南，到 2010 年，河北替代湖北进入了前十位，且前十位全是东部沿海省市区。这些地区在各方面均处于全国领先地位，这些地区的特点是地均固定资产投资强度

大，从业人员较多，土地承载经济社会的密度大，土地产出率高，单位建设用地
非农产值远远高于全国平均水平，在注重经济效益的同时也兼顾生态效益，东部
地区环保投入强度大，工业废弃物处理率高于全国平均水平，注重城市绿化，遵
循经济、社会、生态三效合一。另外，地方政府加强土地管理，通过出台各种规
定、通知鼓励产业结构调整，进一步调整土地利用结构。以上因素从各方面拉动
了土地集约利用水平。而甘肃、新疆、云南、黑龙江、四川、内蒙古、吉林、广
西、宁夏、陕西、江西等排于土地集约利用综合得分后半段，究其原因，投入强
度、经济效益是影响这类地区的重要因素，这些地区大部分位于西部地区，调整
产业结构、改变土地利用方式是这类地区面临的主要难题，通过优化产业结构来
进一步促进经济发展，优化土地利用结构，提高土地利用投入强度和产出效益，
同时兼顾生态效益，以上才是该类地区实现土地集约利用的出路。

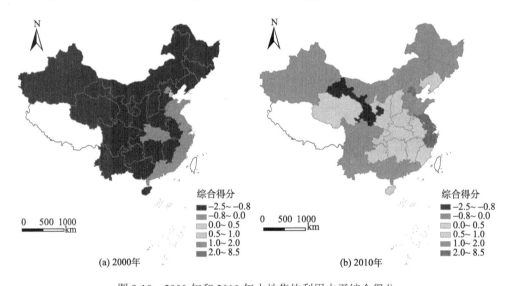

图 9-10　2000 年和 2010 年土地集约利用水平综合得分

　　结合上述土地集约利用水平评价结果和各地区的特点，本书关于土地集约利
用得出以下结论。

1）土地集约利用水平存在地区差异

　　由于全国各地区的土地资源数量、质量、结构存在较大差异，因此，基于各
地区资源禀赋不同，全国各地的土地集约利用水平也存在显著差异。

　　从综合得分来看，东部沿海地区土地集约利用水平最高，远高于中西部地区，
就排名而言，西部地区排名靠后，中部地区次之，东部沿海地区最靠前；从投入
强度和经济效益来看，上海、北京等地投入强度远远高于全国其他地区，按照地
区来分，东部地区最高，中部地区次之，西部地区最低；就可持续度来看，全国

环保投入平均为 0.25 万元/hm^2，上海、北京、江苏、广东、海南、山东、天津等地区远远高于全国平均水平，就地区来分，环保投入从高到低依次为东部地区、中部地区、西部地区。

2）国家和地方政策对土地集约利用具有重要影响

2012 年 11 月召开的十八大提出了加强土地节约管理，推动土地资源利用方式的转变，在遵循人口资源环境相协调、经济社会生态三效统一的原则下，有限的土地资源将向效益好、产出效益高的企业倾斜，通过改变土地利用方式，优化土地利用布局和产业结构，实现土地节约集约利用。

2013 年，国家重点发展城镇化，土地供应是摆在各省的一大难题，针对各地存在的土地利用问题，国土资源部副部长呼吁注重空间开发问题，提高土地利用效率，国土资源部已建立了一套土地集约利用评价标准，并已试点考核。未来的土地政策将统筹考虑东、中、西部，东部地区的产业集群逐步形成，形成了长三角、珠三角、京津唐等集群，未来应更注重整体的运行质量，提高东部地区承载经济社会的密度。而对于中西部地区，更需要尽快发展产业集群，加强地区之间的互动互补，提高整体水平。

目前，国家对于用地指标实行总量控制，激励和鼓励各地节约集约用地，并配有一定的奖惩措施，通过因地制宜、设置指标来定量衡量各地土地集约利用，而各地也根据国家政策相继出台了一系列政策通知，如上海在 2007 年发布了《上海市土地资源节约集约利用"十一五"规划》，并先后出台并更新《上海产业用地指南》，进一步推动产业结构转型，实现土地节约集约利用。综合以上分析，国家和地区土地政策对土地集约利用产生重要的影响。

3）产业结构调整优化是实现土地集约利用的有效途径

由土地的自然、经济特性可知，我国可供应的土地总量有限，为了缓解经济和人口增长对土地的压力，推行土地集约利用是我国土地利用和经济发展的唯一出路。

而转变经济发展方式和优化产业结构是实现土地集约利用的最有效途径。由以上评价结果可知，东部地区不论是在综合得分排名还是在单项指标方面都远远高于中西部地区，究其根本原因，东部地区产业结构不断实现优化，大部分地区已由原来的"二三一"结构转变为"三二一"模式，产业结构调整胁迫和优化土地利用结构，促进土地利用结构发生转变，提高土地利用效率，增加单位土地产出率，进一步发展经济，同时，雄厚的经济基础可以加大投入强度和利用强度，提高土地利用效率，形成良性循环，从而在实现产业转型的同时也推进了土地节约集约利用，因此，产业结构调整优化是实现土地集约利用的有效途径。

9.3　低碳经济发展与土地集约利用耦合协调发展研究

9.3.1　模型构建

1. 数据标准化

为了更加直观地评价低碳经济发展和土地集约利用水平的大小，将双方评价结果转换成百分制或者进行归一化，使其符合耦合协调发展模型的要求。

设有 m 项评价指标 $X_1, X_1, \cdots, X_m$ ，并有 n 个省份的指标数据 $X_{ij}(i=1,2,\cdots,m; j=1,2,\cdots,n)$ ， x_{ij} 为 j 省市区的第 i 项指标对应的数据。为增强指标数据的可比性，消除指标数据正负影响，本书采用极差法正标准化处理指标，其标准化公式如下：

$$E_{ij} = \left(x_{ij} - \min X_{ij}\right)\big/\left(\max X_{ij} - \min X_{ij}\right) \tag{9-10}$$

式中， E_{ij} 为 X_{ij} 的标准化后的数据； $\max X_{ij}$ ， $\min X_{ij}$ 分别表示 j 城市第 i 项指标数据的最大值和最小值。

相对发展度的核算过程中，如果分别对低碳经济发展水平和土地集约利用水平进行归一化，会导致单项指标偏心现象发生，因此，在归一化计算中，本书对低碳经济发展水平和土地集约利用水平评价结果统一处理。归一化结果可能出现零值，会导致后续分析计算出现错误，因此采用数据拟合的方式对归一化结果的零值进行处理。

2. 耦合协调度模型

耦合协调度描述两个或两个以上系统相互作用影响的程度，耦合作用和协调程度决定了系统发展状况，当系统之间或内部要素配合得当、相互促进，则为良性耦合；反之，相互制约时，则为恶性耦合。低碳经济发展与土地集约利用是彼此独立又相互作用的系统，本书借鉴物理学的容量耦合系数模型构建低碳经济发展与土地集约利用的耦合协调度模型：

$$G = \left(S_i^k \times U_i^k\right)\big/\left(\alpha S_i + \beta U_i\right)^{2k} \tag{9-11}$$

式中， G 为耦合协调度系数， $0 \leqslant G \leqslant 1$ ； S 、 U 分别表示低碳经济发展水平和土地集约利用水平； α 、 β 为待定系数， $\alpha + \beta = 1$ ；调节系数 k 的取值范围是 $2 \leqslant k \leqslant 8$ 。本书视低碳经济发展和土地集约利用为两个同等重要系统，且符合可持续发展目标，设定 $\alpha = \beta = 0.5$ ，根据经验，设定 $k=4$ 。

3. 耦合协调发展度模型

虽然耦合协调度可以有效地评价低碳经济发展与土地集约利用的交互耦合强度，但其在多地域的空间对比分析研究中却很难准确客观地评价耦合协调水平，故本书构建低碳经济发展与土地集约利用的耦合协调发展度模型：

$$H = \text{sqrt}\left[G \times (\alpha S_i + \beta U_i)\right] \tag{9-12}$$

式中，H 为低碳经济发展与土地集约利用的耦合协调发展度，$0 \leqslant H \leqslant 1$，$H$ 越大，其耦合协调发展水平越优；H 越小，其耦合协调发展水平越差，失调越严重。

4. 相对发展度模型

耦合协调发展度模型可以准确评价低碳经济发展与土地集约利用的耦合协调发展水平，却难以评价二者相对发展状况，故以相对发展度模型求取低碳经济发展与土地集约利用的相对发展度系数 T，即

$$T = S/U \tag{9-13}$$

5. 耦合协调发展阶段划分

耦合协调度可以反映出地区低碳经济发展和土地集约利用的耦合协调发展水平，因此可以通过设定一定的阈值对不同的协调发展水平进行划分。传统的阈值设定方法是根据经验并结合研究区域内的经济发展状况划分，但是对于进行标准化或归一化处理的数据，如果标准化处理之前的数据中存在相较于其他数值较大或者较小的值，会导致标准化的数据整体偏低或者偏高，此时，再通过上述方法设定阈值会导致划分结果严重失真。

基于此，本书首先求取标准化数据的平均值 ME 和标准差 SD，然后利用 $(ME+SD)$ 和 $(ME-SD)$ 将耦合协调发展阶段分为三个阶段，分别为协调阶段、磨合阶段和拮抗阶段。当 $(ME + SD) \leqslant H \leqslant 1$，低碳经济发展水平较高，经济发展方式得到转变，经济发展的同时实现了低排放，产业结构和土地利用结构合理，土地集约利用水平较高，低碳经济发展与土地集约利用相互促进，低碳经济发展与土地集约利用的耦合协调发展状态处于协调阶段；当 $(ME - SD) \leqslant H < (ME + SD)$，低碳经济发展与土地集约利用水平进入磨合阶段，此时低碳经济处于稳定发展的阶段，土地集约利用水平较高，土地利用结构较为合理，大多数情况下属于劳力资本性集约，低碳经济发展与土地集约利用开始呈现良性耦合；当 $0 \leqslant H < (ME - SD)$，低碳经济发展与土地集约利用处于拮抗时期，该阶段低碳经济发展处于发展的初期阶段，低碳经济发展逐渐对土地集约利用产生影响并凸显出来，土地利用已呈现一定的结构和特征，区域间的土地集约利用水平不合理现

象凸显出来，土地集约利用水平在空间分布上呈现高低梯度。

根据低碳经济发展与土地集约利用的耦合协调发展概念，理想条件下低碳经济发展和土地集约利用是能够实现完全同步优化的，但实际情况中二者却难以完全同步。本书设当 $1.2 \leqslant T$ 时，低碳经济发展水平超前于土地集约利用水平，低碳经济发展过快；当 $0.8 \leqslant T < 1.2$ 时，低碳经济发展与土地集约利用处于同步优化类型，彼此推动，相互优化；当 $T < 0.8$ 时，低碳经济发展水平滞后于土地集约利用，低碳经济发展缓慢。综上所述，低碳经济发展与土地集约利用耦合协调发展状况可以划分为三大阶段 9 种类型（表 9-15）。表 9-15 中，$K_1 = ME + SD$，$K_2 = ME - SD$。

表 9-15　低碳经济发展与土地集约利用的耦合协调发展类型

耦合协调发展度	相对发展度	类型	特征	发展阶段
	$1.2 \leqslant T$	Ⅰ	低碳经济发展主导型	
$K_1 \leqslant H \leqslant 1$	$0.8 \leqslant T < 1.2$	Ⅱ	同步型	协调阶段
	$T < 0.8$	Ⅲ	土地集约利用主导型	
	$1.2 \leqslant T$	Ⅳ	低碳经济发展主导型	
$K_2 \leqslant H < K_1$	$0.8 \leqslant T < 1.2$	Ⅴ	同步型	磨合阶段
	$T < 0.8$	Ⅵ	土地集约利用主导型	
	$1.2 \leqslant T$	Ⅶ	低碳经济发展主导型	
$0 \leqslant H < K_2$	$0.8 \leqslant T < 1.2$	Ⅷ	同步型	拮抗阶段
	$T < 0.8$	Ⅸ	土地集约利用主导型	

9.3.2　耦合结果及分析

1. 耦合协调发展度结果及分析

前文已经通过全局主成分分析法计算得到低碳经济发展水平和土地集约利用水平的评价结果，对评价结果进行标准化处理，分别通过式（9-11）和式（9-12）核算 2000～2010 年全国各省市区的低碳经济发展水平和土地集约利用水平的耦合协调度和耦合协调发展度，协调发展度评价结果统计见表 9-16。

可以看出，我国各省市区的低碳经济发展与土地集约利用的耦合协调发展度呈现逐年上升的趋势，说明低碳经济发展和土地集约利用两者协调发展水平逐年上升。结合前文分析，全国各省市区的低碳经济发展和土地集约利用均呈现上升趋势，反映出了低碳经济发展和土地集约利用两者存在互相促进的特性，说明了各省政府部门的相关政策达到了引导低碳经济发展和土地集约利用水平共同提高的目的。

表 9-16　2000～2010 年全国各省市区低碳经济发展与土地集约利用的耦合协调发展度

地区	2000 年	2003 年	2004 年	2005 年	2006 年	2007 年	2008 年	2009 年	2010 年
安徽	0.344	0.379	0.396	0.415	0.412	0.423	0.473	0.493	0.506
北京	0.631	0.662	0.738	0.817	0.789	0.802	0.812	0.851	0.875
福建	0.423	0.449	0.488	0.487	0.494	0.523	0.541	0.568	0.578
甘肃	0.168	0.270	0.280	0.330	0.347	0.342	0.354	0.367	0.387
广东	0.472	0.448	0.451	0.506	0.552	0.521	0.619	0.557	0.623
广西	0.335	0.343	0.348	0.374	0.400	0.411	0.426	0.439	0.460
贵州	0.014	0.113	0.205	0.274	0.310	0.324	0.352	0.388	0.410
海南	0.385	0.355	0.366	0.394	0.411	0.427	0.436	0.461	0.485
河北	0.358	0.386	0.399	0.422	0.446	0.464	0.486	0.508	0.530
河南	0.348	0.382	0.401	0.406	0.439	0.454	0.483	0.503	0.519
黑龙江	0.358	0.368	0.373	0.378	0.407	0.421	0.472	0.461	0.472
湖北	0.401	0.431	0.451	0.457	0.492	0.482	0.507	0.531	0.545
湖南	0.364	0.396	0.416	0.401	0.448	0.457	0.480	0.519	0.535
吉林	0.321	0.354	0.367	0.391	0.415	0.439	0.440	0.463	0.488
江苏	0.479	0.518	0.564	0.587	0.600	0.629	0.662	0.683	0.708
江西	0.294	0.343	0.359	0.377	0.391	0.404	0.432	0.460	0.484
辽宁	0.387	0.423	0.462	0.467	0.467	0.486	0.526	0.527	0.540
内蒙古	0.233	0.259	0.234	0.341	0.372	0.399	0.426	0.458	0.479
宁夏	0.283	0.300	0.256	0.317	0.341	0.366	0.370	0.417	0.437
青海	0.236	0.276	0.208	0.260	0.287	0.260	0.252	0.268	0.326
山东	0.442	0.466	0.498	0.514	0.544	0.566	0.599	0.625	0.647
山西	0.263	0.283	0.298	0.377	0.399	0.411	0.444	0.462	0.486
陕西	0.235	0.349	0.352	0.390	0.406	0.452	0.486	0.514	0.511
上海	0.625	0.650	0.676	0.703	0.719	0.758	0.767	0.808	0.830
四川	0.227	0.343	0.402	0.421	0.400	0.432	0.458	0.474	0.477
天津	0.538	0.551	0.599	0.615	0.645	0.643	0.661	0.696	0.727
新疆	0.294	0.306	0.303	0.321	0.340	0.356	0.367	0.383	0.396
云南	0.288	0.279	0.293	0.315	0.336	0.356	0.379	0.392	0.409
浙江	0.454	0.507	0.541	0.564	0.592	0.593	0.644	0.643	0.684
重庆	0.329	0.361	0.396	0.424	0.439	0.458	0.469	0.490	0.510

图 9-11～图 9-13 是根据东部、中部、西部的区域划分方式对各省低碳经济发展与土地集约利用的耦合协调发展度情况进行了时间序列描述。对东部、中部

和西部整体比较可以看出，低碳经济发展与土地集约利用的耦合协调发展度水平为东部地区最高，中部地区次之，西部地区最低。

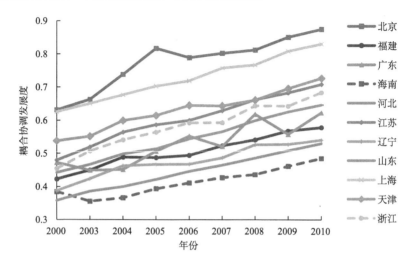

图 9-11　东部地区各省市区 2000～2010 年耦合协调发展度变化图

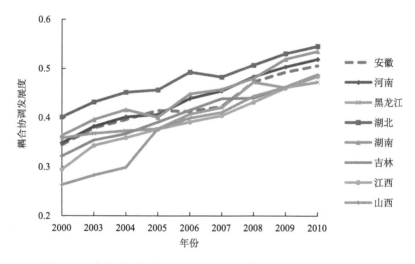

图 9-12　中部地区各省市区 2000～2010 年耦合协调发展度变化图

1）东部地区

东部地区各省份协调发展度总体呈现上升趋势，按照协调发展度水平高低，进一步分为两层：北京、上海两个直辖市的耦合协调发展度要明显高于其他九省市区。2000 年，北京和上海的耦合协调发展度平均值为 0.628，是其他九省市平均值（0.456）的 1.38 倍；2005 年，北京和上海的耦合协调发展度平均值为 0.760，

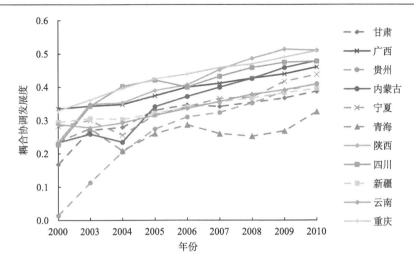

图 9-13　西部地区各省市区 2000～2010 年耦合协调发展度变化图

是其他九省市区平均值（0.526）的 1.45 倍；2010 年，北京和上海的耦合协调发展度平均值为 0.853，是其他九省市区平均值（0.635）的 1.34 倍。说明随着时间推移，东部地区耦合协调发展度变化分层现象一直存在，并且在中间年份分层现象更加明显。

北京和上海地区耦合协调度的水平优于其他省份的原因主要在以下几点：2000～2010 年，北京和上海地区的低碳经济发展和土地集约利用均处于较高的水平（全国排名前 4），而其他省份未能在低碳经济和土地集约利用两方面同时达到高水平发展，例如广东地区 2000～2010 年低碳经济发展较快，排名均处于全国前 4，并且逐年上升，但是其土地集约利用发展水平一直位于 6 名之后，所以广东地区的耦合协调发展度距北京和上海两地有较大差距；除此之外，北京和上海地区的低碳经济发展和土地集约利用水平一直非常稳定，尤其是北京地区，从2000～2009 年，北京地区低碳经济发展水平一直处于全国第二，2010 年上升为全国第一，土地集约利用水平一直处于全国第二，由于北京地区在低碳经济发展和土地集约利用两方面的稳定性较高，虽然其低碳经济发展水平要弱于上海地区，但是耦合协调发展度高于上海。综上可以看出，获取较高的耦合协调发展度，不但需要低碳经济发展和土地集约利用具有较高的发展水平，而且在发展过程中，低碳经济发展和土地集约利用两者要保持稳定。

2）中部地区

从变化趋势来看，中部地区耦合协调发展度呈现集聚态势。2000 年，中部地区协调耦合度的标准差为 0.040，均小于东部地区（0.088）和西部地区（0.085）；2005 年，中部地区协调耦合度的标准差降至 0.025，后续几年在 0.025 上下波动，而东部地区的标准差上升至 0.012。中部地区耦合协调发展度呈现集聚的主要原因是中部地区的几个省市区的低碳经济发展和土地集约利用水平比较平均，地区差异不明显，从 2000～2010 年低碳经济和土地利用水平排名变化也可以看出，相较于东部和西部地区，中部地区的各省份排名差距较小，没有出现东部和西部地区个别省份排名距离平均排名较大的现象。单独分析中部地区，江西和山西两省的耦合协调发展度要略差于其他省份，相较于其他省份，江西和山西两省是煤炭生产大省，能源生产是两省的支柱产业，资源消耗过程中易产生大量的温室气体，与低碳经济的宗旨相违背。从排名角度来看，山西省和江西省低碳经济排名均居全国各省份的 21 名之后，给其低碳经济和土地集约利用的协调发展带来不利因素，所以两省的耦合协调发展度较低。

3）西部地区

和中部地区类似，西部地区的耦合协调发展度也呈现集聚趋势，在逐年上升的总体趋势下，部分省市区（宁夏、青海、四川、内蒙古）呈现出较强的波动现象，体现了西部地区的低碳经济发展与土地集约利用协调情况具有一定的不稳定性。2000 年，西部地区耦合协调发展度从高到低依次为：广西、重庆、新疆、云南、宁夏、青海、陕西、内蒙古、四川、甘肃、贵州；2000～2010 年，各地区耦合协调发展度虽然都呈现总体上涨的趋势，但是由于上涨速度的差异，到 2005年，耦合协调发展度从高到低依次为：重庆、四川、陕西、广西、内蒙古、甘肃、新疆、宁夏、云南、贵州、青海；到 2010 年，耦合协调发展度从高到低依次为：陕西、重庆、内蒙古、四川、广西、宁夏、贵州、云南、新疆、甘肃、青海。波动比较明显的集中于内蒙古、四川、青海、新疆四个面积较大的省份，和土地集约利用的波动情况相吻合。说明了低碳经济和土地集约利用单方面的波动与变化，会给两者的耦合协调发展度带来影响。

为更加准确客观地分析东部、中部和西部的耦合协调发展度的差异情况，对东部、中部、西部的耦合协调发展度的平均值进行统计。从图 9-14 中可以明显看出前文所说的耦合协调发展度比较结果：东部地区最高，中部地区次之，西部地区最低，说明东部地区的低碳经济发展水平和土地集约利用水平两者交互耦合协调度高于中部和西部。从 2000～2010 年的 11 年间，东部地区耦合协调发展度上涨 0.094，和中部地区的 0.086 及西部地区的 0.111 基本上持平，但是从增长比例角度来看，从 2000～2010 年的 11 年间，东部地区耦合协调发展度仅增长 20%，而中部地区增长 26%，西部地区增长比例最高，为 46%，出现上述问题主要是由于三个地区增幅相差不大的情况下，中部地区和西部地区的初期耦合协调发展度较低造成的。

对耦合协调发展阶段进行分析（图 9-15），首先统计计算所有省市区的耦合协调发展度的平均值为 0.449，标准差为 0.135。根据耦合协调发展阶段的划分方法可以得出，2000 年时，全国仅有北京和上海两市的耦合协调发展度处于协调阶

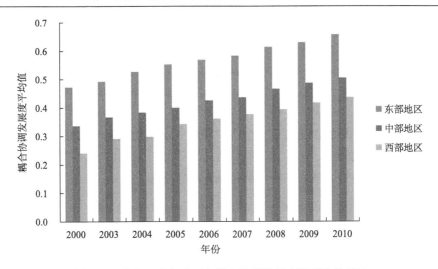

图 9-14　东部、中部和西部耦合协调发展度的平均值统计

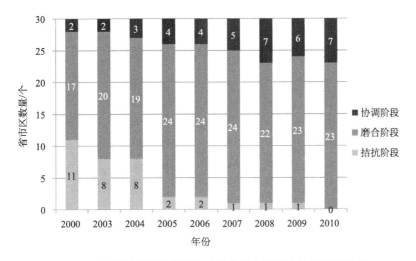

图 9-15　全国低碳经济发展与土地集约利用耦合协调发展阶段

段（$H \geqslant 0.584$），低碳经济发展与土地集约利用关系优化协调，此时低碳经济发展推动土地集约利用，土地集约利用促进低碳经济发展；绝大部分省市区处于磨合阶段（$0.314 \leqslant H < 0.584$）和拮抗阶段（$H < 0.314$），其中有 17 个省市区处于磨合阶段，大部分是东部省市区和中部省市区，低碳经济发展与土地集约利用虽然失调却趋于优化状态，低碳经济发展与土地集约利用互相制约着发展，低碳经济发展通过产业结构调整胁迫土地利用结构，影响土地集约利用，而土地利用结构调整的滞后性约束了产业结构，进而影响了低碳经济发展；有 11 个省市区处于拮抗阶段，大部分为西部省市区，低碳经济发展与土地集约利用的关系严重失调，

此时，低碳经济发展和土地集约利用相互制约，相互牵制。到 2005 年，处于协调阶段省市区个数上升为 4 个，全部来自东部地区，处于磨合阶段的省市个数增加到 24 个，处于拮抗阶段的省市区仅有贵州和青海两地。到 2010 年，处于协调阶段的省市区个数上升为 7 个，也都来自于东部地区，其余省市区均处于磨合阶段。但从所处阶段分析，协调阶段和磨合阶段的城市个数刚开始呈现增长状态，2008 年以后平稳波动，与之相反的是，磨合阶段的省市区数量刚开始呈现下降状态，2008 年之后逐步趋于 0。阶段评价和该省所处的地区关联性较大，说明了低碳经济和土地集约利用耦合协调发展度变化具有地域阶梯性。

2. 相对发展度结果及分析

利用得到的低碳经济发展水平和土地集约利用水平的标准化处理结果，通过式（9-13）核算 2000～2010 年全国各省市区的低碳经济发展水平和土地集约利用水平的相对发展度，结果统计见表 9-17。

表 9-17　全国各省市区低碳经济发展与土地集约利用的相对发展度

省市区	2000 年	2003 年	2004 年	2005 年	2006 年	2007 年	2008 年	2009 年	2010 年
安徽	1.025	1.032	0.977	1.066	1.203	1.163	0.937	0.922	0.961
北京	1.293	1.211	1.037	0.992	1.088	1.126	1.078	0.978	0.936
福建	1.140	1.192	1.053	1.117	1.185	1.089	1.081	1.038	1.141
甘肃	2.016	1.136	0.873	0.935	1.058	1.091	1.079	1.018	0.971
广东	1.314	1.791	1.885	1.765	1.705	1.948	1.642	2.003	1.896
广西	0.929	0.888	0.738	0.969	0.854	0.793	0.803	0.845	0.865
贵州	0.082	0.302	0.737	0.850	0.853	0.924	0.756	0.968	0.620
海南	0.975	0.951	0.853	0.891	0.670	0.762	0.695	0.741	0.738
河北	0.960	0.979	0.881	0.920	0.971	0.897	0.845	0.847	0.765
河南	1.074	1.032	0.903	1.026	1.025	0.974	0.919	0.952	1.023
黑龙江	1.086	1.139	1.142	1.306	1.221	1.138	0.859	1.126	1.174
湖北	0.939	1.035	0.771	1.045	0.916	1.094	1.047	1.074	1.126
湖南	1.204	1.030	0.880	1.124	0.896	0.931	0.953	0.919	0.992
吉林	1.160	1.097	1.091	1.116	1.161	1.057	1.137	1.152	1.083
江苏	1.237	1.345	1.268	1.294	1.359	1.359	1.394	1.449	1.516
江西	1.469	0.951	0.906	0.964	1.067	0.970	0.730	0.811	0.863
辽宁	1.222	1.322	1.169	1.176	1.228	1.188	1.040	1.186	1.246
内蒙古	0.691	0.738	0.508	0.956	0.552	0.902	0.689	0.999	1.029
宁夏	0.997	0.997	0.629	0.672	0.659	0.641	0.627	0.653	0.720

续表

省市区	2000 年	2003 年	2004 年	2005 年	2006 年	2007 年	2008 年	2009 年	2010 年
青海	1.796	0.908	0.402	0.610	0.646	0.419	0.371	0.339	0.430
山东	1.042	1.223	1.128	1.200	1.171	1.224	1.279	1.254	1.311
山西	0.818	0.761	0.554	0.780	0.947	0.948	0.686	0.939	0.840
陕西	2.539	1.605	1.572	1.364	1.409	1.136	0.637	1.012	1.144
上海	0.857	0.696	0.708	0.676	0.650	0.661	0.626	0.636	0.652
四川	2.738	1.537	1.165	1.175	1.446	1.279	1.169	1.206	1.291
天津	1.113	1.178	1.030	1.069	0.989	1.052	0.942	0.812	0.776
新疆	0.682	0.729	0.633	0.588	0.819	0.735	0.836	0.828	0.799
云南	0.819	0.752	0.691	0.849	0.974	0.773	0.782	0.773	0.822
浙江	0.907	1.061	1.021	1.081	1.125	1.257	1.155	1.210	1.207
重庆	0.912	1.295	1.126	1.057	1.162	0.953	0.847	0.875	0.876

　　通过表 9-17 可以看出，不同于耦合协调发展度，全国各省市区的低碳经济发展与土地集约利用的相对发展度没有呈现上升的发展趋势，2000～2010 年，不同省市区的相对发展度分别呈现了上升、波动和下降三种变化类型，为便于比较分析，按照上述三种变化类型对各省市区进行分类（图 9-16～图 9-18）。

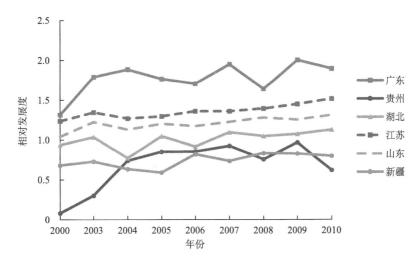

图 9-16　上升趋势地区各省市区 2000～2010 年相对发展度变化图

　　可以看出，全国各省市中低碳经济发展和与土地集约利用相对发展度上升的仅是少数，大多数城市的相对发展度处于波动和下降趋势，整体来看，处于上升和下降趋势的省份也呈现了局部波动性，反映了全国各省市的低碳经济与土地集约利用两者的发展呈现一个此消彼长的情况。不同于耦合协调发展度，相对发展度的上升、波动和下降趋势的省市没有明显的地域现象，说明了相对发展度随时间变化情况和该省份所处的地区关系较弱。

1）上升趋势地区

全国仅有广东、山东、江苏、湖北、贵州和新疆6个省市区的相对发展度随时间呈现上升趋势。其中东部地区有3个，中部地区和西部地区各有1个和2个。说明了相对发展度随时间变化趋势和地理位置没有必然的关系。但是低碳经济发展速度快于土地集约利用的原因具有一定的地域性，东部地区和中部地区主要是由于政策等方面引导低碳经济发展过快导致的，而西部地区则是因为土地集约利用水平发展缓慢造成的。

2）波动趋势地区

全国有安徽、福建、广西、河南、黑龙江、吉林、辽宁、内蒙古、宁夏、山西、浙江11个省市区的相对发展度随时间呈现波动趋势。其中东部地区有3个，中部地区和西部地区各有5个和3个。其中绝大部分省市区，相对发展度在1上下波动时，低碳经济发展与土地集约利用处于良性的发展状态，由于两者不可能实现完全同步的发展，出现小幅的波动属于发展过程的必然现象，但是对于宁夏、山西和内蒙古三地，相对发展度在0.8附近波动，说明了低碳经济滞后于土地集约利用。目前我国大力宣传低碳经济发展，具体到实施阶段主要集中于东部地区，而中西部处于经济发展中期，单纯追求经济利益，忽视了低碳发展的重要性。

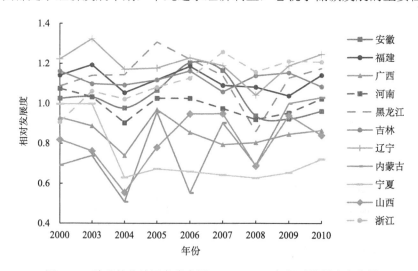

图9-17　波动趋势地区各省市区2000~2010年相对发展度变化图

3）下降趋势地区

全国有北京、甘肃、海南、河北、湖南、江西、青海、陕西、上海、四川、天津、云南、重庆 13 个省市区的相对发展度随时间呈现下降趋势。其中东部地区有 5 个，中部地区和西部地区各有 2 个和 6 个。其中绝大部分省市区，从相对发展度大于 1 的状态下降到 1 附近，说明了低碳经济和土地集约利用的相对发展情况从低碳经济发展快于土地集约利用的状况得到了优化。

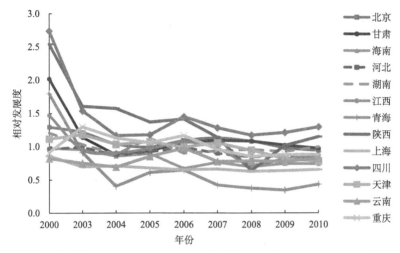

图 9-18　下降趋势地区各省市区 2000～2010 年相对发展度变化图

基于低碳经济与土地集约利用的相对发展状态，耦合协调发展类型被划分为滞后发展状态、同步发展状态与超前发展状态（图 9-19～图 9-22）。

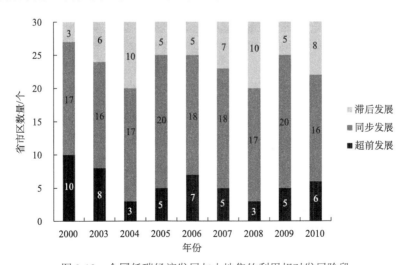

图 9-19　全国低碳经济发展与土地集约利用相对发展阶段

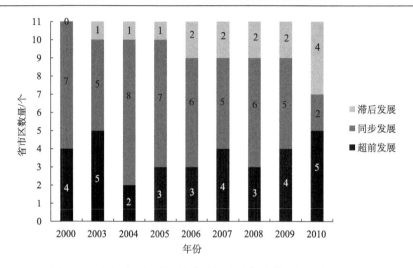

图 9-20　东部地区低碳经济发展与土地集约利用相对发展状况

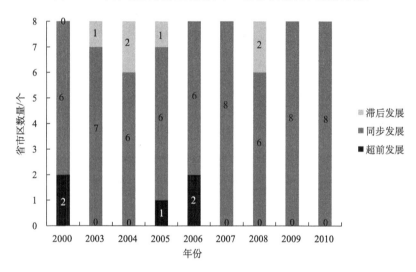

图 9-21　中部地区低碳经济发展与土地集约利用相对发展状况

滞后发展状态，即低碳经济发展滞后于土地集约利用进程，低碳经济会制约土地集约利用，低碳经济处于发展初期。2000 年有 3 个省市区，均位于西部地区；2005 年有 5 个省市区，东部地区和中部地区各为 1 个，西部地区为 3 个；2010 年有 8 个省市区，东部地区和西部地区各有 4 个。可以看出，处于滞后发展状态的省市区主要集中于西部地区，低碳经济处于发展初期甚至是尚未开始的阶段，没有重视低碳经济可以带来的长远利益，因此，应该在西部地区加大低碳经济宣传力度和政策引导，对低碳经济发展进行内部潜力挖掘。

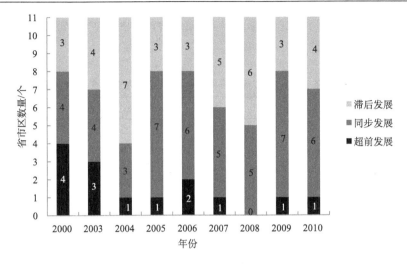

图 9-22　西部地区低碳经济发展与土地集约利用相对发展状况

同步发展状态，即低碳经济发展同步于土地集约利用进程，低碳经济会推动土地集约利用。2000 年有 17 个省市区，东部地区占 7 个，中部地区占 6 个，西部地区占 4 个；2005 年有 20 个省市区，东部地区占 7 个，中部地区占 6 个，西部地区占 7 个；2010 年有 16 个省市区，东部地区占 2 个，中部地区占 8 个，西部地区占 6 个。可以看出，全国有 50% 以上的省市区处于同步发展状态，主要集中于中部地区，在低碳经济持续发展的同时，土地集约利用水平也得到了提高。另一方面，全国处于同步发展状态的省市区数量一直处于波动状态，说明了低碳经济和土地集约利用同步发展的不稳定性，因此，发展过程的调控应该兼顾低碳经济和土地集约利用，促使两者互相促进。

超前发展状态，即低碳经济发展超前于土地集约利用进程，一方面，低碳经济发展快速发展，另一方面，过快的低碳经济发展会带来负面影响，例如牺牲土地集约利用水平。2000 年有 10 个省市区，东部地区和西部地区各占 4 个，中部地区占 2 个；2005 年有 5 个，东部地区占 3 个，中部地区和西部地区各占 1 个；2010 年有 6 个，东部地区占 5 个，西部地区占 1 个。处于超前发展的省市区，主要来自于东部地区，低碳经济处于发展后期，过多的精力集中于低碳经济，可能会顾此失彼，因此，应该在综合利益最大化原则基础上统筹低碳经济发展和土地集约利用。

3. 耦合发展阶段分析

根据已经解算的低碳经济发展与土地集约利用的耦合协调发展度（表 9-16）和相对发展度（表 9-17），结合本书划分的低碳经济发展与土地集约利用的耦合协调发展阶段类型，得到 2000～2010 年全国各省市区的低碳经济发展和土地集约利用的耦合协调发展类型（表 9-18）。

表 9-18　全国各省市区低碳经济发展与土地集约利用的耦合协调发展类型

省市区	2000 年	2003 年	2004 年	2005 年	2006 年	2007 年	2008 年	2009 年	2010 年
安徽	V	V	V	V	IV	V	V	V	V
北京	I	I	II	II	II	II	II	II	II
福建	V	V	V	V	V	V	V	V	V
甘肃	VII	VIII	VIII	V	V	V	V	V	V
广东	IV	IV	IV	IV	IV	IV	IV	IV	I
广西	V	V	VI	V	V	VI	V	V	V
贵州	IX	IX	IX	VIII	VIII	II	III	II	III
海南	V	V	V	V	VI	VI	VI	VI	VI
河北	V	V	V	V	V	V	V	V	VI
河南	V	V	V	V	V	V	V	V	V
黑龙江	V	V	V	IV	IV	V	V	V	IV
湖北	V	V	VI	V	V	V	V	V	V
湖南	IV	V	V	V	V	V	V	V	V
吉林	V	V	V	V	V	V	V	V	V
江苏	IV	IV	IV	I	I	I	I	I	I
江西	VII	V	V	V	V	V	VI	V	V
辽宁	IV	IV	V	V	IV	V	V	V	IV
内蒙古	IX	IX	IX	V	VI	V	VI	V	V
宁夏	VIII	VIII	IX	VI	VI	VI	VI	VI	VI
青海	VII	VIII	IX	IX	IX	IX	IX	IX	VI
山东	V	IV	IV	IV	V	IV	I	I	I
山西	VIII	IX	IX	VI	V	V	VI	V	V
陕西	VII	IV	IV	IV	IV	V	VI	V	V
上海	II	III	III	III	III	III	III	III	III
四川	VII	IV	V	V	IV	IV	V	IV	IV
天津	V	V	II	II	II	II	II	II	III
新疆	IX	IX	IX	VI	V	VI	VI	V	VI
云南	VIII	IX	IX	V	V	VI	VI	VI	V
浙江	V	V	V	V	II	I	II	I	II
重庆	V	IV	V	V	V	V	V	V	V

2000 年各有 1 省市区为Ⅰ类和Ⅱ类，Ⅳ类为 4 个，Ⅴ类为 13 个，Ⅶ类为 5 个，Ⅷ类和Ⅸ类各为 3 个，无Ⅲ类和Ⅵ类；2005 年 2 省市为Ⅱ类，4 省市为Ⅳ类，17 省市为Ⅴ类，3 省市区为Ⅵ类，Ⅰ类、Ⅲ类、Ⅷ类和Ⅸ类各为 1 个，无Ⅶ类；2010 年各有 3 省市区为Ⅰ类、Ⅲ类和Ⅳ类，Ⅱ类有 2 个，Ⅴ类有 14 个，Ⅵ类有 5 个。随着时间的推移，处于Ⅶ类、Ⅷ类和Ⅸ类的省市逐渐减少，到 2010 年没有省市的耦合协调发展度发展阶段处于以上三种类型，而Ⅰ类、Ⅱ类和Ⅲ类的数量在不断增加，表明我国各省市区低碳经济发展与土地集约利用的耦合协调发展状况打破原有的拮抗阶段，呈现螺旋上升趋势。

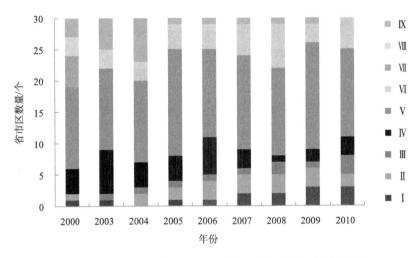

图 9-23　全国低碳经济发展与土地集约利用耦合协调发展类型

9.3.3　空间聚类分析

1. 空间聚类分析计算方法

为分析低碳经济发展和土地集约利用的协调发展度的空间分布情况，运用 ArcGIS 的空间相关性分析功能和热点分析模块，计算了全局莫兰 I 数和局部杰瑞指数 L：

$$Y = f(I)I = \frac{N}{\sum_i \sum_j w_{i,j}} \frac{\sum_i \sum_j w_{i,j}(x_i - \bar{x})(x_j - \bar{x})}{\sum_i (x_i - \bar{x})^2} \tag{9-14}$$

$$L_i = \frac{\sum_j (w_{i,j} \times x_j)}{\sum_j x_j} \tag{9-15}$$

式中，N 为样本总数；$w_{i,j}$ 为空间权重矩阵；当区域 i 和 j 邻近时取 1，x_i、x_j 分别为所研究的属性值；$\bar{x}$ 为 x 的平均值。

全局莫兰指数可以反映出区域属性值的分布是否是集聚、离散或者随机分布模式。全局莫兰指数的值域为[-1, 1]，取值为-1 表示完全负相关，取值为 1 表示完全正相关，而取值为 0 表示不相关。

在进行相关分析之前，我们需进行零假设，认为所研究对象是完全空间随机的、不相关的，并通过 Z 检验来探究要素分布是否具有显著性，本书基于 5%显著水平，$Z_5 = 1.960$。利用 ArcGIS 求取全局莫兰 I 数过程中可以得到 Z 检验值。

2. 结果与分析

借助 ArcGIS 分析工具，利用式（9-14）和式（9-15）解算 2000～2010 年全国各省市区低碳经济发展与土地集约利用的耦合协调发展度和相对发展度的全局莫兰指数和对应的 Z 检验值（表 9-19）。

表 9-19　全国各省市区耦合协调发展度与相对发展度聚类分析结果

		2000 年	2003 年	2004 年	2005 年	2006 年	2007 年	2008 年	2009 年	2010 年
耦合协调	莫兰 I 数	0.486	0.502	0.519	0.498	0.528	0.522	0.521	0.544	0.566
发展度	Z 检验	4.382	4.511	4.614	4.566	4.744	4.716	4.646	4.885	5.05
相对发展度	莫兰 I 数	0.049	-0.058	-0.039	0.062	-0.077	-0.065	-0.054	-0.099	-0.024
	Z 检验	0.726	-0.196	-0.042	0.823	-0.356	-0.268	-0.166	-0.579	0.089

通过表 9-19 和图 9-24 可以看出，耦合协调发展度的 Z 检验值均大于 3，说明了耦合协调发展度空间分布格局是完全随机的概率相当小，结合全局莫兰 I 数结果看出，全局莫兰 I 数均大于 0.45，耦合协调发展度呈现相似属性的集聚状态，而且其相似属性的程度随时间在不断提高；相对发展度的 Z 检验值在 0 值附近，说明了相对发展度空间分布格局是完全随机的概率相当大，结合全局莫兰指数结果看出，全国各省市区相对发展度呈现空间随机状态，不具有集聚特性。空间聚类分析的结果和前文对耦合协调发展度及相对发展度的空间分布情况分析相符合。

为探索和发现局部空间聚类分布特征，研究全国各省市区耦合协调发展度集聚程度的高值和低值，利用 ArcGIS 的热点分析模块，结合局部杰瑞指数计算公式，核算全国各省市区的耦合协调发展度的局部杰瑞指数（图 9-25）。由于相对发展度空间分布格局呈现空间随机状态，所以本书只将耦合协调发展度作为研究对象，图 9-25 为 2000 年和 2010 年的耦合协调发展度局部杰瑞指数空间分布差异状况，图中局部杰瑞指数分为-4～-2、-2～-1、-1～-0.2、-0.2～1.1、1.1～3五类。

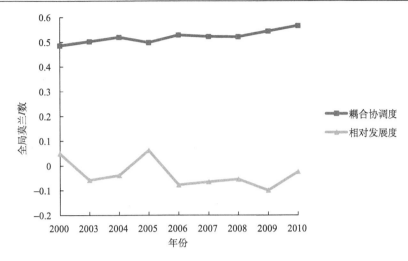

图 9-24　全国各省市区耦合协调发展度和相对发展度聚类分析变化图

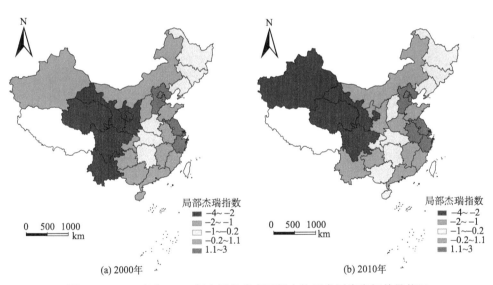

图 9-25　2000 年和 2010 年全国各省市区耦合协调发展度空间差异状况

　　可以看出，耦合协调发展度的高值空间集聚区位于东部地区，尤其是北京、天津、河北、江苏、上海和浙江几个省市区，说明该地区不仅仅是自身耦合协调发展度具有显著性正特性（耦合协调发展度较高），而且其周边或者说在此片区域内的耦合协调发展度同样具有显著性正特性，体现了京津唐经济圈和长三角经济圈耦合作用。而低值空间集聚区位于西部地区，尤其是青海、甘肃和四川三省，2000 年和 2010 年的局部杰瑞指数均处于–2 以下，该三省及其周边省市区的耦合协调发展度具有显著性负特性。分析 2000～2010 年各省市区局部杰瑞指数的变化情况，2000 年局部杰瑞指数位于[1.1～3]区间的为 6 个省市区，而 2010 年增加为 7 个省市区；2000 年局部杰瑞指数位于[−4～−2]区间的为 6 个省市区，而 2010 年减少为 4 个省市区。可以看出，从局部杰瑞指数的角度分析，耦合协调发展度的集聚状态呈现了增长的趋势，和全局莫兰指数反映的情况相符合。东部地区各省市区局部杰瑞指数较高，反映出东部地区各省市区低碳经济发展和土地集约利用的耦合协调发展度变化具有同步性，省市区之间联系紧密，且保持了较高的稳定状态；而西部和中部地区的耦合协调发展度局部杰瑞指数较低，说明了中西部各省市区发展彼此独立性太强，之间合作太少，即使部分省市区的低碳经济发展和土地集约利用耦合协调程度较高，但是并没有带动周边省市区的共同发展。

第10章　当前土地集约利用的启示与政策创新

10.1　主　要　启　示

本研究试图对经济发展方式与土地利用方式之间的关系进行分析，找出不同经济发展阶段土地利用方式变化的规律，找出转变经济发展方式与土地集约利用的内在联系；在转变经济发展方式背景下，分析土地集约利用的驱动因素和制约因素，着重分析产业结构调整及新型经济发展方式对土地集约利用的影响机理。通过研究，得出以下主要启示。

1. 转变经济发展方式要求土地利用方式由粗放利用转向集约利用

在不同的经济发展阶段，随着经济发展方式的转变、工业化和城市化水平的提高以及产业结构的演进，资本和土地等要素的相对价格不断变化，土地利用集约度呈现出一定的规律：在初级经济阶段，由于资本短缺及技术水平低下，市场发育欠缺，主要通过大量投入土地、廉价劳动力等要素资源来实现经济的起步，土地资源配置以非市场方式为主，土地利用呈现粗放的态势；进入工业化初期阶段后，经济数量上的增长是经济发展的主要目标，虽然资本短缺现象有所缓解，但是资金短缺依然是很多地区面临的难题，很多地方政府选择了低地价招商引资的策略，在土地资源配置中，市场和非市场两种方式并存，土地利用集约水平有所提高，但总体上还处于较为粗放状态；进入工业化中期后，随着资本短缺问题的缓解，土地利用方式已开始从粗放型向集约型转变，土地集约利用水平比前面两个阶段大大提升；进入工业化后期后，资本已经相当充裕，而土地资源却显得日益稀缺，政府和土地使用者倾向于以资本和技术替代土地，土地被高度集约利用。但是，我国当前土地利用与转变经济发展方式之间还存在很多矛盾，包括土地资源浪费、闲置严重，土地单位产出偏低，人均建设用地面积过大、容积率偏小，土地利用科技含量低，能源消耗较高，环境污染严重等，这种土地利用方式与转变经济发展方式的要求是格格不入的，土地利用方式必须要向集约用地转变。

2. 转变经济发展方式背景下土地集约利用既有驱动因素也有制约因素

本书对土地集约利用的影响因素进行了分析，分析结果表明：我国日益紧张的人地关系、严格的耕地保护、经济增长和快速发展的工业化和城市化、科学发展观的贯彻落实、严峻的国际竞争压力、土地取得成本的上升、集约用地优惠政策的出台等对土地集约利用发挥了积极的作用，促使政府和土地使用者提高土地集约利用水平。与此同时，土地利用规划管制、土地利用的知识和技术、体制因素（主要是"分灶吃饭"的财政体制是政绩考核体制）、资金财力、中央政府与地方政府之间的博弈、土地投机、多占少用等因素对土地集约利用产生了制约作用。

3. 产业集聚和产业结构优化能够促进土地集约利用水平的提高

产业结构调整必然对土地资源的配置提出新的要求，合理的土地利用方式就是要与产业结构的不同发展阶段相适应。产业结构演进与土地利用变化具有内在的必然联系：土地资源的利用直接影响和制约着产业结构的发展演进；产业结构演进影响土地资源的利用方式、结构和空间布局，影响土地资源的配置效率；产业集聚促进了各种功能用地结构的调整和优化，极大地提高了土地集约利用水平，企业内部规模经济、产业内部规模经济与区域内部规模经济构成了产业集聚的集聚经济效应，是区域土地集约利用的内在经济动力；产业结构优化对土地利用强度和投入水平、土地产出综合效益、土地利用结构和布局、土地利用主体行为与意识等方面产生了积极影响，促进了土地集约利用水平的提升。

4. 新型经济转型能够促使工业土地利用方式由粗放转向集约

合理的土地利用方式就是要与不同时期经济发展结构、程度相适应，因此，工业化、产业结构演进、经济增长方式转变带来的经济发展水平提高、技术进步、投资结构、劳动力数量与质量以及能源消耗水平结构的变化，必然会对土地资源配置利用提出新的要求，从而影响工业用地的利用方式、利用强度、利用结构和空间布局以及产出效益等，达到促进土地集约利用水平提升的效果。我国的经济转型尚未完成，整体的经济发展水平不高，工业产业内部结构调整、经济发展方式转变都还处于不断探索与发展的阶段，并且各项技术保障、政策支持都还没有落实到位，因此，总体上看，资本、劳动力仍然是经济转型时期工业土地集约利用的两大主要影响因素，科学技术进步对工业土地集约利用水平已有影响，但当前看来影响还相对比较薄弱。

5. 循环经济能够促使土地集约利用水平的提升

循环经济的发展能够促使土地集约利用水平的提升，具体表现在：减量化原则、再利用原则和再循环原则能够对土地集约利用发挥积极的影响；尊重生态规律有利于提高土地利用的综合效益尤其是生态效益，建立和谐的人地关系；循环经济中的"节约资源"思想有助于提高土地资源的利用效率、控制土地利用的规模；循环产业链的发展能够更加有效地实现企业内部规模经济、产业内部规模经济与区域内部规模经济等集聚经济效应，推动区域土地集约利用水平的提高；静脉产业的发展将极大改善土地利用的生态环境，有利于促进土地资源的可持续利用。

6. 低碳经济发展与土地集约利用之间存在耦合关系

首先，低碳经济发展和土地集约利用之间符合耦合的基本特性，满足了耦合条件，具有耦合可能性；其次，本书通过以产业结构为纽带，衔接低碳经济发展与土地集约利用之间的作用关系，理论推导证明低碳经济发展与土地集约利用之间存在耦合关系。低碳经济发展通过经济增长、减小碳排放、技术改进等调整产业结构，产业结构调整迫使和优化土地利用结构和利用方式，通过增加投入产出效益、利用强度及生态保护等促进土地利用经济、社会、生态效益，实现土地集约利用；土地集约利用则对低碳经济发展具有反馈作用，通过合理的资源分配，充分利用土地功能，结合市场和政策支撑和约束产业结构，增加高效产业用地，降低高碳产业用地，优化工业布局，形成产业集聚，在实现经济增长的同时减少碳排放或降低碳排放强度，促进低碳经济发展的实现。

7. 低碳经济发展与土地集约利用耦合协调发展度均向着协调阶段发展

从 2000～2010 年的 11 年间，东部地区耦合协调发展度仅增长 20%，而中部地区增长 26%，西部地区增长比例最高，为 46%。从所处阶段分析，耦合协调发展度协调阶段和磨合阶段的城市个数刚开始呈现增长状态，2008 年以后平稳波动，与之相反的是，磨合阶段的省市刚开始呈现下降状态，2008 年之后逐步趋于 0。对东部、中部和西部整体比较可以看出，低碳经济发展与土地集约利用的耦合协调发展度水平为东部地区最好，中部地区次之，西部地区最差。随着时间推移，东部地区耦合协调发展度变化分层现象一直存在，并且在中间年份分层现象愈加明显。中部地区和西部地区的耦合协调发展度均呈现集聚趋势，在上升发展总体趋势下，西部地区部分省市区（宁夏、青海、四川、内蒙古）呈现出较强的波动现象，波动趋势和土地集约利用的波动情况相吻合。说明西部地区的低碳经济发展与土地集约利用协调情况具有一定的不稳定性，低碳经济和土地集约利用单方面的波动和变化，会给两者的耦合协调发展度带来影响。全国范围内，耦合协调发展度呈现相似属性的集聚状态，而且其相似属性的程度随时间在不断提高；全国各省市区相对发展度呈现空间随机状态，不具有集聚特性。耦合协调发展度的高值空间集聚区位于东部地区，尤其是北京、天津、河北、江苏、上海、浙江、广东几个省市区，局部杰瑞指数较高，反映了东部地区低碳经济发展与土地集约利用耦合协调发展，且这些省市区属于环渤海、长三角、珠三角等经济圈，具有明显的群体性和同质性，省市区之间联系紧密，通过资源、产业等整合保持较高的稳定状态；而低值空间集聚区位于西部地区，尤其是青海、甘肃和四川三省，耦合协调发展度局部杰瑞指数较低，说明了中西部各省市区发展彼此独立性太强，各省市区之间合作联系较少，资源、产业、管理等缺乏有效整合，未形成强核经济圈，即使部分省市区的低碳经济发展和土地集约利用耦合协调程度较高，但并未带动周边省市区的共同发展，集聚竞争力差。由此可见，发展经济圈对低碳经济发展与土地集约利用耦合发展具有重要意义。

10.2　政　策　创　新

1. 建立供地标准，提高供地门槛

根据产业结构优化与布局调整的要求，确定不同区域产业发展的重点，并制定不同的用地标准。对于产业用地，可以从容积率、投资强度、产出强度等方面提高供地门槛，以促使土地使用者提高土地集约利用水平。当然，随着社会经济的发展和科学技术的进步以及产业的转型升级，供地门槛可以进一步提升。

2. 加大处置闲置土地的力度

尽快出台闲置、空闲土地处置与流转管理办法，加大存量建设用地盘活与处置力度，提高土地利用率水平。对空闲土地要想方设法盘活，加大对关停并转、迁移或破产倒闭企业用地的处置力度，使有限的土地资源发挥产生更好的用地效益；对于闲置土地，要加强检查、督促使用，闲置一年以上的要收取闲置费，闲置两年以上的需要坚决收回土地、重新出让。对于有土地闲置的企业或用地单位，限制其再次参与土地竞买，对其向金融机构贷款、上市融资也需要加以约束。

3. 加大"三旧"改造力度，加强存量土地挖潜

加大"旧城镇、旧厂房、旧村庄"改造力度，可通过适当提高容积率、降低出让金、减免有关税费等办法，提高开发商参与"三旧"改造的积极性。通过明晰土地产权、量化土地资产价值，促使存量土地资产以不同的价格进入相应市场进行交易，实现土地的产权流动与重组，达到生产要素与土地资源的优化配置。积极引导土地使用者使用未利用地和废弃地。国土资源管理部门要对适宜开发的未利用地做出规划，引导和鼓励将适宜建设的未利用地开发成建设用地；积极复垦利用废弃地，对因单位撤销、合并、迁移等原因停止使用，以及经核准报废的公路、铁路、机场、矿场、学校等使用的原划拨土地，应依法及时收回，重新安排使用。

4. 优化土地利用结构与布局, 合理拓展用地空间

按照产业转移、产业集聚与结构优化的规律, 提高优势、特色、高技术产业用地比例, 坚决杜绝高能耗、低水平重复建设项目。通过土地利用结构的优化, 促进用地的合理布局, 并为高层次的产业提供用地空间, 使土地利用的功能结构更加合理、高效。在土地利用结构中, 除了要降低行政办公及生活服务设施用地比例外, 还需要采用市场化配置资源的手段, 将区位地段优越的土地配置给经济效益好、科技含量高、能源消耗低、环境污染少的用地项目。此外, 还要积极鼓励土地的立体利用, 开发利用土地的地上地下空间。对现有工业用地, 在符合规划、不改变用途的前提下, 采取优惠政策鼓励土地使用者增加容积率、提高土地地下空间的利用率。

5. 加大对科技创新的投入, 优先保障新兴产业和高新技术产业用地需求

在人地矛盾日益尖锐的情况下, 增加科研投入, 提高人们的土地利用知识、水平及自主创新能力, 加快科技成果向现实生产力转化, 积极培养和引进技术人才, 大力应用和推广先进的科技成果, 发展现代产业, 实现以物质资源大量消耗为基础的增长向以科技进步、劳动者素质提高、管理创新转变为基础增长的转变。在产业结构优化与布局调整中, 应当优先保障战略性新兴产业、高新技术产业和服务业的用地, 对于电力、煤炭、焦炭、电石、钢铁、有色金属、建材等行业的落后生产能力, 则要限制用地需求, 对于国家产业目录中禁止类的产业, 则要禁止供应土地。

6. 加强土地批后跟踪管理, 提高用地者集约用地意识

政府在土地出让合同中, 应明确对投资强度、容积率等指标的要求, 由土地使用者对项目的开工期、竣工期等做出书面承诺, 到期后, 国土资源管理等相关政府部门对土地使用者用地情况进行审核, 按合同条款对项目进行竣工验收, 对不按合同进行建设的, 不予发放土地证, 或者核减用地面积、收取土地违约金或土地闲置费, 或者依法收回土地使用权。企业按承诺实现投资强度、容积率、建筑密度等集约用地量化指标, 则在土地相关税费等环节予以奖励, 以进一步提高企业的集约用地水平。

7. 加大土地利用生态环境的保护

为了适应经济发展方式由粗放型向集约型转变, 在今后的土地利用中就需要大力推进节能减排, 积极发展资源消耗低、环境污染少的产业和项目, 加快建设资源集约型、环境友好型社会; 积极发展循环产业和低碳产业, 提高林地面积规

模，控制耕地、牧草地、沼泽和滩地面积减少速度以及建设用地的扩展速度，促进其他未利用地面积向林地、牧草地和耕地转换，强化建设用地预审管理，严禁破坏与损毁土地，注重用地与养地相协调，使土地资源能够多次使用、永续利用；积极引导社会公众崇尚低碳生活方式，降低土地利用的能源消耗水平和环境污染水平，保护土地利用的生态环境。

8. 完善土地市场机制，提高土地供应市场化程度

土地市场的发育程度会影响土地集约利用的机制选择和作用效率，而完善的土地市场机制是合理配置土地资源、提高土地集约利用水平的内在机制基础。因此，要深化土地市场化改革，促进土地市场发育，并采取相应措施建立健全土地利用的市场机制，以充分发挥市场机制优化资源配置、促进集约用地的作用。不管是对商业、旅游、娱乐、商品住宅等经营性用地，还是对于工业用地，都必须严格实施招标拍卖挂牌等公开出让方式，增强土地供应市场化、透明化程度，严禁用地者与农村集体经济组织或个人签订协议圈占土地，通过补办用地手续规避招标拍卖挂牌出让。

9. 推进相关体制改革

前文分析表明，我国"分灶吃饭"的财政税收体制、政绩考核体制等体制因素对土地集约利用产生了不利的影响，应加快推进相关的体制改革。首先，应该对财政税收体制进行改革，改变地方政府对"土地财政"的依赖，减少其"摊大饼"式的进行城市用地扩张、竞相压低工业地价的不良行为。同时，也要改变以往一味考察 GDP 的政绩考核体制，加大对土地集约利用的考核力度，以抑制地方政府在土地上盲目投资、低水平重复建设。

10. 建立土地集约利用激励机制

建立、完善土地集约利用评价工作，根据土地集约利用评价结果，对产业发展绩效好、土地集约利用水平高的乡镇进行用地指标奖励和表彰，并在土地利用、规划的相关方面给予适当的政策倾斜。今后工业项目用地的审批，在不低于省政府出台的协议出让最低价的基础上，制定地价与土地集约度的调节系数，对土地集约度较低的项目用地适当提高供地价格，对土地集约度较高的项目用地适当给予价格优惠。研究出台更加灵活的优惠政策，继续鼓励企业提高投资强度和产出效益，改造现有厂房，提高空间利用率，如在符合规划、不改变用途的前提下，对现有工业用地提高土地利用率和增加容积率的，不再增收土地价款，并给予适当奖励。此外，还需要加强土地集约利用配套制度建设，包括耕地保护制度、土地征收制度、土地储备制度、产权流转登记制度等，加大土地集约利用的宣传教

育，协调产业政策与土地利用政策，促进土地集约利用。

11. 转变经济发展方式，加快新经济发展步伐

转变经济发展方式，重点是推动循环经济、低碳经济的发展，降低资源、能源的消耗，以提高资源利用效率为目标，推动节能、节水、节材、节地工作。加强对制造业重点行业能源、原材料、水资源等消耗定额管理，实现能源的梯级利用、资源的高效利用和循环利用，努力提高资源的产出效益。与此同时，提高资源循环利用率。推广适用的资源循环利用产品与技术，提高制造业废弃物产生量大的重点行业资源综合利用、循环利用水平；建立和完善废旧物资回收利用体系，促进可再生资源回收利用。另外，还要积极发展风能、太阳能等新能源和可再生能源。引进和开发煤清洁技术，开展排污权、碳排放权交易试点，引导有条件的企业参与国际碳交易市场，实现既转变经济发展方式又促进经济增长的双赢效果。要积极引导社会公众崇尚低碳生活方式，降低土地利用的能源消耗，保护生态环境。提高林地比重，维持生态多样化，增加有效碳汇。

12. 加快实施土地集约利用评价进程，建立统一低碳经济发展考核体系

目前，我国还未制定统一的低碳经济发展考核指标体系，而关于土地集约利用评价体系在 2006 年已试行，2013 年，国土资源部已经建立了一套完整的土地集约利用考核体系，统筹考虑东、中、西部，从总量控制、政策引导、加大整治三个层次考核土地集约利用水平，因此，我国应加快全面实施土地集约利用评价进程，摸清我国总体和地区的土地利用布局和利用效率，有针对地出台相关政策；同时，我国应加快建立统一的低碳经济发展考核体系，或在土地集约利用评价体系中增加碳排放指标，低碳经济发展和土地集约利用并重，促进经济发展方式和土地利用模式的耦合协调发展。

13. 动态监测土地利用现状，估算碳增量，实现低碳经济发展信息化

土地是人类赖以生产生活的基础，土地利用状态能够反映低碳经济发展状况。因此，土地利用结构的变化也会引起 CO_2 排放的变化。通过现代化动态遥感监测技术，不仅能够及时动态监测土地利用/覆盖变化，提高执法监察的力度，减少违法用地，而且根据土地利用结构的变化，估算出耕地和建设用地变化量，根据相关估算公式计算碳排放量，及时反馈碳排放量，实现低碳经济的信息化，为实现土地集约利用、低碳经济持续发展提供决策依据。

14. 构建新型产业链，加快产业转型，构建区域经济圈

纵观世界各国应对气候变化所采取的低碳措施，针对我国国情，借鉴国外有

效举措，我国现阶段可重点采取以下措施：①构建新的低碳产业链。缩短高碳产业发展出来的产业链条，高碳产业引申的上、下游产业"低碳化"；注重知识产权和专利的发明保护，提高产品的核心竞争力；②推行高能源消耗向低能源消耗转型。未来一段时间我国对重工业的依赖较大，提高能源利用效率，降低单位产值能耗，是产业转型中的方向，这就要求淘汰落后的技术和生产设备，贯彻实施《清洁生产促进法》等相关的法律法规。除此之外，我国中西部地区应加强区域合作，消除地域界限，整合区域资源和产业，构建区域经济圈，提高区域集聚竞争力。

15. 基于长远利益，研发低碳技术是节能减排、优化产业结构的关键

从长远利益和发展来看，我国还应相应推行低碳技术，发展低碳产业。在研发低碳技术方面，欧盟中的一些国家建立了低碳技术创新技术路线图，通过设定减排目标，认清技术现状，针对各项低碳能源技术设定开发方案。目前，欧盟中的一些国家为求有限开发清洁高效的能源技术，现已投入大量的科研人员和资本，以此来抢占国际能源技术市场。因此，我国应抓住时机，加大高新技术投入，通过制定科学技术发展规划，优先开发低碳技术，提高我国的技术竞争力。

参 考 文 献

鲍健强, 苗阳, 陈锋. 2008. 低碳经济: 人类经济发展方式的新变革[J]. 中国工业经济, (4):
    153-160.

毕宝德. 2005. 土地经济学. 5 版 [M]. 北京: 中国人民大学出版社.

卞兴云, 冉瑞平, 贾燕兵. 2009. 山东省城市土地集约利用时空差异[J]. 地理科学进展, 28(4):
    617-621.

蔡林海. 2009. 低碳经济——绿色革命与全球创新竞争大格局[M]. 北京: 经济科学出版社.

蔡新春. 2007. 克服现实矛盾, 实现耕地保护目标[EB/OL]. http: //www. zgtdxh. org.
    cn/pub/clss/zt/2007tudiriluntan/caixinchun. htm[2010-11-2].

曹蕾, 梁启学, 莫燕, 等. 2008. 基于 SOM 的小城镇土地集约利用评价——以重庆市渝北区为例[J].
    河北农业科学, 12(10): 120-122.

常青, 王仰麟, 吴健生, 等. 2007. 城市土地集约利用程度的人工神经网络判定——以深圳市为
    例[J]. 中国土地科学, 21(4): 26-31.

常艳妮. 2011. PSR 视角下甘肃省城市土地集约利用宏观评价研究[J]. 国土与自然资源研究, (1):
    26-28.

陈春桥. 2011. 基于低碳经济视角的福建省产业结构优化研究[D]. 福州: 福建师范大学.

陈亮. 2008. 农村居民点集约用地调查方法研究[D]. 北京: 中国地质大学.

陈柳钦. 2009. 克鲁格曼等新经济地理学派对产业集群的有关论述[J]. 西部商学评论, (1): 57-73.

陈美球, 何维佳, 刘桃菊, 等. 2009. 当前农户农村居民点用地集约利用意愿的实证分析——以
    江西省为例[J]. 中国农村经济, (8): 63-69.

陈权宝, 聂锐. 2005. 基于 GPCA 的高技术产业技术创新能力演化分析[J]. 中国矿业大学学报,
    34(1): 117-122.

陈元江. 2006. 工业化进程阶段划分与综合测度指标实证[J]. 统计与决策, (11A): 89-90.

陈钊, 陆铭, 王永钦. 2006. 转型的终结? ——再论作为经济发展阶段之函数的政府功能[C]//上
    海市社会科学界联合会. 社会进步与人文素养: 上海市社会科学界第四届学术年会文集
    (2006 年度). 上海: 上海人民出版社.

陈柱兵. 2008. 准确把握转变经济发展方式的深刻内涵[J]. 经济研究参考, (24): 13.

成舜, 白冰冰, 李兰维, 等. 2003. 包头市城市土地集约利用潜力宏观评价研究[J]. 内蒙古师范
    大学学报(自然科学汉文版), 32(3): 271-277.

戴永安, 陈才, 黄馨. 2011. 区域经济增长与建筑业技术效率耦合的空间差异[J]. 经济地理,
    31(5): 766-769.

段莹. 2010. 产业结构高度化对碳排放的影响——基于湖北省的实证[J]. 统计与决策, (23):
    94-95.

范德胜. 2005. 经济转轨时期的中国储蓄和经济增长[J]. 中国社会科学院研究生院学报, (3):

18-22.

方精云, 郭兆迪, 朴世龙, 等. 2007. 1981~2000 年中国陆地植被碳汇的估算[J]. 中国科学(D 辑: 地球科学): 37(6): 804-812.

房鹏飞. 2009. 出口加工区土地集约利用测算与评价[D]. 西安: 西北大学.

费罗成, 程久苗, 沈非, 等. 2008. 区域土地集约利用水平时空比较研究——以中部地区为例[J]. 地域研究与开发, 27(5): 90-94.

冯科, 郑娟尔, 韦仕川, 等. 2007. GIS 和 PSR 框架下城市土地集约利用空间差异的实证研究——以浙江省为例[J]. 经济地理, 27(5): 811-814.

付加锋, 郑林昌, 程晓凌. 2011. 低碳经济发展水平的国内差异与国际差距评价[J]. 资源科学, 33(4): 664-674.

傅沂. 2006. 产业变迁中的路径依赖研究[D]. 广州: 暨南大学.

孕让卓玛. 2010. 开发区土地集约利用评价指标赋权方法研究——以玉环县经济开发区为例[D]. 杭州: 浙江大学.

龚义, 吴小平, 欧阳安蛟. 2002. 城市土地集约利用内涵界定及评价指标体系设计[J]. 浙江国土资源, (2): 46-49.

顾湘. 2007. 区域产业结构调整与土地集约利用研究[D]. 南京: 南京农业大学.

关丽, 王昊, 李广军. 2009. 凶猛拿地缘何有恃无恐？囤地炒地收益多风险少[EB/OL]. http://www.chinanews.com.cn/estate/news/2009/11-06/1951116.shtml[2010-5-5].

郭梅君. 2011. 创意产业发展与中国经济转型的互动研究[D]. 上海: 上海社会科学院.

郭振宁. 2010. 加快转变经济发展方式的几点认识[J]. 发展, (5): 40.

国家统计局城市社会经济调查司. 2009. 中国城市统计年鉴[M]. 北京: 中国统计出版社.

国家统计局能源统计司. 2011. 中国能源统计年鉴 2010[M]. 北京: 中国统计出版社.

国土资源部. 1999-2004. 中国国土资源公报[Z].

国务院第二次全国经济普查领导小组办公室. 2010. 第二次全国经济普查主要数据公报 2008[Z].

海江波. 2009. 农业生态经济系统生态流与价值流耦合机制[D]. 咸阳: 西北农林科技大学.

韩雪亮. 2011. 面板数据中固定效应和随机效应的选择及其应用[EB/OL].http://www.chinavalue.net/[2015-11-2].

何芳. 2003. 城市土地集约利用及其潜力评价[M]. 上海: 同济大学出版社.

何鲁飞. 2009. 数据显示 10 大房企土地储备达 3.05 亿平方米[EB/OL]. http://news.hangzhou.com.cn/jjxw/content/2009-10/10/content_2813111.htm[2009-10-12].

何瑞东. 2007. 开发区土地集约利用评价方法研究——以兰州高新技术开发区为例[J]. 甘肃科技, 23(8): 85-86.

何伟, 叶晓峰. 2000. 我国城市土地利用状况近观透视[J]. 现代城市研究, (6): 47-49.

洪银兴. 2005. 发展经济学与中国经济发展[M]. 北京: 高等教育出版社.

胡静, 陈银蓉. 2009. 土地利用"增长-控制"耦合机制分析[J]. 中国人口·资源与环境, 19(3): 87-91.

黄继辉, 张绍良, 侯湖平. 2007. 城市土地集约利用驱动力系统分析[J]. 安徽农业科学, 35(5):

1424-1426.

黄木易, 程志光. 2012. 区域城市化与社会经济耦合协调发展度的时空特征分析——以安徽省为例[J]. 经济地理, 32(2): 77-81.

黄瑞芬. 2009. 环渤海经济圈海洋产业集聚与区域环境资源耦合研究[D]. 青岛: 中国海洋大学.

黄泰岩. 2007. 转变经济发展方式的内涵与实现机制[J]. 求是, (18): 6-8.

黄贤金. 2009. 循环经济学[M]. 南京: 东南大学出版社.

黄贤金, 张安录. 2016. 土地经济学[M]. 北京: 中国农业大学出版社.

贾雪芹. 2005. 城市土地集约利用评价研究[D]. 天津: 天津大学.

江激宇. 2005. 产业集聚与区域经济增长[D]. 南京: 南京农业大学.

江曼琦. 2001. 集聚效应与城市空间结构的形成与演变[J]. 天津社会科学, (4): 69-71.

江苏省统计局. 2009. 江苏统计年鉴 2009[M]. 北京: 中国统计出版社.

靳相木. 2005. 地根经济: 一个研究范式及其对中国土地制度改革的应用分析[D]. 杭州: 浙江大学.

景维民, 孙景宇. 2008. 经济转型的阶段性演进与评估[M]. 北京: 经济科学出版社.

康继军. 2009. 中国转型期的制度变迁与经济增长[M]. 北京: 科学出版社.

康有黎, 何金泉. 2009. 发展循环经济促进经济发展方式转变[J]. 西华师范大学学报(自然科学版), 30(1): 86-90.

昆山市统计局. 1978-2009. 昆山统计年鉴(1978-2009)[M]. 北京: 中国统计出版社.

黎一畅, 周寅康, 吴林, 等. 2006. 城市土地集约利用的空间差异研究——以江苏省为例[J]. 南京大学学报: 自然科学版, 42(3): 309-315.

李刚, 王忠东, 张明. 2011. 基于循环修正思路的低碳经济评价模型研究——以秦皇岛市低碳经济评价为例[J]. 东北大学学报(自然科学版), 32(12): 1790-1794.

李健, 周慧. 2012. 中国碳排放强度与产业结构的关联分析[J]. 中国人口·资源与环境, 22(1): 7-14.

李莉. 2009. 产业结构优化与经济发展关系研究[D]. 北京: 北京交通大学.

李昕, 曲晨晓. 2007. 长葛市农村居民点土地集约利用评价研究[J]. 河南农业大学学报, 41(6): 684-688.

李姚矿. 2006. 我国工业化进程中产业结构变动研究[D]. 合肥: 合肥工业大学.

李元. 1997. 生存与发展——中国保护耕地问题的研究与思考. 北京: 中国大地出版社.

李元. 2003. 集约利用土地不断提高城市土地运营水平[J]. 中国土地, (12): 11-14.

李双异, 邵永东, 张晓东, 等. 2008. 辽宁省工业开发区土地集约利用评价指标体系研究[J]. 国土资源科技管理, 25(5): 43-46.

李雯. 2006. 江苏省产业结构的演变及其对经济增长的影响分析[D]. 镇江: 江苏大学.

梁启学, 姚秋昇. 2010. 基于 TOPSIS 法的开发区土地集约利用评价——以重庆市为例[J]. 安徽农业科学, 38(14): 7477-7478, 7495.

林坚, 陈祁晖, 晋璟瑶. 2004. 土地应该怎么用——城市土地集约利用的内涵与指标评价[J]. 中国土地, (11): 4-7.

林毅夫. 1992. 制度、技术与中国农业发展[M]. 上海: 上海三联书店.

林兆木. 2010. 转变经济发展方式是关系国民经济全局的重大战略任务[J]. 学习月刊, (7): 6-8.

刘伯恩. 2003. 城市土地集约利用的途径与措施[J]. 国土资源, (2): 25-27.

刘定惠, 谭术魁, 朱超洪. 2003. 城市土地集约化利用的对策探讨[J]. 湖北大学学报(自然科学版), 25(4): 356-359.

刘浩, 张毅, 郑文升. 2011. 城市土地集约利用与区域城市化的时空耦合协调发展评价——以环渤海地区城市为例[J]. 地理研究, 30(10): 1805-1817.

刘红光, 刘卫东. 2009. 中国工业燃烧能源导致碳排放的因素分解[J]. 地理科学进展, 28(2): 285-292.

刘慧, 成升魁, 张雷. 2002. 人类经济活动影响碳排放的国际研究动态[J]. 地理科学进展, 21(5): 420-429.

刘世佳. 2007. 加深对转变经济发展方式的理论认识[J]. 学术交流, (11): 1-6.

刘书楷, 曲福田. 2004. 土地经济学[M]. 北京: 中国农业出版社.

刘伟. 2010. 转变经济发展方式的根本在于人才优先发展[J]. 中国人才, (6): 20-21.

刘卫东, 陆大道, 张雷, 等. 2010. 我国低碳经济发展框架与科学基础[M]. 北京: 商务印书馆.

刘卫东, 袁华宝. 1999. 城市土地集约利用——房地产开发与经营策略的转变[J]. 同济大学学报(社会科学版), 10(2): 56-61.

刘咏梅, 朱选定, 曹明明. 2002. 城市土地集约化利用初探——以西安市大庆路为例[J]. 西北大学学报(自然科学版), 32(5): 545-548.

刘志彪. 2003. 经济结构优化论[M]. 北京: 人民出版社.

刘竹, 耿涌, 薛冰, 等. 2011. 城市能源消费碳排放核算方法[J]. 资源科学, 33(7): 1325-1330.

卢锋. 2004. 中国经济转型与经济政策[M]. 北京: 北京大学出版社.

陆克菲. 2001. 城市化与郊区土地资源的集约利用[J]. 南京建筑工程学院学报(社会科学版), (2): 72-76.

罗鸿铭. 2004. 城市土地资源集约化配置模式与利用策略选择[J]. 现代财经, 24(7): 22-25.

罗雄飞, 周勇, 聂艳, 等. 2007. 武汉市城市土地集约利用评价研究[J]. 安徽农业科学, 35(31): 10 040-10 042.

骆志军. 2005. 句容市城市土地集约利用潜力总体评价[J]. 农村经济与科技, 16(9): 24-25.

吕宜平, 贾维花, 王慧. 2007. 基于 RS/GIS 的曲阜城镇与农村居民点建设用地集约利用研究[J]. 国土与自然资源研究, (4): 45-47.

吕玉印. 2000. 城市发展的经济学分析[M]. 上海: 上海三联书店.

吕政. 2008. 转变经济发展方式需要解决的突出问题[J]. 前线, (3): 10-12.

马佳. 2008. 新农村建设中农村居民点用地集约利用研究[D]. 武汉: 华中农业大学.

马俊峰. 2010-6-23. 集约用地, 我们唯一的选择[N]. 中国国土资源报, 2.

马凯. 2007. 加快转变经济发展方式是关系国民经济全局紧迫而重大的战略任务[J]. 党建研究, (11): 55-59.

马克伟. 1991. 土地大辞典[M]. 长春: 长春出版社.

马艳, 严金强, 李真. 2010. 产业结构与低碳经济的理论与实证分析[J]. 华南师范大学学报(社会科学版), (5): 119-123.

毛蒋兴, 闫小培, 王爱民, 等. 2005. 20 世纪 90 年代以来我国城市土地集约利用研究述评[J]. 地理与地理信息科学, 21(2): 48-52, 57.

孟令娜. 2009. 济南市农村居民点用地集约利用评价方法与应用研究[D]. 济南: 山东师范大学.

孟庆海. 2009. 潘石屹: 中国三分之一开发商只倒土地从不盖房[EB/OL]. http: //www. yn. xinhuanet. com/house/2009-11/02/content_18109007. htm[2010-3-22].

孟祥旭, 梅昀. 2010. 基于耦合关系原理的土地利用功能分区[J]. 中国土地科学, 24(6): 26-31.

帕夏古·阿不来提, 孜比布拉·司马义, 周玄德. 2012. 吐鲁番地区城镇化与经济发展的耦合关系研究[J]. 干旱区资源与环境, 26(2): 13-19.

潘家华, 庄贵阳, 郑艳, 等. 2010. 低碳经济的概念辨识及核心要素分析[J]. 国际经济评论, (4): 88-101.

潘琦, 王丽青. 1996. 城市土地集约利用与土地置换[J]. 中国土地科学, 10(2): 1-4.

彭浩, 曾刚. 2009. 上海市开发区土地集约利用评价[J]. 经济地理, 29(7): 1177-1181.

齐梅, 林秀梅, 杨庆媛, 等. 2009. 重庆市城镇土地集约利用的空间差异分析[J]. 西南大学学报(自然科学版), 31(8): 157-162.

齐敏. 2011. 我国低碳经济发展水平的评价指标体系与评估研究[D]. 济南: 山东师范大学.

齐培潇, 郝晓燕, 乔光华. 2011. 中国发展低碳经济的现状分析及其评价指标的选取[J]. 干旱区资源与环境, 25(12): 1-7.

钱忠好. 2005. 中国农村土地制度变迁和创新研究(续)[M]. 北京: 社会科学文献出版社.

乔标, 方创琳, 黄金川. 2006. 干旱区城市化与生态环境交互耦合的规律性及其验证[J]. 生态学报, 26(7): 2183-2190.

乔伟峰, 陈建. 2007. 城市土地集约利用潜力评价信息系统的研究与构建[J]. 南京晓庄学院学报, 23(6): 82-86.

乔伟峰, 孙在宏. 2004. GIS 辅助下的城市土地集约利用潜力评价方法研究——以江苏省苏州市为例[J]. 国土资源科技管理, 21(1): 34-37.

曲福田, 石晓平. 2002. 城市国有土地市场化配置的制度非均衡解释[J]. 管理世界, (6): 46-53.

任家强, 汪景宽, 李双异. 2010. 农村居民点土地集约利用评价与潜力分析——以锦州市巧鸟街道为例[J]. 中国人口·资源与环境, (S1): 101-103.

任若恩, 王慧文. 1997. 多元统计数据分析——理论方法案例[M]. 北京: 国防工业出版社.

任志远, 徐茜, 杨忍. 2011. 基于耦合模型的陕西省农业生态环境与经济协调发展研究[J]. 干旱区资源与环境, 25(12): 14-19.

沈坤荣. 2008. 中国经济的转型与增长——1978～2008 年的经验研究[M]. 南京: 南京大学出版社.

盛洪. 2003. 一个价格改革的故事及其引出的过渡经济学的一般理论[J]. 管理世界, (5): 21-28.

宋春华, 毕宝德, 张跃庆, 等. 1993. 房地产大辞典[M]. 北京: 红旗出版社.

宋戈, 崔登攀, 陈红霞. 2009. 有色金属资源城市土地集约利用评价研究——以安徽省铜陵市为例[J]. 经济地理, 29(2): 280-283.

宋敏, 陈廷贵, 刘丽军. 2008. 中国土地制度的经济学分析[M]. 北京: 中国农业出版社.

宋学锋, 刘耀彬. 2005. 城市化与生态环境的耦合度模型及其应用[J]. 资源与环境, 23(5): 31-33.

孙爱军, 董增川, 张小艳. 2008. 中国城市经济与用水技术效率耦合协调度研究[J]. 资源科学, 30(3): 446-453.

孙本良. 2003. 发挥政府调控职能——城市土地集约利用面面观[J]. 中国土地, (11): 33-39.

孙宁华. 2001. 经济转型时期中央政府与地方政府的经济博弈[J]. 管理世界, (3): 35-43.

谭玲玲. 2007. 中国转轨经济运行及发展研究[M]. 北京: 经济日报出版社.

唐东华. 2006. 国家级开发区土地集约利用研究[J]. 港口经济, (3): 23-25.

唐龙. 2009. 体制改革视角下转变经济发展方式研究述评[J]. 中共中央党校学报, 13(2): 57-61.

唐笑飞, 鲁春霞, 安凯. 2011. 中国省域尺度低碳经济发展综合水平评价[J]. 资源科学, 33(4): 612-619.

陶志红. 2000. 城市土地集约利用几个基本问题的探讨[J]. 中国土地科学, 14(5): 1-5.

田春华, 吕苑鹃. 2009-6-24. 鹿心社甘藏春在国务院新闻办新闻发布会上答记者问——保障科学发展　保护耕地红线[N]. 中国国土资源报, 1.

佟香宁. 2007. 农村居民点土地集约利用评价研究——以枣阳市熊集镇为例[D]. 武汉: 华中农业大学.

王家庭, 季凯文. 2008. 城市土地集约利用动力机制研究[J]. 城市问题, (8): 9-13.

王建. 2007. 大变革时代的思考[M]. 北京: 社会科学文献出版社.

王琦. 2008. 产业集群与区域经济空间耦合机理研究[D]. 长春: 东北师范大学.

王慎刚, 张锐. 2006. 中外土地集约利用理论与实践[J]. 山东师范大学学报(自然科学版), 21(1): 90-93.

王淑敏. 2011. 低碳经济发展水平的评价指标体系研究及策略分析[D]. 北京: 北京交通大学.

王筱明, 吴泉源. 2001. 城市化建设与土地集约利用[J]. 中国人口·资源与环境, 11(S2): 6-7.

王修华, 王翔. 2012. 产业结构升级与低碳经济发展的耦合研究[J]. 软科学, 26(3): 29-32.

王一鸣. 2008. 转变经济发展方式的现实意义和实现途径[J]. 理论视野, (1): 25-28.

王元京. 2007. 城镇土地集约利用: 走空间节约之路[EB/OL]. transcoder baidu.com[2013-6-9].

王志成, 陈银蓉. 2008. 开发区土地节约集约利用分析——以武汉经济技术开发区为例[J]. 广东土地科学, 7(1): 14-17.

韦东, 陈常优, 屠高平. 2007. 影响城市土地集约利用的因素研究——以我国 30 个特大城市为例[J]. 国土资源科技管理, 24(2): 12-16.

魏亮, 朱永明, 鞠慧雅. 2007. 熵值法在土地集约利用专题中的应用研究[J]. 安徽农业科学, 35(32): 10 448-10 449.

吴斌. 2004. 我国小城镇建设和土地的集约化利用[J]. 小城镇建设, (2): 84-85.

吴次芳, 宋戈. 2009. 土地利用学[M]. 北京: 科学出版社.

吴光炳, 张海年, 高红贵, 等. 2008. 转型经济学[M]. 北京: 北京大学出版社.

吴敬琏. 2010. 做好加快经济发展方式转变这篇大文章[J]. 学习月刊, 8(3): 15.

吴树青. 2008. 转变经济发展方式是实现国民经济又好又快发展的关键[J]. 前线, (1): 17-19, 31.

吴玉鸣, 张燕. 2008. 中国区域经济增长与环境的耦合协调发展研究[J]. 资源科学, 30(1): 25-30.

吴郁玲. 2007. 基于土地市场发育的土地集约利用机制研究——以开发区为例[D]. 南京: 南京农业大学.

夏堃堡. 2008. 发展低碳经济　实现城市可持续发展[J]. 环境保护, (3): 33-35.

肖波, 张建新, 宋松, 等. 2009. 安徽省凤阳县农村居民点用地集约利用潜力研究[J]. 湖南农业大学学报(自然科学版), 35(2):200-203.

肖翠仙, 唐善茂. 2011. 城市低碳经济评价指标体系研究[J]. 生态经济, (1): 45-48, 57.

肖文, 樊文静. 2011. 低碳经济发展的测度指标——兼谈我国低碳经济的发展水平[J]. 工业技术经济, 30(1): 27-33.

谢军安, 郝东恒, 谢雯. 2008. 我国发展低碳经济的思路与对策[J]. 当代经济管理, 30 (12): 1-7.

谢敏, 郝晋珉, 丁忠义, 等. 2006. 城市土地集约利用内涵及其评价指标体系研究[J]. 中国农业大学学报, 11(5): 117-120.

邢继俊, 赵刚. 2007. 中国要大力发展低碳经济[J]. 中国科技论坛, (10): 87-92.

熊俊. 2006. 要素投入、全要素生产率与中国经济增长的动力[D]. 成都: 四川大学.

熊鹰, 曾光明, 董力三, 等. 2007. 城市人居环境与经济协调发展不确定性定量评价——以长沙市为例[J]. 地理学报, 62(4): 397-406.

徐建春. 2002. 土地储备制度创新及拓展完善[J]. 中国土地科学, 16(1): 7-10.

徐银良, 胡宁. 2004. 山东省城市化过程中的土地利用问题研究[J]. 山东师范大学学报(自然科学版), 19(1): 68-71.

许君燕. 2007. 城市土地集约利用多尺度评价——以福州市为例[D]. 福州: 福建师范大学.

许青云. 2010. 加快转变经济发展方式内涵、意义及战略选择研究[J]. 中国商界, (5): 156-158.

许树辉. 2001. 城镇土地集约利用研究[J]. 地域研究与开发. 20(3): 67-69.

许伟. 2004. 城市土地集约化利用及其评价研究[D]. 重庆: 重庆大学.

严海波. 2009. 转变经济发展方式已刻不容缓[J]. 人民论坛, (24): 1.

杨大兵, 陈建平, 王凤, 等. 2009. 基于 GIS 的城镇土地集约利用潜力评价研究——以河北省唐山市高新区为例[J]. 安徽农业科学, (34): 17184-17187.

杨东朗, 安晓丽. 2007. 西安市城市土地集约利用综合评价[J]. 经济地理, 27(3): 470-475.

杨俊. 2009. 城市化与城市生态安全耦合研究[D]. 大连: 辽宁师范大学.

杨艳琳. 2010. 经济发展方式转变的程度、特征与思路分析[J]. 理论月刊, (5): 66-69.

杨玉霞, 邢宏. 2008. 转变经济发展方式内涵及实现机制[J]. 学理论, (6): 15-18.

杨正连, 胡亚丽. 2010. 闲置土地背后政府魅影　黑名单让国土部门头疼[EB/OL]. http: //news. 0898. net/2010/09/17/586204_1. html[2013-9-20].

尹君, 谢俊奇, 王力, 等. 2007. 基于 RS 的城市土地集约利用评价方法研究[J]. 自然资源学报, 22(5): 775-782.

游和远, 吴次芳. 2010. 土地利用的碳排放效率及其低碳优化——基于能源消耗的视角[J]. 自然资源学报, 25(11): 1875-1886.

于洪俊, 宁越敏. 1983. 城市地理概论[M]. 合肥: 安徽科学技术出版社.

于祥明. 2007. 国土部: 80%违法用地主体是政府[EB/OL]. http: //www. cnstock. com/homecjzg/ 2007-07/13/content_2326940. htm[2009-7-20].

袁锋, 李仲学, 曹志国. 2011. 基于情景分析法的矿业城市低碳经济发展评价与分析[J]. 中国矿业, 20(9): 30-33.

查志强. 2002. 城市土地集约利用潜力评价指标体系的构建[J]. 统计科学与实践, (4): 9-11.

张波. 2002. 济南市城区土地集约利用潜力评价[D]. 济南: 山东师范大学.

张高旗, 郝坤安. 2008. 促进经济发展方式的质的飞跃——从"经济增长方式"到"经济发展方式"[J]. 产业与科技论坛, 7(5): 4-6.

张红. 2011. 基于灰色理论的物流产业与经济协调发展研究[D]. 南昌: 华东交通大学.

张红梅. 2009. 黔江区农村居民点土地集约利用潜力研究[D]. 重庆: 西南大学.

张华, 鹿爱莉. 1999. 试论城市化建设与土地集约化利用的关系[J]. 地质技术经济管理, 21(2): 33-35.

张建军, 张晓萍, 王继军, 等. 2011. 1949-2008 年黄土高原沟壑区农业生态经济系统耦合分析——以陕西长武县为例[J]. 应用生态学报, 22(3): 755-762.

张京祥. 1998. 城市土地集约使用条件下规划思维的变革[J]. 城市规划, (2): 26-27.

张军. 1997. "双轨制"经济学: 中国的经济改革(1978-1992)[M]. 上海: 上海三联书店, 上海人民出版社.

张坤民, 潘家华, 崔大鹏. 2008. 低碳经济论[M]. 北京: 中国环境科学出版社.

张丽峰. 2008. 京津冀产业结构对经济增长影响差异性分析——基于面板数据模型的分析[J]. 工业技术经济, 27(2): 100-103.

张莉敏, 白志礼. 2009. 城市土地集约利用综合评价研究——以山西省 11 个地级市为例[J]. 山西师范大学学报(自然科学版), 23(1): 96-101.

张敏. 2009. 住建部专家: 楼市惠政或年底到期[EB/OL]. http: //finance. ifeng. com/bank/zzyh/20091105/1429347. shtml[2009-11-5].

张平. 2010. 中国加快经济发展方式转变的政策取向[J]. 中国发展观察, (4): 8-9.

张前进, 侯光辉, 么相姝. 2009. 我国城市土地集约利用研究的发展及展望[J]. 山西农业大学学报(社会科学版), 8(3): 284-287.

张青峰, 吴发启, 王力, 等. 2011. 黄土高原生态与经济系统耦合协调发展状况[J]. 应用生态学报, 22(6): 1531-1536.

张维阳, 段学军. 2012. 经济增长、产业结构与碳排放相互关系研究进展[J]. 地理科学进展, 31(4): 442-450.

张卫华. 2009. 长株潭地区农村居民点土地集约利用的实证研究——以株洲市为例[D]. 长沙: 湖南师范大学.

张亚欣, 张平宇. 2011. 吉林省低碳经济发展水平评价[J]. 干旱区资源与环境, 25(6): 43-48.

张莹. 2009. 长春高新技术产业开发区土地集约利用评价研究[D]. 长春: 吉林大学.

张玉台. 2007. 转变经济发展方式 实现又好又快发展[J]. 政策, (10): 11-14.

张蕴萍. 2009. 转变经济发展方式的理论探索与现实对策[J]. 山东社会科学, (11): 119-121.

章牧. 2003. 城市土地集约利用宏观评价的设计与实现[J]. 广西师范学院学报(自然科学版), 20(S1): 111-116.

赵鹏军, 彭建. 2001. 城市土地高效集约化利用及其评价指标体系[J]. 资源科学, 23(5): 23-27.

赵小凤, 黄贤金, 李衡, 等. 2011. 基于 RAGA-AHP 的工业行业土地集约利用评价——以江苏省为例[J]. 自然资源学报, 26(8): 1269-1277.

赵玉霞. 2011. 低碳经济视角下我国城市土地资源利用研究[J]. 中州学刊, (3): 52-54.

甄江红, 成舜, 郭永昌, 等. 2004. 包头市工业用地土地集约利用潜力评价初步研究[J]. 经济地
　　理, 24(2): 250-253.

郑林昌, 付加锋, 李江苏. 2011. 中国省域低碳经济发展水平及其空间过程评价[J]. 中国人口·资
　　源与环境, 21(7): 80-85.

郑新奇. 2004. 城市土地优化配置与集约利用评价——理论、方法、技术、实证[M]. 北京: 科学
　　出版社.

中国人民大学气候变化与低碳经济研究所. 2010. 低碳经济——中国用行动告诉哥本哈根[M].
　　北京: 石油工业出版社.

中华人民共和国国家统计局. 2010. 中国统计年鉴 2010[M]. 北京: 中国统计出版社.

中华人民共和国国家统计局. 2014. 国际统计年鉴 2014[M]. 北京: 中国统计出版社.

中华人民共和国国土资源部 . 1999-2004. 中国国土资源统计年鉴(1999-2004)[M]. 北京: 地质
　　出版社.

周诚. 2003. 土地经济学原理[M]. 北京: 商务印书馆.

周江, 高崇辉, 龙福堂. 2008. 城市土地集约利用系统驱动机制初探[J]. 科技经济市场, (7):
　　111-113.

周生路. 2006. 土地评价学[M]. 南京: 东南大学出版社.

周叔莲, 刘戒骄. 2008. 如何认识和实现经济发展方式转变[J]. 理论前沿, (6): 5-9.

朱道林, 林瑞瑞. 2010. 论低碳经济与转变土地利用方式[J]. 中国土地科学, 24(10): 3-6.

朱丽娜, 石晓平. 2010. 中国土地出让制度改革对地方财政收入的影响分析[J]. 中国土地科学,
　　24(7): 23-29.

朱艳硕, 代合治, 谢菲菲. 2012. 济南市城镇化与工业化耦合关系评价与分析[J]. 地域研究与开
　　发, 31(1): 70-73.

祝小迁, 程久苗, 王娟, 等. 2007. 近十年我国城市土地集约利用评价研究进展[J]. 现代城市研
　　究, (7): 69-75.

庄贵阳, 潘家华, 朱守先. 2011. 低碳经济的内涵及综合评价指标体系构建[J]. 经济学动态, (1):
　　132-136.

庄贵阳. 2007. 低碳经济: 气候变化背景下中国的发展之路[M]. 北京: 气象出版社.

邹玉川. 1998. 当代中国土地管理[M]. 北京: 当代中国出版社.

左欣艳. 2009. 新疆国家级开发区土地集约利用研究[D]. 乌鲁木齐: 新疆大学.

阿弗里德·马歇尔. 2012. 经济学原理[M]. 宇琦, 译. 长沙: 湖南文艺出版社.

奥古斯特·勒施. 2010. 经济空间秩序[M]. 王守礼, 译. 上海: 商务印书馆.

埃比尼泽·霍华德. 2010. 明日的田园城市[M]. 金经元, 译. 北京: 商务印书馆.

保罗·贝尔琴, 戴维·艾萨克, 吉恩·陈. 2011. 全球视角中的城市经济[M]. 刘书瀚, 孙钰, 译. 长
　　春: 吉林人民出版社.

霍利斯·钱纳里, 谢尔曼·鲁宾逊, 摩西·赛尔奎因, 等. 1989. 工业化和经济增长的比较研究[M].
　　吴奇, 王松宝, 译. 上海: 格致出版社.

莱斯特·R·布朗. 2002. 生态经济——有利于地球的经济构想[M]. 林自新, 戢守志, 译. 北京:

东方出版社.

马克思. 1975. 资本论[M]. 中共中央马克思恩格斯列宁斯大林著作编译局, 译. 北京: 人民出版社.

Alfred Marshall. 1890. Principles of Economics[M]. London: Macmillan and Co. , Ltd.

Barlowe R. 1986. Land resource economics: the economics of real estate[M].4th ed. NewJersey: Prentice-Hall.

Boni M F, Feldman M W. 2005. Evolution of antibiotic resistance by humans and bacterial niche construction [J]. Evolution, 59(3): 477-491.

Chen F, Dudhia J. 2001. Coupling and advanced land surface-hydrology model with the Penn State-NCAR MM5 modeling system. Part I: Model implementation and sensitivity [J]. Monthly Weather Review, 129(4): 569-585.

Chenery H, Robinson S, Syrquin M. 1986. Industrialization and Growth: A Comparative Study [M]. Oxford: Oxford University Press.

Coase R H. 1937. The Nature of the Firm[J]. Economica, 4(16): 386-405.

Coase R H. 1960. The problem of social cost[J]. Journal of Law and Economics, 3: 1-44.

Cools J, Broekx S, Vandenberghe V, et al. 2011. Coupling a hydrological water quality model and an economic optimization model to set up a cost-effective emission reduction scenario for nitrogen [J]. Environmental Modelling and Software, 26(1): 44-51.

Coupland A. 1997. Reclaiming the city: Mixed use development[M]. London: Spon Press.

Denison E F. 1962. The Sources of economic growth in the United States and the alternatives before us[M]. New York: Committee for Economic Development.

Drechsler M, Grimm V, Mysiak J, et al. 2007. Differences and similarities between ecological and economic models for biodiversity conservation [J]. Ecological Economics, 62(2): 232-241.

Easterling D R, Meehl G A, Parmesan C, et al. 2000. Climate extremes: Observations, modeling, and impacts[J]. Science, 289(5487): 2068-2074.

Ely R T, Morehouse E W. 1924. Elements of Land Economics [M]. New York: The Macmillan Company.

Freeman L. 2001. Effects of Sprawl on neighbourhood social ties: An explanatory analysis[J]. Journal of the American Planning Association, 67(1): 69-77.

Grossman G M, Krueger A B. 1995. Economic Growth and the Environment [J]. Quarterly Journal of Economics, 5: 353-377.

Jones T L. 2000. Compact city policies for megacities: Core areas and metropolitan regions[M]//Burgess R, Jenks M. Compact cities: Sustainable urban forms for developing countries. London: Spon Press.

Knack S, Keefer P. 1995. Institutions and Economic Performance: Cross Country Tests Using Alternative Institutional Measures [J]. Economics and Politics, 7(3): 207-227.

Koster R D, Dirmeyer P A, Guo Z, et al. 2004. Regions of strong coupling between soil moisture and precipitation[J]. Science, 305(5687): 1138-1140.

Kuznets S. 1966. Modern Economic Growth[M]. New Haven: Yale University Press.

Lau S S Y, Giridharan R, Ganesan S. 2005. Multiple and intensive land use: case studies in Hong

Kong[J]. Habitat International, 29(3), 527-546.

Lewis W A. 1955. The theory of ecnomic growth[M]. London: George Allen and Unwin Ltd.

Lucas R E. 1988. On the Mechanics of Economic Development[J]. Journal of Monetary Economics, 22(1): 3-42.

Mill J S. 1848. The Principles of Political Economy[M]. London: Longmans, Green and Co mpany.

North D C. 1990. Institutions, Institutional Change and Economic Performance[M]. Cambridge: Cambridge University Press.

North D C. 1991. Institutions[J]. Journal of Economics Perspectives, 5(1): 97-112.

North D C. 2005. Understanding the Process of Economic Change[M]. Princeton: Princeton University Press.

Ricardo D. 1817. On The Principles of Political Economy and Taxation[M]. London: John Murray.

Rowley A. 1998. Planning mixed use development: issues and practice[M]. London: Royal Institute of Chartered Surveyors.

Schultz T W. 1961. Investment in Human Capital[J]. American Economic Review, 51(1): 1-17.

Schumpeter J A. 1912. The Theory of Economic Development[M]. New Brunswick: Transaction Publishers.

Smith A. 1776. An Inquiry into the Nature and Causes of The Wealth of Nations[M]. New York: Random House, Inc.

Torres J L, Pérez-Maqueo O, Equihua M, et al. 2009. Quantitative assessment of organism–environment couplings [J]. Biology and Philosophy, 24(1): 107-117.

Wang Y H. 2011. Study on the Intensive Use of Urban Land—A Case Study of Hill Area in the Middle of Sichuan Province [J]. Energy Procedia, 5: 85-89.

Zhang J Y, Wu L Y. 2011a. Land-atmosphere coupling amplifies hot extremes over China [J]. Chinese Science Bulletion, 56(31): 3328-3332.

Zhang J Y, Wu L Y, Dong W. 2011b. Land-atmosphere coupling and summer climate variability over East Asia[J]. Journal of Geophysical Research: Atmospheres, 116(D5): 420-424.

Zhang T W. 2001. Community features and urban sprawl: The case of Chicago metropolitan region[J]. Land Use Policy, 18(3): 221-232.

Zhang X Q. 2000. High-rise and high-density compact urban form The Development of Hongkong[M]// Burgess R, Jenks M. Compact cities: sustainable urban forms for developing countries. London: Spon Press.

索 引

后　记

　　土地节约集约利用是当前国土资源领域最受关注的话题，许多学者从不同角度开展了多尺度、多目标的探索性研究，取得了丰富的成果。中国社会经济经过三十年的高速增长，已经完成工业化且城市化进程过半，但建设用地增长的势头并没有减缓，我国土地资源人多地少的基本国情与土地供需的矛盾日益尖锐。因此，进一步深入研究土地集约利用的机理十分必要，尤其是转变经济发展方式背景下如何促进土地节约集约利用，协调经济发展与土地利用之间的关系。为此，本书重新构建了资金、土地和劳动力三者之间的关系，探索不同经济发展阶段土地利用方式变化规律，试图将转变经济发展方式和土地集约利用联系起来，从产业集聚和产业结构优化升级、低碳经济和循环经济等新型经济发展方式等角度深入探讨转变经济发展方式对土地集约利用的影响，探索建立土地集约利用的新机制，加速推动经济发展方式转变，为促进社会经济又好又快发展作应有的贡献。期望本书能够在这一领域研究起到抛砖引玉的作用。

　　本研究成果是在陈海燕博士学位论文基础上进一步充实完善形成的，研究团队补充收集了江苏省工业用地、低碳经济发展等基础资料，完善了学位论文的研究并增加了经济转型期工业用地集约利用实证研究、低碳经济与土地集约利用耦合协调发展研究等内容。本研究工作得到了江苏省国土资源厅科技项目"江苏省建设用地集约利用评价指标体系及评价信息系统研究""江苏省工业用地节约集约利用机制研究"等项目的支持，核心内容也是上述项目的研究性成果之一。

　　本研究成果在理论与方法探索、实地考察与调研、分析与论证等工作环节中，得到了南京农业大学曲福田教授、石晓平教授、吴群教授、郭贯成教授、姜海教授，南京大学濮励杰教授、周峰博士，中国矿业大学张绍良教授、侯湖平博士，江苏省国土资源厅李闽副厅长、宋玉波副厅长，江苏省土地勘测规划院朱凤武院长、严长清研究员等人的大力支持和帮助。南京农业大学曲福田教授更是在百忙之中为本书作序，使我们深受鼓舞。另外，我的研究生王莉硕士、唐倩硕士为本书的出版做了大量的数据调研、统计和图件处理工作。在此对所有为本书调研、撰写、出版提供帮助的专家、领导、同事和学生致以衷心的感谢。

　　由于作者水平和实践经验有限，书中不足、不妥之处在所难免，敬请各位专家学者、广大读者予以批评指正。土地集约利用是一个动态发展的过程，对土地集约利用的研究也要与时俱进，因此，非常欢迎读者就土地集约利用的新动态、新方法等与作者进行交流。

陈 浮

2016 年 7 月